Coleção Carreira Fiscal – Direito Constitucional

MARCELO ALKMIM
Advogado. Professor de Direito Constitucional da UNIVIX – Faculdade Brasileira, em Vitória (ES). Membro do Instituto Brasileiro de Direito Constitucional – IBDC. Chefe da Assessoria Jurídica Regional do Banco do Brasil no Espírito Santo.

Coleção Carreira Fiscal – Direito Constitucional

CONCEITO EDITORIAL

2010

EDITORA CONCEITO EDITORIAL

Editor
Salézio Costa

Conseho Editorial
André Maia
Carlos Alberto P. de Castro
Cesar Luiz Pasold
Diego Araujo Campos
Edson Luiz Barbosa
Fauzi Hassan Choukr
Jacinto Coutinho
João Batista Lazzari
José Antônio Peres Gediel
Lenio Luiz Streck
Martonio Mont´Alverne B. Lima
Orides Mezzaroba
Renata Elaine Silva
Valdemar P. da Luz
Vicente Barreto

Coordenação Editorial
Renata Ângelo

Capa
Jonny M. Prochnow

Editoração
MAC. Néri Moiteiro

Catalogação na Publicação: Bibliotecária Cristina G. de Amorim CRB-14/898

A415c

Alkmim, Marcelo
Carreira Fiscal – Direito Constitucional / Marcelo Alkmim – Florianópolis: Conceito Editorial, 2010.
(Coleção Carreira Fiscal)
283p.

ISBN 978-85-7874-096-2

1. Controle de Constitucionalidade 2. Função Social 3. Normas Constitucionais 4. Princípios 5. Poder Constituinte I. Título

CDD – 342

Editora Conceito Editorial
Rua Farroupilha, nº 153 – Bairro Campinas – CEP 88117-100 – São José – SC – (48) 3205 1300
www.conceitojur.com.br

À Patrícia, Luíza e Gabriel,
com meu eterno amor!

Sumário

CAPÍTULO 1

CONSTITUIÇÃO

CAPÍTULO 2

APLICABILIDADE E INTERPRETAÇÃO DAS NORMAS CONSTITUCIONAIS

CAPÍTULO 3

PODER CONSTITUINTE

CAPÍTULO 4

SUPREMACIA DA CONSTITUIÇÃO E CONTROLE DE CONSTITUCIONALIDADE

CAPÍTULO 5

PRINCÍPIOS FUNDAMENTAIS

CAPÍTULO 6

ORGANIZAÇÃO DO ESTADO

CAPÍTULO 7

ADMINISTRAÇÃO PÚBLICA

CAPÍTULO 8

ORGANIZAÇÃO DOS PODERES

CAPÍTULO 9

DIREITOS E GARANTIAS FUNDAMENTAIS

CAPÍTULO 10

DIREITOS E DEVERES INDIVIDUAIS E COLETIVOS

CAPÍTULO 11

DIREITOS SOCIAIS

CAPÍTULO 12

DIREITOS POLÍTICOS

CAPÍTULO 13

NACIONALIDADE

CAPÍTULO 14

TUTELA CONSTITUCIONAL DAS LIBERDADES

CAPÍTULO 15

ORDEM ECONÔMICA E FINANCEIRA

CAPÍTULO 16

ORDEM SOCIAL

CAPÍTULO 1

Constituição

1. IDEIA DE CONSTITUIÇÃO

Como fundamento essencial da ideia de Constituição estava a ideia de que o Estado deveria ter o seu poder estruturado sob a égide da doutrina da divisão dos poderes, de modo que o Estado governante, antes único e supremo, apto a desempenhar qualquer das funções do poder estatal, teria o seu poder, a partir dali, dividido em três, sendo que cada qual, além de suas funções específicas, funcionaria como mecanismo de controle dos demais.

Tenha-se presente, nesse mesmo contexto histórico, que se, de um lado, havia a necessidade de se dividir o poder estatal, dotando-o do que mais tarde intitulou-se "sistema de freios e contrapesos", deparava-se, de igual modo, com a premência de se imporem limites a esse poder estatal, sobretudo em sua relação com o cidadão, buscando-se evitar, a todo custo, um indesejado retorno ao flagelo político e social do Estado absolutista.

Uma das formas de se limitar o exercício do poder estatal era justamente preservando-se e declarando-se os direitos do homem, antes praticamente inexistentes ou ignorados, em face dos ilimitados poderes do Estado absoluto. Assim, a partir das primeiras declarações de direitos do homem surgidas ainda no século XVII, referido tema passou a frequentar todas as discussões travadas em torno do conteúdo e do objeto das Constituições.

Para se alcançar maior efetividade na implementação da ideia de Constituição que surgia no período pós-revolucionário e que propiciaria ao homem o poder de modelar o Estado segundo princípios racionais, deparou-se a sociedade com a imperiosa necessidade de se estabelecerem essas condições e essa organização em um documento escrito, que teria maior penetração social e seria, em princípio, mais perene e mais insuscetível de violações por parte de forças contrárias.

Essa era, em essência, a base do ideário constitucional: *organizar e estruturar politicamente o Estado, com a previsão da divisão dos poderes, limitação desses poderes e preservação dos direitos individuais do cidadão.*

2. CONCEITO DE CONSTITUIÇÃO

O termo "Constituição", *lato sensu,* é o ato de constituir, de estabelecer, de firmar, ou, ainda, o modo pelo qual se constitui uma coisa, um ser vivo, um grupo de pessoas, organização, formação. Pode ser tido ainda como um *conjunto dos elementos essenciais de alguma coisa.*

A Constituição do Estado, considerada sua lei fundamental, seria, conforme acentua José Afonso da Silva, "a organização dos seus elementos essenciais: um sistema de normas jurídicas, escritas ou costumeiras, que regula a forma do Estado, a forma de seu governo, o modo de aquisição e o exercício do poder, o estabelecimento de seus órgãos, os limites de sua ação, os direitos fundamentais do homem e as respectivas garantias. Em síntese, a Constituição é o conjunto de normas que organiza os elementos constitutivos do Estado".

Sob o prisma jurídico, como uma primeira noção, Constituição deve ser entendida como a lei fundamental e suprema de um Estado, que contém normas referentes à estruturação do Estado, à formação dos poderes públicos, à forma de governo, à aquisição do poder de governar, à distribuição de competências, de direitos, de garantias e de deveres dos cidadãos. Além disso, é a Constituição que individualiza os órgãos competentes para a edição de normas jurídicas, legislativas ou administrativas.

Por lei fundamental ou por organização jurídica fundamental, que traduz a Constituição em sentido jurídico, entende-se, segundo lição de Kelsen, o conjunto das normas positivas que regem a produção do Direito.

Para Carmen Lúcia Antunes Rocha, "Constituição é o ato normativo jurídico primário e fundamental de uma sociedade, que forma e conforma um Estado segundo uma ideia de Justiça posta à realização". Segundo a autora, "Constituição é Direito e Direito fundamental, primário, necessário e imprescindível ao Estado".

Em todas as definições, pode-se perceber uma sintonia em torno da necessidade de que uma Constituição, balizada nas ideias de Constituição da França revolucionária, tenha como diretriz fundamental os aspectos condizentes com a organização estatal de uma maneira geral e de seus princípios fundamentais, o que, por certo, não afasta a possibilidade de que uma Constituição de conteúdo mais analítico contemple questões menores, antes relegadas à legislação ordinária.

Presentes todos os elementos políticos e jurídicos, podemos expressar o conceito de Constituição como a lei fundamental do Estado, que visa à organização de seus elementos constitutivos, à regulação das formas e limites de exercício do poder estatal, além do estabelecimento de direitos e garantias individuais, bem como de regras que visem à harmonização da vida social.

3. CONSTITUIÇÃO MATERIAL E CONSTITUIÇÃO FORMAL

Para o estudo da Constituição, passando por sua conceituação, é indispensável que ela seja analisada tanto em seu aspecto material quanto em seu aspecto formal, já que uma Constituição, além das matérias ditas constitucionais por excelência, como a organização política do Estado, a forma de governo, os direitos e garantias fundamentais do indivíduo, entre outros, pode, ainda, contemplar uma gama enorme de normas que somente são consideradas constitucionais por estarem inseridas no texto constitucional.

Do ponto de vista material, a Constituição é o conjunto de normas pertinentes à organização do poder, à distribuição de competência, ao exercício da autoridade, à forma de governo, aos direitos da pessoa humana, tanto individuais como sociais. Tudo quanto for, enfim, conteúdo básico referente à composição e ao funcionamento da ordem política exprime aspecto material da Constituição.

Vale dizer que esse aspecto material exprime a própria razão de ser da Constituição, sem o qual qualquer Constituição poderia ser considerada simples lei ordinária. Em outras palavras, é o aspecto material da Constituição que faz com que ela seja encarada como a *Magna Carta* do Estado, seu documento maior, que sintetiza a própria vida da sociedade e demonstra em que fundamentos, políticos e jurídicos, ela se baseia e se estrutura.

Nada obstante as matérias consideradas essencialmente constitucionais, que assim são consideradas independentemente de estarem ou não inseridas em um documento escrito, as constituições mais recentes têm procurado disciplinar uma diversidade grande de matérias que, tanto pelo constitucionalismo clássico quanto pelo constitucionalismo moderno, seriam relegadas à legislação infraconstitucional. Tal constatação mostra-se mais visível nas constituições analíticas, que dotam de *status* constitucional normas consideradas menores, não em importância, mas em essência.

Assim, inserida determinada norma na Constituição, ainda que materialmente não seja de índole constitucional, passa ela a contar com as garantias próprias das normas constitucionais, em especial no tocante ao maior rigor exigido para sua supressão ou alteração. Esse maior rigor é demonstrado na forma de um processo legislativo mais qualificado e mais rígido para que se aprovem emendas à Constituição, diferentemente do que ocorre com a legislação ordinária, que apenas exige maioria simples das casas parlamentares.

4. OBJETO DAS CONSTITUIÇÕES

Em linhas gerais, as constituições têm por objeto estabelecer a estrutura do Estado, a organização de seus órgãos, o modo de aquisição do poder e a forma de seu exercício, limites de sua atuação, assegurar os direitos e garantias dos indivíduos, fixar o regime político e disciplinar os fins socioeconômicos do Estado, bem como os fundamentos dos direitos econômicos, sociais e culturais.

Nem sempre as constituições tiveram objeto tão amplo. Isso porque, com o passar do tempo, esse objeto vem se estendendo na exata medida que surgem novas matérias que deixam uma condição anterior de normas infraconstitucionais e passam a integrar o texto da Carta Maior, talvez como forma de dotá-las de maior "relevância jurídica" e evitar que atropelos legislativos possam, de forma precipitada e menos rígida, alterar-lhes o conteúdo.

Como exemplo disso podemos citar a chamada "Ordem Econômica", a qual somente foi introduzida nos textos constitucionais a partir do constitucionalismo moderno, alargando o conteúdo da Lei Fundamental do Estado. Nesse tom, não há nos textos representativos do constitucionalismo clássico, como a Constituição norte-americana de 1787 e as constituições francesas do período revolucionário, inaugurado em 1789, menção a uma Ordem Econômica, isto é, um conjunto de regras constitucionais reguladoras da atividade econômica.

Isso demonstra que tal matéria, em que pese à sua repercussão e relevância atual, não era considerada uma questão materialmente constitucional, sob o prisma do constitucionalismo clássico, somente ganhando essa dimensão com a evolução histórica e o aumento da representatividade da atividade econômica na vida estatal. A cada momento histórico, sempre há algo de novo que entra nos textos constitucionais.

Justamente por essa razão, buscamos na conceituação de Constituição fazer a exata distinção entre o conceito material e o conceito formal, já que a maioria dos textos constitucionais atuais abarca uma diversidade de matérias que somente são consideradas constitucionais em razão de estarem na Constituição, sendo certo que, segundo o constitucionalismo clássico, somente as matérias de índole constitucional deveriam estar contempladas no documento maior, ficando o restante relegado ao regramento infraconstitucional. A nossa Constituição de 1988, por exemplo, dispõe sobre uma série de questões que poderiam muito bem estar disciplinadas em legislação ordinária, não fosse a vontade do constituinte alçá-las a um *status* constitucional.

5. CLASSIFICAÇÃO DAS CONSTITUIÇÕES

As diferentes constituições encontradas nos Estados contemporâneos, embora constituam documentos semelhantes na essência, são dotadas de características próprias e peculiares que as distinguem entre si, fruto, sobretudo, da diversidade cultural desses Estados, bem como da época de sua elaboração e das circunstâncias políticas vivenciadas naquele momento histórico.

Essas diferenças não se prendem apenas ao conteúdo das Cartas, mas também à sua forma e a fatores de natureza político-ideológica. Isso faz com que essas constituições sejam classificadas, pelos autores e doutrinadores do Direito, como forma de deixar mais visíveis as diferenças existentes entre os documentos e propiciar um melhor entendimento didático do tema.

As classificações adotadas pelos diferentes autores, em razão dos critérios utilizados, sofrem algumas variações, pelo que buscaremos enfocar as classificações mais relevantes e que, de certa forma, representam um consenso no Direito Constitucional atual.

5.1. Quanto ao Conteúdo

Constituição material – consiste no conjunto de regras materialmente constitucionais, estejam ou não codificadas em um único documento. Essas regras materialmente constitucionais, como visto, são aquelas voltadas para questões fundamentais do Estado, como a sua organização e estruturação, a divisão de poderes, o exercício do poder, a forma de governo, os direitos e garantias individuais, etc.

Assim, uma Constituição é material quando contiver em seu bojo tão-somente questões de índole materialmente constitucional, esteja ou não expressa em um texto escrito. Normalmente, são tidas como constituições materiais, justamente, as constituições não escritas, como a da Inglaterra.

Constituição formal – por sua vez, pode-se entender como Constituição formal aquela consubstanciada em um texto escrito, por meio de um documento solene estabelecido pelo Poder constituinte originário. Nesse sentido, será considerada uma Constituição formal aquele conjunto de regras e princípios inseridos em um texto formal, ainda que nem todas as matérias ali compreendidas sejam de índole essencialmente constitucional.

5.2. Quanto à Forma

Constituição escrita – também chamada de "instrumental", é o conjunto de regras codificado e sistematizado em um único documento para fixar-se a organização fundamental. Canotilho denomina-a de "Constituição instrumental", apontando seu efeito racionalizado, estabilizante, de segurança jurídica e de calculabilidade e publicidade.

A Constituição escrita, portanto, é o mais alto estatuto jurídico de determinada comunidade, caracterizando-se por ser a Lei fundamental de uma sociedade. A isso corresponde o conceito de "Constituição legal" como resultado de uma elaboração de uma Carta escrita fundamental, colocada no ápice da pirâmide normativa e dotada de coercibilidade.

Constituição não escrita – é também conhecida como costumeira ou consuetudinária. Consiste no conjunto de regras não aglutinadas em um texto solene, mas com base em leis esparsas, costumes, jurisprudência e convenções (exemplo: Constituição inglesa).

Parte da doutrina ressalta que hoje, contudo, mesmo a Inglaterra (exemplo normalmente lembrado de país regido por uma Constituição não escrita) assenta princípios constitucionais em textos escritos, em que pesem os costumes formarem relevantes valores constitucionais.

5.3. Quanto ao Modo de Elaboração

Constituição dogmática – apresenta-se como um produto escrito e sistematizado por um órgão constituinte a partir de princípios e ideias fundamentais da teoria política e do direito dominante. Vale dizer que uma Constituição dogmática é aquela que considera em sua elaboração todas as ideias e todo o ambiente político, econômico e social existente na sociedade naquele determinado momento. A Constituição brasileira de 1988, por exemplo, consagrou os princípios da livre iniciativa e da livre concorrência, deixando expresso em seu texto que o Brasil é um país onde prevalece a teoria capitalista. Assim foi feito porque, no momento em que a Constituição foi elaborada, era essa a concepção ideológica que prevalecia no país. Dessa forma, não seria crível que o Texto constitucional de 1988 expressasse que o Brasil é um país socialista, porque não eram essas as ideias arraigadas e prevalecentes na sociedade.

Constituição histórica - é fruto da lenta e contínua síntese da história e tradições de um determinado povo (exemplo: Constituição inglesa).

5.4. Quanto à Origem

Constituição promulgada - também denominada "democrática" ou "popular", é a Constituição que deriva do trabalho de uma Assembleia Nacional Constituinte composta de representantes do povo, legitimamente eleitos com a finalidade de sua elaboração (exemplo: Constituições brasileiras de 1891, 1934, 1946 e 1988).

Constituição outorgada - é a Constituição elaborada e estabelecida sem a participação popular, por meio de imposição do poder da época (exemplo: Constituições brasileiras de 1824, 1937, 1967 e EC n. 01/1969).

Existem, ainda, as chamadas "constituições cesaristas", que são aquelas que, não obstante sejam outorgadas, dependem de ratificação popular por meio de referendo.

5.5. Quanto à Estabilidade

Constituição imutável - é a Constituição em que se veda qualquer alteração, constituindo-se relíquia histórica. Em algumas constituições, a imutabilidade pode ser relativa, quando se preveem as chamadas "limitações temporais", ou seja, um prazo em que não se admitirá a atuação do legislador constituinte reformado.

Constituição rígida - é aquela Constituição escrita que admite alterações, porém por um processo legislativo mais solene e dificultoso do que o existente para a edição das demais espécies normativas (por exemplo: CF/88 - art. 60).

Constituição flexível - em regra, essa Constituição é não escrita, podendo excepcionalmente ser escrita. Admite alteração pelo processo legislativo ordinário, isto é, não exige nenhum procedimento mais rigoroso para a sua alteração, podendo ser alterada como se lei ordinária fosse.

Constituição semiflexível ou semirrígida - como um meio-termo entre as duas anteriores, surge a Constituição semiflexível ou semirrígida, na qual algumas regras poderão ser alteradas pelo processo legislativo ordinário, enquanto outras somente por um processo legislativo especial e mais dificultoso.

Ressalte-se que a Constituição Federal de 1988 pode ser considerada como super-rígida, uma vez que as regras só poderão ser alteradas por um processo legislativo diferenciado, mas, excepcionalmente, em alguns pontos é imutável (CF, art. 60, § 4º - cláusulas pétreas).

5.6. Quanto à Extensão

Constituição sintética - prevê somente os princípios e as normas gerais de regência do Estado, organizando-o e limitando seu poder, por meio da estipulação de direitos e garantias fundamentais. São tidas como constituições essencialmente materiais, já que tratam somente de normas materialmente constitucionais (exemplo: Constituição norte-americana);

Constituição analítica - examina e regulamenta todos os assuntos que entenda serem relevantes para formação e funcionamento do Estado (exemplo: Constituição brasileira de 1988). São aquelas que contemplam, além de normas materialmente constitucionais, normas que poderiam estar inseridas na legislação ordinária, mas que, por opção do constituinte, foram dotadas de força constitucional.

6. CLASSIFICAÇÃO DA CONSTITUIÇÃO BRASILEIRA DE 1988

Nossa atual Constituição Federal apresenta a seguinte classificação: *formal, escrita, dogmática, promulgada (democrática, popular), rígida e analítica.*

CAPÍTULO 2

Aplicabilidade e Interpretação das Normas Constitucionais

1. CONCEITO DE NORMAS CONSTITUCIONAIS

A palavra "norma" designa um mandamento, uma prescrição, uma ordem. Característica essencial da norma jurídica é determinar o comportamento externo do indivíduo, distinguindo-se da norma religiosa e da norma ética, na medida em que estas buscam fixar o seu comportamento interior.

As normas constitucionais podem ser conceituadas como significações extraídas de enunciados jurídicos, caracterizadas pela superioridade hierárquica, natureza da linguagem, conteúdo específico e caráter político, com diferentes tipologias.

Essas normas são revestidas de quatro características essenciais: a superioridade hierárquica, que denota o seu caráter de lei maior, representando o fundamento de validade de todas as demais normas legais que integram o mesmo ordenamento jurídico; a natureza da linguagem, que traduz a maior abertura e menor densidade das normas constitucionais, havendo frequentemente uma necessidade de concretização da norma (nesse sentido, dá-se ao intérprete maior liberdade de conformação da norma à realidade apresentada); o conteúdo específico, que acentua que as normas constitucionais prescrevem a divisão territorial e funcional do exercício do poder político, assim como garantia de exercício dos direitos fundamentais e as metas a serem alcançadas pelo Estado na ordem econômica e social; e o caráter político, que demonstra a legitimação e limitação do poder político.

2. REGRAS E PRINCÍPIOS

As normas jurídicas são classificadas pela doutrina moderna em princípios e regras jurídicas. Ambos são dotados de valor normativo, jurídico e são imperativos. Em relação aos princípios, pode-se dizer que eles são dotados de um alto grau de generalidade e abstração e baixa densidade normativa, pois necessitam, via de regra, de outras normas para que possam ser aplicados. Além disso, são normas consideradas como informadoras do ordenamento jurídico – por exemplo, artigos 1º, 2º, 3º, 4º, 5º, *caput*, incisos I e II, 37, *caput*. 170 e 206, da CF. Já as regras possuem um menor grau de generalidade e abstração e alta densidade normativa, como, por exemplo, os artigos 57 e 242, § 2º, da CF.

No que concerne às regras de direito, dado a sua alta densidade normativa, sempre que ocorrerem os fatos descritos na sua hipótese de incidência, as suas prescrições incidirão, necessariamente, sobre esses fatos, regulando-os na exata medida do que estatuírem. Vale dizer que, sempre que a sua previsão se verificar em uma dada situação de fato concreta, valerá para essa situação a sua consequência jurídica.

Os princípios, por sua vez, diferentemente das regras, não se apresentam como imperativos categóricos, mas apenas enunciam motivos para decidirem num certo sentido.

A principal distinção entre regra e princípio, todavia, está no modo de aplicação de um e de outro. Segundo Luís Roberto Barroso, "regras se aplicam na modalidade tudo ou nada: ocorrendo o fato descrito em seu relato ela deverá incidir, produzindo o efeito previsto. Exemplos: implementada a idade de 70 anos, o servidor público passa para a inatividade; adquirido o bem imóvel, o imposto de transmissão é devido. Se não for aplicada a sua hipótese de incidência, a norma estará sendo violada. Não há maior margem para elaboração teórica ou valoração por parte do intérprete, ao qual caberá aplicar a regra mediante subsunção: enquadra-se o fato na norma e deduz-se uma conclusão objetiva. Por isso se diz que as regras são mandados ou comandos definitivos: uma regra somente deixará de ser aplicada se outra regra a excepcionar ou se for inválida".

Com os princípios a situação é diferente, havendo uma margem interpretativa muito maior que é dada ao intérprete.

3. CONFLITO DE NORMAS

Em razão da inexistência de hierarquia entre as normas constitucionais originárias (criadas pelo Poder Constituinte Originário), aí incluídos os princípios e as regras, há casos em que, diante da análise de um caso concreto, depara-se o intérprete com um conflito entre normas. É a chamada antinomia de normas constitucionais. Nessa situação, pergunta-se o intérprete: qual norma constitucional deve prevalecer naquele caso?

Modernamente, a doutrina tem entendido que os conflitos existentes entre princípios são resolvidos pelo critério de peso, preponderando o de maior valor no caso concreto. Exemplo de conflito entre princípios é a discussão entre a liberdade de informação e de expressão e a tutela da intimidade, da vida privada, da honra e da imagem das pessoas (CF, art. 220, § 1º).

Conflitos de regras, de outro modo, são resolvidos pelos critérios tradicionais de interpretação, considerando-se a norma dotada de superioridade hierárquica (hierárquico), a lei posterior revoga a anterior (cronológico), a lei específica prevalece sobre a regra geral (especialidade).

Dentro desse contexto, deve-se ter presente que todo ordenamento jurídico, aí incluída a Constituição, é formado por um conjunto de normas jurídicas, sejam elas apresentadas sob a forma de princípios, sejam apresentadas sob a vestimenta de regras jurídicas, ou ambos os casos, já que estes não são excludentes entre si. Nesse sentido, há Estados cujo ordenamento constitucional é eminentemente principiológico, como é o caso dos Estados Unidos da América. De outro lado, há constituições que, embora consagrem inúmeros princípios em seu texto, preocupam-se, também, por estabelecer regras específicas na própria Carta. É o caso da Constituição brasileira.

Já dissemos que a Constituição é a norma suprema do Estado, constituindo o vértice de todo o ordenamento. Não por outra razão, a posição hierarquicamente suprema da norma constitucional desencadeia a sanção da inconstitucionalidade, quando se verificar o conflito entre a norma fundamental e primária e as normas ordinárias e secundárias.

Diferente é o caso de conflito entre normas originárias e normas derivadas. Com efeito, como a norma derivada é posterior à originária, já que não pertencia ao texto original, na hipótese de essa norma nova conflitar com a que originariamente consta do texto constitucional, haverá de ter questionada a sua constitucionalidade, tendo em vista não ter respeitado o paradigma constitucional.

4. CLASSIFICAÇÃO DAS NORMAS CONSTITUCIONAIS

As normas constitucionais podem ser classificadas sob diferentes aspectos. Na presente obra, optamos por mencionar as classificações mais difundidas pela doutrina, a saber: quanto ao conteúdo, quanto à estrutura, quanto à finalidade e quanto à eficácia.

4.1. Classificação quanto ao Conteúdo

4.1.1. Normas Materialmente Constitucionais

As normas materialmente constitucionais são aquelas que trazem em si um nítido conteúdo constitucional, isto é, representam matéria constitucional independentemente de estarem ou não inseridas no texto da Constituição. Essas normas são notadamente aquelas pertinentes à organização e estruturação do Estado, à organização do poder estatal, aí compreendidas as suas limitações, à forma e sistema de governo e aos direitos da pessoa humana, tanto individuais quanto sociais. Todas as normas, enfim, que tiverem em seu conteúdo aspectos relativos à composição e ao funcionamento da ordem política são consideradas normas materialmente constitucionais.

Como dissemos anteriormente, esse aspecto material das normas exprime a própria razão de ser da Constituição, sem o qual qualquer Constituição poderia ser considerada simples lei ordinária.

4.1.2. Normas Formalmente Constitucionais

Nada obstante as matérias consideradas essencialmente constitucionais, que assim são consideradas independentemente de estarem ou não inseridas em um documento escrito, as constituições contemplam, ainda, uma diversidade de outras matérias que não tratam das questões essenciais do Estado, o que as tornaria materialmente constitucionais, mas regulam situações outras que poderiam ser perfeitamente relegadas à legislação infraconstitucional.

Todavia, com o intuito de dotar essas normas de maior estabilidade, no sentido de torná-las mais dificilmente alteráveis pelo legislador ordinário, o constituinte optou por inseri-las no texto constitucional, tornando-as, assim, normas formalmente constitucionais. Vale dizer que tais normas são constitucionais tão-só por estarem na Constituição, e não pelo seu conteúdo.

Nesse tom, inserida determinada norma na Constituição, ainda que materialmente não seja de índole constitucional, passa esta a contar com as garantias próprias das normas constitucionais, em especial no tocante ao maior rigor exigido para sua supressão ou alteração. Esse maior rigor é demonstrado na forma de um processo legislativo mais qualificado e mais rígido para se aprovarem emendas à Constituição, diferentemente do que ocorre com a legislação ordinária, que apenas exige maioria simples das Casas parlamentares.

4.2. Classificação quanto à Estrutura

4.2.1. Princípios Constitucionais

Em relação aos princípios constitucionais, pode-se dizer que eles são dotados de um alto grau de generalidade e abstração e baixa densidade normativa, pois necessitam, via de regra, de outras normas para que possam ser aplicados. São normas que contemplam os valores que informam a ordem jurídica. São exemplos de princípios constitucionais: artigos 1º, 2º, 3º, 4º, 5º, *caput*, incisos I e II, 37, *caput*, 170 e 206 da CF.

4.2.2. Regras Constitucionais

As regras constitucionais, por sua vez, possuem um menor grau de generalidade e abstração e alta densidade normativa. São normas que descrevem situações fáticas e prescrevem condutas a serem observadas, e em caso de eventual conflito, este é resolvido pelos critérios de solução de conflitos, que são o cronológico, em que a lei posterior revoga a anterior, o hierárquico, em que as leis de hierarquia superior prevalecem sobre as de hierarquia inferior, e o da especialidade, pelo qual a regra específica deve prevalecer sobre a regra genérica. São exemplos de regras constitucionais: artigos 57, 142, § 2º, 177, entre outras da CF.

4.3. Classificação quanto à Finalidade

Quanto à finalidade, as normas constitucionais podem ser classificadas em normas constitucionais de organização, definidoras de direitos, e programáticas.

4.3.1. Normas Constitucionais de Organização

São as normas que têm por objeto a organização do Estado, em especial a organização do poder político. Essas normas destinam-se precisamente à estruturação do Estado e de seus órgãos. Como exemplo de normas constitucionais de organização, podemos citar aquela disposta no artigo 92 da CF, a qual estabelece quais são os órgãos do Poder Judiciário, além de outros tantos, como os artigos 224, 33, 90, § 2°, 113 e 161, da CF.

4.3.2. Normas Constitucionais Definidoras de Direitos

São as normas que trazem em seu conteúdo o disciplinamento dos direitos fundamentais, sendo dirigidas precipuamente às relações entre o Estado e o particular. Assim, essas normas estabelecem de forma imediata um rol de direitos a serem desfrutados pelo indivíduo, sem a necessidade de qualquer outra norma inferior que venha a regulamentá-la.

De outro lado, ao buscarem a normatização dos direitos e garantias individuais e sociais, essas normas alcançam outro objetivo, que é a limitação dos poderes do Estado, o qual não poderá invadir a seara dos direitos fundamentais do cidadão.

4.3.3. Normas Constitucionais Programáticas

São normas cujo objeto é a definição de fins a serem atingidos pelo Estado e de programas a serem implementados para que se atinjam esses fins. Não estabelecem precisamente os meios pelos quais o Estado buscará atingir essas finalidades, sendo consideradas normas-programas.

Como exemplo de normas programáticas podemos citar os artigos 21, IX, 23, 196, 205 e 215 da CF.

4.4. Classificação quanto à Eficácia

A classificação das normas constitucionais quanto à eficácia, proposta por José Afonso da Silva, talvez seja a de maior complexidade, porquanto procura dividir as normas quanto ao seu alcance temporal, isto é, quanto à sua aplicabilidade, se direta e imediata ou se dependente de normas regulamentadoras.

Já dissemos que a Constituição é a lei maior do Estado, dela derivando todo o ordenamento jurídico estatal. Nesse sentido, as normas constitucionais exercem influência decisiva não só na elaboração das normas inferiores ou infraconstitucionais, mas também, com acentuada relevância, nas demais atividades estatais, como a administração e a jurisdição.

Essa influência das normas constitucionais na vida social pode se verificar de diferentes formas, a depender do grau de eficácia de que são dotadas. Assim, a norma constitucional poderá condicionar a sociedade não só na imposição de regras de conduta, que expressamente são autorizadas ou vedadas, mas também no estabelecimento de programas ou ações estatais necessárias ao atingimento dos objetivos do Estado, mas que poderão ter o seu efeito retardado, com eficácia apenas indireta e futura na vida do cidadão.

As normas constitucionais quanto à eficácia podem ser classificadas em normas de eficácia plena, normas de eficácia contida e normas de eficácia limitada, sendo estas últimas subdivididas em normas constitucionais de princípio institutivo e normas constitucionais de princípio programático, o que, de certa forma, se assemelha à classificação quanto à finalidade acima trabalhada.

4.4.1. Normas Constitucionais de Eficácia Plena

São normas que não necessitam de nenhuma integração legislativa infraconstitucional, valendo por si só, e produzem, ou tem possibilidade de produzir, todos os seus efeitos essenciais de imediato (eficácia total e imediata), relativamente aos interesses, aos comportamentos e às situações que o constituinte, direta e normativamente, quis regular.

São consideradas normas fortes quanto à sua eficácia, não podendo ser enfraquecida pelo legislador infraconstitucional ou pela Administração Pública. São exemplos dessa espécie de normas: as disposições dos artigos 5º, LXXVII, XXXVI, XXXVII, XXXVIII, "d", XLVII, 19, 20, 21, 22, 24 e 28 da CF.

4.4.2. Normas Constitucionais de Eficácia Contida

São normas dotadas de eficácia prospectiva, concernente ao futuro. Essa espécie de normas, independentemente de legislação infraconstitucional integradora, possui eficácia total e imediata. Porém, o advento legislativo faz com que o campo de abrangência da norma constitucional fique restrito, contido. Um exemplo está no artigo 5º, XIII, da CF. A norma constitucional estabelece que "é livre o exercício de qualquer trabalho, ofício ou profissão, atendidas as qualificações profissionais que a lei estabelecer". Ocorre que a legislação infraconstitucional, por previsão da própria norma constitucional, restringe a abrangência da norma quando estabelece requisitos especiais para o exercício de determinadas profissões. O médico, por exemplo, para exercer a profissão, deverá ter cursado uma faculdade de medicina, obtido aprovação, feito a residência médica obrigatória e contar com inscrição no Conselho Regional de Medicina – CRM. O mesmo ocorre com o advogado (art. 8º, IV, da Lei n. 8.906/94 – Estatuto dos Advogados), o engenheiro, etc.

Observe-se que a Constituição estabelece, inicialmente, a liberdade absoluta para o exercício de qualquer profissão, mas delega à lei infraconstitucional a contenção da eficácia dessa norma, já que a liberdade existe, desde que atendidos determinados requisitos. A lei infraconstitucional vem conter, restringir, o âmbito de eficácia da norma constitucional, portanto.

A despeito dessa contenção, são consideradas normas fortes quanto à sua eficácia, mas que podem ser reduzidas pelo legislador infraconstitucional. A redução também pode ocorrer diante de um conceito vago, como "ordem pública", "bons costumes", "segurança nacional". A redução, nessa hipótese, será feita pela Administração Pública, cabendo ao Judiciário decidir eventual conflito.

O legislador ou o administrador público, no entanto, não recebe uma autorização ilimitada de redução do comando constitucional. Deve sempre preservar um conteúdo mínimo do direito sob pena de descaracterizar a norma constitucional. A legislação restritiva deve limitar-se ao conteúdo mínimo sob pena de sufocar o direito garantido constitucionalmente.

Ressalte-se que a limitação a ser imposta pelo legislador infraconstitucional deve contar com autorização na Constituição, o que normalmente vem na forma de expressões como "na forma da lei", "que a lei estabelecer", "definidas em lei", etc. São exemplos de normas constitucionais de eficácia contida: artigos 5º, VIII, XIII, XXIV e XXV, 37, I, e 15, IV, entre outros da CF.

4.4.3. Normas Constitucionais de Eficácia Limitada

Essas normas não produzem todos os seus efeitos de imediato. Seu integral cumprimento depende de um complemento legislativo ou de uma ação da Administração Pública. São normas de eficácia fraca, podendo, no entanto, ser fortalecidas pelo legislador infraconstitucional ou pelo administrador público.

Até a sua complementação pela via integrativa infraconstitucional produzem os seguintes efeitos:

a) estabelecem um dever para o legislador ordinário;
b) condicionam a legislação futura, sendo inconstitucionais as leis ou atos que as ferirem;
c) informam a concepção do Estado e da sociedade e inspiram sua ordenação jurídica, mediante atribuição de fins sociais, proteção de valores da justiça social e revelação dos componentes do bem comum;
d) conferem sentido teleológico para a interpretação, integração e aplicação das normas jurídicas;
e) condicionam a atividade discricionária da Administração e do Judiciário;
f) criam situações jurídicas subjetivas de vantagem ou desvantagem.

4.4.3.1. Normas Constitucionais de Eficácia Limitada de Princípio Institutivo (Orgânico ou Organizativo)

Tal como as normas constitucionais de organização, são normas de princípio institutivo, porquanto contêm esquemas gerais, cabendo ao legislador infraconstitucional a estruturação de instituições, órgãos e entidades do Estado. São exemplos dessas normas: artigos 224, 33, 90, § 2º, 113 e 161, entre outros da CF.

4.4.3.2. Normas Constitucionais de Eficácia Limitada de Princípio Programático

São as chamadas "normas programáticas", como vimos acima. Nesse caso, o constituinte, em vez de regular, direta e imediatamente, determinados interesses, limitou-se a traçar os princípios para serem cumpridos pelos seus órgãos estatais (legislativos, executivos, jurisdicionais) como programas das respectivas atividades, visando à realização dos fins sociais do Estado. São exemplos dessas normas: artigos 21, IX, 23, 170, 205, 211, 215, 218, 226, § 2º e 227 da CF.

4.5. Outras Classificações quanto à Eficácia da Norma

Além da classificação que trouxemos acima, a qual defendemos por nos parecer a mais esclarecedora e de melhor didática, há outras classificações trazidas por autores ilustres, como a classificação defendida por Pontes de Miranda e Manoel Gonçalves Ferreira Filho, entre outros. Por essa classificação, as normas constitucionais são divididas em *normas constitucionais autoaplicáveis* e *normas constitucionais não autoaplicáveis*, sendo que as primeiras não exigem a participação do legislador ordinário para sua imediata aplicação, e as últimas exigem essa intervenção do legislador infraconstitucional.

As normas constitucionais autoaplicáveis se subdividem em *normas preceptivas*, as quais exigem uma conduta positiva, e *normas proibitivas*, as quais impõem uma conduta negativa ou uma proibição. As normas constitucionais não autoaplicáveis se subdividem em *normas interpretativas*, que são aquelas que indicam o sentido, o alcance e o conteúdo das outras; *normas declarativas ou explicativas*, que são normas que contêm conceitos claros, e *normas permissivas ou facultativas*, as quais atribuem uma permissão, não havendo a imposição de uma conduta comissiva ou omissiva.

Convém destacar, ainda, a classificação sistematizada por Maria Helena Diniz, a qual, partindo da premissa de que as normas constitucionais não são dotadas de idêntica intangibilidade ou emendabilidade, divide essas normas em *normas constitucionais com eficácia absoluta, plena, relativa restringível e relativa complementável*. As normas dotadas de eficácia absoluta são aquelas intangíveis, as quais não podem ser alteradas por qualquer ação infraconstitucional, nem sequer pela manifestação do Poder constituinte derivado. Como exemplo citamos aquelas que tratam da Federação (art. 1º) e todos os direitos individuais fundamentais (art. 5º).

As normas constitucionais com eficácia plena, eficácia relativa restringível e eficácia relativa complementável correspondem às normas constitucionais de eficácia plena, contida e limitada, conforme classificação de José Afonso da Silva, que mencionamos neste capítulo.

5. INTERPRETAÇÃO JURÍDICA

Não há texto jurídico que dispense interpretação, seja uma portaria, seja uma resolução, seja uma lei e, em especial, a Constituição. O texto jurídico existe para ser interpretado, e a interpretação consiste em extrair o real significado e a exata abrangência da norma. Nesse sentido, a interpretação representa o principal instrumento de aplicação da lei e do Direito e o principal atributo exigido do aplicador do Direito diante de um caso concreto.

Segundo Carlos Maximiliano, "interpretar é explicar, esclarecer; dar o significado de vocábulo, atitude ou gesto; reproduzir por outras palavras um pensamento exteriorizado; mostrar o sentido verdadeiro de uma expressão; extrair, de frase, sentença ou norma, tudo que na mesma se contém".

Por intermédio da interpretação, busca-se estabelecer o sentido objetivamente válido de uma regra de Direito. Assim, tem-se que o objeto da interpretação é a norma jurídica contida nas diversas formas de estatutos jurídicos.

6. HERMENÊUTICA E INTERPRETAÇÃO

Percebemos, comumente, o emprego aleatório das expressões "hermenêutica" e "interpretação"; em muitos casos, tais expressões são utilizadas como sinônimas. Trata-se de uma inconsistência técnica, muito embora os dois institutos convirjam a um só objetivo, que é a apuração do sentido e abrangência de determinada norma jurídica.

Porém, para um maior rigor terminológico, pode-se dizer que a hermenêutica consiste no conjunto de métodos, sistemas e princípios destinados a promover a apuração do significado das normas jurídicas, enquanto a interpretação consiste no exercício e na aplicação desses métodos, sistemas e princípios. A última consiste na aplicação da primeira.

7. INTERPRETAÇÃO DA CONSTITUIÇÃO

A par da imprescindibilidade de se interpretar a norma jurídica, a Constituição, com muito mais razão, há de ser interpretada, mormente por constituir o vértice da pirâmide normativa, da qual decorre toda e qualquer outra norma e com a qual deve se amoldar todo no nosso sistema jurídico-normativo. Além do mais, é a Constituição o instrumento de criação e de regulação do Estado, o que torna a sua interpretação ainda mais relevante. Não por outra razão, o constituinte brasileiro designou o Supremo Tribunal Federal o guardião da Constituição, a quem cabe a última palavra no que concerne à sua interpretação e a quem compete defender a Carta da República contra interpretações passíveis de desnaturá-la ou de implicar na violação de seus preceitos.

É certo que as constituições abertas, de natureza eminentemente principiológicas, como a dos Estados Unidos da América, são mais suscetíveis à interpretação, exigindo redobrado esforço do intérprete para que esta não seja agredida em sua essência quando de sua interpretação. Nas constituições fechadas, por sua vez, de cunho analítico, como a brasileira, a tarefa interpretativa talvez se mostre menos tormentosa, o que muitas vezes não se confirma.

Nas constituições abertas, o espaço para interpretação é bem maior, já que se interpretam basicamente princípios, os quais possuem baixa densidade normativa. Já nas constituições fechadas ou analíticas, a margem interpretativa é consideravelmente menor, posto que a Constituição é formada, além dos princípios próprios de toda Constituição, de regras jurídicas, as quais possuem alta densidade normativa e, por isso, torna reduzida a margem de atuação do intérprete. Não a elimina, contudo.

O importante é que toda Constituição exige interpretação, já que dela deriva todo o sistema normativo estatal e toda a estrutura político-jurídica do Estado.

A interpretação constitucional é uma espécie do gênero "interpretação jurídica", sendo que, afora determinadas peculiaridades que repousam sobre a interpretação da Lei Maior e os princípios que lhe são próprios, os métodos de interpretação utilizados são os mesmos aplicados à interpretação de qualquer lei. Ocorre que essas peculiaridades são basicamente as características próprias da Constituição, como a sua supremacia dentro do ordenamento jurídico, a sua rigidez, bem como o seu caráter político.

Embora as regras gerais de interpretação das leis em geral sejam aplicáveis ao Direito Constitucional, esse ramo do Direito possui princípios específicos de interpretação, em virtude da singularidade das normas constitucionais, traduzida, principalmente, pelo Poder constituinte, criador da Constituição, e pelo processo mais rígido de sua revisão.

Quanto ao objeto da interpretação constitucional, trata-se da determinação dos significados das normas que integram a Constituição formal e material do Estado, podendo essa interpretação assumir duas modalidades: (a) a da aplicação direta da norma constitucional, para reger uma situação jurídica - por exemplo: a aposentadoria de um funcionário, o reconhecimento de uma imunidade tributária, a realização de um plebiscito sobre a fusão de dois Estados; b) ou a de uma operação de controle de constitucionalidade de uma norma infraconstitucional com a Constituição, notando-se que, nesse último caso, a norma não vai ser aplicada a qualquer caso concreto, mas funciona como paradigma em face do qual vai se aferir a validade formal ou material de uma lei inferior.

8. SUJEITOS DA INTERPRETAÇÃO CONSTITUCIONAL

Já dissemos que todo texto jurídico comporta e exige interpretação. Assim, de princípio, delimitamos o objeto da interpretação, que é o próprio texto jurídico e, sob o prisma ora trabalhado, a Constituição. A questão que surge, então, é saber a quem cabe interpretar essa norma maior do Estado; isto é, quem são os sujeitos da interpretação constitucional? A resposta para essa indagação não é simples.

Em princípio, pode-se dizer que a interpretação da Constituição caberia a todas as pessoas a ela submetidas ou que estejam sujeitas aos seus efeitos, o que significa dizer que caberia essa interpretação a todos os cidadãos e a todos os organismos do Estado, públicos e privados, subordinados ao poder normativo da Constituição.

Com efeito, tendo a Constituição o poder de regular e de influenciar a vida de todos os integrantes da sociedade, caberiam a todos o direito e o poder de se manifestar quanto à sua interpretação e à sua aplicação, o que se mostra natural na medida em que a Constituição é o instrumento regulador e conformador dessa mesma sociedade.

Prosseguindo nesse raciocínio, podemos vislumbrar várias hipóteses de interpretação constitucional por parte do cidadão e de organismos da sociedade organizada. Assim, por exemplo, quando um cidadão se insurge contra uma regra constante do regimento interno de seu condomínio que assegura apenas aos moradores mais antigos a obtenção de desconto na taxa condominial, está ele interpretando a Constituição, já que a isonomia é princípio constitucionalmente consagrado.

Da mesma forma, quando um servidor do Instituto Nacional do Seguro Social indefere a concessão de aposentadoria a determinada pessoa, por ausência de comprovação do tempo de contribuição previsto para a concessão do benefício, está ele interpretando a Constituição, já que esta estabelece um tempo mínimo para a obtenção da aposentadoria.

Essa constatação nos leva a concluir que não seria admissível o confinamento da atividade interpretativa a um único órgão do Estado, de modo a criar um monopólio que tenderia a provocar um desequilíbrio entre os poderes, ainda que esse órgão seja um Tribunal Constitucional. Nesse sentido, ainda que a organização estatal, em sua estrutura de controle constitucional, contemple a previsão de uma Corte Constitucional, como ocorre no Brasil, não deve a atividade interpretativa se limitar a essa Corte.

Tal assertiva, contudo, longe está de excluir ou de diminuir a importância da função de interpretação dos tribunais e cortes constitucionais. Estas últimas, inclusive, como é exemplo o caso brasileiro com o Supremo Tribunal Federal, detêm a prerrogativa de manifestar-se, em última instância, acerca das controvérsias constitucionais, dando a última palavra no que concerne à interpretação da Constituição.

Tenha-se presente, contudo, que a interpretação da Constituição não se restringe à função jurisdicional, à atividade de julgar. Deve ela permear todos os setores sociais e, mais precisamente, todos os poderes estatais, inclusive o Legislativo e o Executivo, enquanto representantes eleitos da sociedade.

A teoria da interpretação constitucional inclui, necessariamente, os três poderes do Estado - Executivo, Legislativo e Judiciário - como legítimos intérpretes da Constituição, mantendo a independência entre eles, mas harmonizando a atividade interpretativa de ambos, cada qual operando dentro de sua atividade e diante de uma perspectiva própria.

Assim, resumidamente, ao Legislativo cabe a interpretação do Texto constitucional quando da elaboração das leis, de modo que essas normas inferiores não incorram em violação à Lei Maior, o que acarretaria a sua exclusão do mundo jurídico. Ao Poder Executivo cabe interpretar a Constituição em sua atividade administrativa regular, de forma que os atos administrativos praticados por seus diversos órgãos e agentes, como, por exemplo, a formalização de contratos, a realização de licitações, a efetivação de pagamentos, o exercício da fiscalização, entre tantos outros, não contrariem o Texto constitucional.

Por fim, ao Judiciário cabe a interpretação da Constituição para que a prestação jurisdicional vindicada esteja sempre amparada na Lei Maior. Vale dizer que, em cada decisão tomada por um órgão jurisdicional, a Constituição deverá servir de balizador maior para que o Direito a ser aplicado ao caso concreto esteja sempre albergado na Carta Constitucional. Decisão que fere a Constituição é decisão inconstitucional, da mesma forma que as leis e os atos normativos que violam o Texto constitucional estão fadados a ter decretada a sua inconstitucionalidade.

Não se pode negar que, no caso brasileiro, a função interpretativa do Judiciário ganha maior relevo na medida em que o modelo de controle de constitucionalidade adotado privilegia o controle judicial, seja na forma difusa, seja na forma concentrada, cabendo ao Judiciário a missão de dirimir qualquer controvérsia havida em torno do texto da Constituição. Tal fato, contudo, não importa na exclusão do poder e do dever dos demais poderes do Estado de operarem a interpretação da Carta Constitucional dentro de seus limites e de acordo com suas funções.

Dentro desse contexto, o resultado da interpretação promovida por cada um dos poderes terá diferenças substanciais. A interpretação promovida pelo Legislativo, por exemplo, por meio das Comissões de Constituição e Justiça, poderá implicar na vedação da aprovação e consequente promulgação de uma lei inconstitucional. Já a interpretação do Judiciário terá o condão de promover a solução das lides que lhe são apresentadas sempre com base na Lei Maior, respeitando os seus princípios e regras, como, por exemplo, a ampla defesa em um processo judicial. Poderá, ainda, importar na exclusão do ordenamento jurídico de normas inconstitucionais, como ocorre com as decisões proferidas pelo Supremo Tribunal Federal em sede de controle concentrado de constitucionalidade, o que será visto no próximo capítulo.

9. MUTAÇÃO CONSTITUCIONAL

A atividade interpretativa tem como escopo principal a adequada aplicação das normas constitucionais às situações fáticas observadas e vivenciadas pela sociedade. Assim, pode-se dizer que a aplicação das normas constitucionais somente ocorre de maneira satisfatória depois da interpretação delas, isto é, somente depois de aferir-se o real significado da norma é que se pode concluir se ela é ou não aplicável a uma dada situação ou a uma dada realidade social. Assim é com a Constituição, assim é com qualquer norma legal.

Partindo-se desse entendimento, deve-se ter presente que o permanente processo de interpretação pelo qual passa a Constituição ao longo dos tempos, desde a sua promulgação, por todos os sujeitos e por todos os poderes estatais, tem o efeito de acarretar uma inevitável alteração dos significados e dos sentidos atribuídos às suas normas, de uma época para outra. Isso porque a evolução da sociedade, dos seus conceitos e dos seus objetivos leva, também, à necessidade de evolução da norma, de modo a que esta vá se adequando aos novos anseios e às novas exigências sociais.

Com efeito, a evolução social leva à evolução da norma, aí incluída a Constituição, que é a norma maior do Estado. Essa evolução da Constituição ocorre a partir de sua alteração, podendo essa alteração ocorrer de duas formas básicas. A primeira decorre da alteração do próprio Texto constitucional, o que se dá mediante o exercício do Poder Constituinte Derivado ou de reforma – como visto no capítulo 5 –, podendo o constituinte reformador, por meio de emendas, promover alterações na Constituição, desde que não comprometam o seu cerne imodificável, representado pelas chamadas *"cláusulas pétreas"*.

Trata-se de um processo formal previsto na própria Constituição e que apresenta maior rigidez para a sua implementação, como, no caso brasileiro, a exigência de quorum qualificado nas duas Casas congressuais (3/5), em dois turnos de votação, o que nem sempre permite que as alterações sejam efetivadas.

A segunda forma de alteração da Constituição, por sua vez, ocorre por meio do que se denomina "mutação constitucional", sendo esta representada não pela alteração física do Texto constitucional, mas pela alteração do significado e do sentido que se atribui às normas constitucionais no processo de interpretação. Vale dizer, nesse caso, que a alteração não está no texto, mas na interpretação da norma.

Trata-se de um processo informal e mais dinâmico de alteração das normas constitucionais, visto que ocorre de forma permanente a partir da atividade de interpretação da Constituição atribuída aos diversos órgãos estatais. A essência desse processo de alteração está no fato de que o entendimento que se tem acerca de uma determinada questão pode sofrer variação de uma época para outra. Assim, o entendimento que se tinha sobre uma determinada matéria há cinco, seis, sete décadas pode não ser o mesmo que se tem hoje e, certamente, não será o entendimento que se terá daqui a cinquenta anos, havendo a permanente necessidade de atualização do sentido da norma por meio da interpretação, de acordo e na medida da evolução da sociedade. Vide como exemplo o princípio da igualdade, cujo conceito sofreu grande alteração com o passar dos tempos.

Essa forma de alteração constitucional ganha maior força quando promovida pelas cortes constitucionais, no caso brasileiro, pelo Supremo Tribunal Federal. Assim, o entendimento expressado pelo STF em um julgamento acerca da aplicação e da abrangência de uma determinada norma constitucional, alterando um posicionamento até então vigente, caracteriza uma mutação constitucional, já que alterada a norma constitucional, não pela alteração de seu texto, mas por meio da alteração do seu sentido, via processo de interpretação.

Essa forma de alteração das constituições (mutação constitucional) é mais perceptível em países que adotam constituições abertas, eminentemente principiológicas, como a dos Estados Unidos da América, visto que, nesses casos, o espaço para a interpretação da norma é significativamente maior, como já ressaltado anteriormente.

10. MÉTODOS DE INTERPRETAÇÃO

São os seguintes os métodos de interpretação:

10.1. Quanto às Fontes

No tocante às fontes, há as seguintes espécies de interpretação: autêntica (do legislador), judiciária (do juiz) e doutrinária (do jurista).

10.1.1. Interpretação Autêntica

É aquela ministrada pelo próprio legislador, isto é, o órgão legislativo responsável pela elaboração da norma elabora uma segunda norma com o objetivo de esclarecer especificamente o significado e o alcance da norma anterior, tida como por obscura ou ambígua.

10.1.2. Interpretação Judiciária

Também chamada de "interpretação jurisprudencial", a qual se realiza a partir dos julgamentos realizados pelos diversos órgãos do Poder Judiciário, que têm por missão a aplicação da norma jurídica aos casos concretos que lhes são apresentados. Essa interpretação ganha em importância na medida em que é promovida pelos Tribunais Superiores, em especial o Supremo Tribunal Federal, que é o responsável pela guarda da Constituição.

10.1.3. Interpretação Doutrinária

A interpretação doutrinária é aquela que deriva dos doutrinadores e estudiosos do Direito, os quais, mediante suas obras e pareceres, buscam elucidar e precisar o conteúdo e o exato significado da norma, auxiliando os aplicadores do Direito na análise das situações conflituosas.

10.2. Quanto aos Meios

Quanto aos meios empregados, a interpretação pode ser gramatical, sistemática, histórica, analógica e teleológica.

10.2.1. Interpretação Gramatical

A interpretação gramatical, também conhecida como filológica, literal ou léxica, consiste na análise ou averiguação do exato teor da lei. Busca extrair o significado literal das palavras, examinando-as de forma isolada ou no contexto da frase, mediante o emprego de recursos gramaticais e linguísticos.

Vale dizer que o método gramatical ou literal consiste em interpretar os textos legais de acordo com o sentido próprio das palavras ou dentro do contexto em que estão inseridas. Significa que o intérprete terá de extrair a norma aplicável, deduzindo-a do conteúdo incorporado aos seus termos.

10.2.2. Interpretação Lógica

A interpretação lógica tem por objetivo buscar o alcance da norma por meio de raciocínios lógicos, com o estabelecimento de uma perfeita conexão entre as diversas locuções constantes do texto legal.

10.2.3. Interpretação Sistemática

A interpretação sistemática toma por base o caráter sistemático da ordem constitucional e considera que o ordenamento jurídico é formado por um complexo sistema de normas que se interligam. Assim, a interpretação sistemática consiste na análise da norma de forma coordenada com todo esse sistema.

Nesse sentido, não deve a norma ser interpretada de forma isolada, mas sim de forma coordenada com as demais normas integrantes de nosso ordenamento jurídico.

Pode-se dizer que a interpretação sistemática apresenta um caráter extratextual, já que busca o sentido da norma não apenas no próprio texto interpretado, mas também na relação entre este e as demais disposições legais constantes do ordenamento jurídico.

10.2.4. Interpretação Histórica

A interpretação histórica consiste, fundamentalmente, em uma análise do processo de criação da norma objeto da interpretação, bem como do contexto histórico e das circunstâncias políticas, econômicas e sociais que motivaram a elaboração da norma constitucional.

10.2.5. Interpretação Analógica

O método de interpretação analógica consiste na busca, dentro do sistema normativo, de normas previstas e aplicáveis a casos assemelhados ou a matérias análogas, em razão da ausência de regra precisa que regule a espécie sob análise. É a aplicação a um determinado caso ou a uma determinada situação de normas inicialmente destinadas a outras situações, mas que, por identidade de elementos, torna-se aplicável também a estes.

Para a aplicação do método analógico, há necessidade tanto da constatação da afinidade ou semelhança de fatos sobre os quais recai a norma, como da identidade de razão. Assim, o intérprete parte do pressuposto de que o legislador, se houvesse previsto a hipótese, teria dado ao caso a mesma solução ou regulado a matéria de forma idêntica.

10.2.6. Interpretação Teleológica

Essa modalidade de interpretação leva em conta a finalidade da norma por meio da avaliação dos valores por ela tutelados. Vale dizer que as normas devem ser aplicadas levando-se em conta o seu espírito e a sua finalidade, sendo que a interpretação teleológica refere-se ao fundamento último das normas jurídicas.

A pergunta que deve ser feita e que melhor define esse método, cuja resposta deve ser buscada pelo intérprete, é a seguinte: o que pretendia o legislador com a edição da norma? Com a resposta para essa indagação, certamente o intérprete terá o seu caminho facilitado e a norma poderá ser aplicada atendendo à sua real finalidade.

10.3. Quanto aos Resultados

Quanto aos resultados, a interpretação pode ser declarativa, extensiva e restritiva.

10.3.1. Interpretação Declarativa

Dá-se a interpretação declarativa quando na reconstrução do pensamento do legislador pelo intérprete há coincidência entre a interpretação gramatical e a interpretação lógica.

Vale dizer que esse método de interpretação desenvolve-se quando a letra da lei corresponde ao sentido que lhe é atribuído pela razão.

10.3.2. Interpretação extensiva

A interpretação extensiva ocorre quando a lei abrange, de fato, mais situações que aquelas que ela taxativamente contempla. Assim, o teor da lei é objeto de um "elastecimento" até coincidir com a vontade que o legislador quis exprimir.

10.3.3. Interpretação Restritiva

A interpretação restritiva verifica-se na hipótese contrária, ou seja, quando se restringe o alcance da norma, de modo que a lei diz mais do que pretendeu o legislador.

11. PRINCÍPIOS DA INTERPRETAÇÃO CONSTITUCIONAL

A Constituição do Estado, ainda que modelada sob a forma de um estatuto jurídico profundamente analítico e rígido, como a atual Constituição brasileira, em que o constituinte originário buscou contemplar uma gama enorme de matérias de interesse da sociedade, não é capaz, por si só, de evitar conflitos entre as diversas normas ali inseridas ou mesmo entre estas e os instrumentos jurídicos inferiores. Esses conflitos existem e, certamente, hão de sempre existir.

Destarte, não pode o Direito ficar alheio a essa realidade, sendo imperiosa a necessidade de criação de mecanismos para a solução desses conflitos entre as normas constitucionais, de modo a promover a harmonização de todo o complexo constitucional, bem como do ordenamento jurídico, sempre sob o pálio e sob os auspícios da Constituição, vértice desse ordenamento.

É nesse contexto que emergem os princípios e as regras de interpretação, o que representa a tentativa de se encontrar o melhor sentido da norma jurídica em confronto com a realidade sociopolítico-econômica e almejando a sua plena eficácia.

Já dissemos que a hermenêutica constitucional consiste na sistematização dos princípios de interpretação da Constituição. Para Luís Roberto Barroso, o ponto de partida do intérprete hão de ser sempre os princípios constitucionais, que são o conjunto de normas que espelham a ideologia da Constituição, seus postulados básicos e seus fins.

Assim, podemos enumerar seis princípios que informam a interpretação constitucional: 1) da supremacia da Constituição; 2) da unidade da Constituição; 3) da interpretação conforme a Constituição; 4) da presunção de constitucionalidade; 5) da máxima efetividade; 6) da razoabilidade.

11.1. Princípio da Supremacia da Constituição

Esse princípio traduz a superioridade da Constituição sobre todas as outras normas jurídicas do Estado. Demonstra que a Constituição encontra-se em posição hierárquica superior a todas as demais normas jurídicas, sendo certo que a validade destas irá depender de sua conformidade com a Lei Maior.

Como forma de assegurar essa supremacia, vale-se o Estado da chamada "jurisdição constitucional", que tem o papel de buscar a preservação da Norma Maior nas relações de conflito apresentadas. É desse princípio que derivam os mecanismos de controle de constitucionalidade, o que veremos no capítulo seguinte.

11.2. Princípio da Unidade da Constituição

O ordenamento constitucional do Estado é constituído por um complexo sistema de normas, as quais se entrelaçam de modo a buscar a harmonização desse sistema. Com efeito, as normas constitucionais devem ser consideradas, no momento da interpretação e da aplicação, não de forma isolada, mas representando uma parte desse sistema normativo.

Pode-se dizer que, à luz desse princípio, a Constituição deve ser interpretada de forma a evitar contradições (antinomias) entre suas normas, devendo o intérprete considerá-la na sua inteireza, como normas integradas num sistema unitário.

Nesse sentido, o princípio da unidade da Constituição denota esse caráter sistemático do ordenamento constitucional, revelando, ainda, a ideia de que a Constituição é formada por um conjunto de normas que compreende um todo, devendo sempre ser interpretada sistematicamente, de modo a evitar contradições entre suas normas.

11.3. Princípio da Interpretação Conforme a Constituição

A supremacia das normas constitucionais, princípio que vimos acima, exige que, na função de interpretação do ordenamento jurídico, seja sempre concedida à norma infraconstitucional preferência ao sentido que seja adequado à Constituição Federal.

Nesse sentido, diante de normas que comportem várias significações possíveis, deverá ser buscada aquela que apresente *conformidade com as normas constitucionais*, evitando sua declaração de inconstitucionalidade. Com efeito, na interpretação das normas jurídicas, não pode o intérprete conferir a elas significado que esteja em conflito com o Texto constitucional. O resultado da interpretação haverá que estar, necessariamente, em conformidade com a Constituição, sob pena de declaração de inconstitucionalidade.

Não se pode, na atividade interpretativa, buscar a adequação da Constituição ao texto do ato infraconstitucional, mas sim a adequação deste ao Texto constitucional.

11.4. Princípio da Presunção de Constitucionalidade

O princípio da presunção de constitucionalidade das leis e atos normativos denota que as normas jurídicas nascem com a presunção de validade e eficácia, presunção essa, todavia, *juris tantum*, ou seja, relativa, que admite prova em contrário.

Assim, não sendo absoluta essa presunção, a norma somente irá adquirir essa condição à medida que passe pelo crivo do Supremo Tribunal Federal no exercício do controle de constitucionalidade.

11.5. Princípio da Máxima Efetividade

Na interpretação de uma norma constitucional, deve ser conferido a ela o sentido que maior eficácia lhe conceda. A partir desse princípio, mostra-se vedada a interpretação que suprima ou diminua a finalidade da norma constitucional.

A máxima eficácia da norma constitucional objetiva impedir a supressão de determinados direitos e garantias constitucionais a partir de uma interpretação restritiva que elimine a possibilidade de aplicação das normas em sua inteireza.

11.6. Princípio do Efeito Integrador

O princípio do efeito integrador importa dizer que, na resolução dos problemas jurídico-constitucionais, deve-se dar primazia aos critérios ou pontos de vista que favoreçam a integração política e social e o reforço da unidade política, posto que essa é uma das finalidades primordiais da Constituição.

11.7. Princípio da Concordância Funcional

Segundo o princípio da concordância funcional, também conhecido como princípio da justeza, os intérpretes da Constituição não podem chegar a um resultado que prejudique ou subverta o sistema de organização funcional constitucionalmente estabelecido.

Com efeito, as funções de Estado estabelecidas pela Carta Constitucional não podem ter a sua repartição alterada a partir de determinada interpretação constitucional.

11.8. Princípio da Concordância Prática

O princípio da concordância prática ou da harmonização está estreitamente ligado ao princípio da unidade da Constituição e consiste na busca pela conformação das diversas normas constitucionais que estejam em confrontação, de modo a se evitar o sacrifício total de alguma dessas normas.

Deve o intérprete buscar a harmonização dos dispositivos constitucionais aparentemente conflitantes, tendo em vista a ideia de que não há hierarquia entre as normas constitucionais, havendo que se buscar a concordância entre elas e não a exclusão total de alguma norma para a aplicação de outra.

11.9. Princípio da Razoabilidade

O princípio da razoabilidade, embora traga em si um caráter aparentemente subjetivo, indica que a validade dos atos do Poder Público pressupõe a aferição de três regras: a adequação, a necessidade ou exigibilidade e a proporcionalidade.

A adequação refere-se a uma harmonização entre os motivos do ato, os meios utilizados e os fins almejados, de modo que à vista de determinados motivos, devem ser utilizados os meios eficientes para o atingimento de dada finalidade.

A necessidade ou exigibilidade pressupõe que as intervenções estatais sejam sempre necessárias e se dê de forma mínima para o tratamento de determinada situação, de modo a se buscarem sempre os meios menos gravosos para a obtenção da finalidade pretendida.

Já a proporcionalidade exprime o equilíbrio que deve haver entre o encargo imposto e o benefício trazido. Assim, havendo desequilíbrio, não se alcança a proporcionalidade.

CAPÍTULO 3

Poder Constituinte

1. NOÇÕES PRELIMINARES

A Constituição é a norma estruturante do Estado, à qual todas as instituições estatais, todo o ordenamento jurídico e, por que não dizer, toda a sociedade encontram-se vinculados e submetidos. É fácil perceber, nesse sentido, que não há Estado sem Constituição, já que cabe a esta estabelecer não só os elementos orgânicos desse Estado, mas também os preceitos jurídicos e políticos sobre os quais serão erguidas as colunas normativas da sociedade. Trata-se, pois, do grande instrumento condicionador da vida social.

Dentro desse contexto, a partir da constatação da relevância e do significado da Constituição para a sociedade e para o Estado, emerge a discussão acerca da titularidade, do momento e da legitimação para a criação de norma de tamanha importância. A quem cabe a elaboração da Constituição de um Estado? A resposta para essa pergunta deve ser construída a partir da análise dos elementos do que se denomina "Poder Constituinte".

Como um primeiro conceito, podemos dizer que o Poder Constituinte é o poder social que estabelece as bases políticas e normativas do Estado, ou seja, é o poder de constituir o próprio Estado. Assim, cabem ao Poder Constituinte a elaboração e a promulgação da norma criadora e regulamentadora do Estado, que é a Constituição.

O certo é que a ideia de Poder Constituinte, como definidor dos rumos do Estado, está arraigada à própria ideia de Constituição, sendo que dificilmente nos Estados atuais, salvo aqueles que contam com uma Constituição não escrita, como a experiência inglesa nos mostra, haverá Constituição não precedida da instauração do Poder Constituinte. É uma tendência do constitucionalismo.

O constitucionalismo moderno começa a ser formado com a Magna Carta na Inglaterra em 1215. Entretanto, ali não está presente a ideia de uma Assembleia Nacional Constituinte que, elaborando uma Constituição para o Estado, dará início a uma nova realidade constitucional, fruto da vontade de um poder soberano baseado na vontade popular. É no modelo europeu continental e no modelo norte-americano que surge a ideia de Poder Constituinte.

Com a Revolução Francesa (1789), superaram-se as velhas teorias que determinavam a origem divina do poder, afirmando a partir de então que o povo, seja diretamente, seja por meio de uma assembleia representativa, era o titular da soberania e, por isso, titular do Poder Constituinte. Entendia-se, pois, que a Constituição deveria ser a expressão da vontade do povo, a expressão da soberania popular.

Pode-se dizer que a elaboração geral da teoria do Poder Constituinte, na cultura europeia, nasceu com Emmanuel Joseph Sieyès, pensador e revolucionário francês do século XVIII. A concepção de soberania nacional, na época, e a distinção entre Poder Constituinte e poderes constituídos, como poderes derivados do primeiro, são contribuições do pensador revolucionário.

Sieyès afirmava que o objetivo ou o fim da assembleia representativa de uma nação não pode ser senão aquele que ocorreria se a própria população pudesse se reunir e deliberar na mesma situação. Defendia, ainda, a ideia de Soberania Nacional e a diferenciação entre Poder Constituinte e poderes constituídos, sendo estes derivados do primeiro.

À conclusão da escola clássica francesa, colocando a Constituição como um certificado da vontade política do povo nacional, sendo que, para que isso ocorra, deve ser produto de uma Assembleia Constituinte representativa da vontade desse povo, se opõe Hans Kelsen, que afirma que a Constituição provém de uma norma fundamental. Importante ressaltar nesse ponto que os conceitos dos diversos autores serão influenciados pela compreensão da natureza do Poder Constituinte, seja um poder de fato, seja um poder de direito.

2. AMPLITUDE DO PODER CONSTITUINTE

Sobre a amplitude, alguns autores entendem que o Poder Constituinte se limita à criação originária do direito enquanto outros compreendem que esse Poder Constituinte é bem mais amplo, incluindo uma criação derivada do Direito por meio da reforma do Texto constitucional, de modo a adequá-lo às mudanças sociais. Há, ainda, o Poder Constituinte decorrente, característica essencial de uma federação, quando os entes federados recebem parcelas de soberania expressas na competência legislativa constitucional.

Modernamente, a doutrina se tem assentado no reconhecimento da existência de um Poder Constituinte Originário, responsável pela criação do Direito, materializado na elaboração de uma nova Constituição, sem perder de vista a imperiosa necessidade de se promover a conjugação dessa força criadora originária, com as alterações pontuais e incidentais que, por vezes, são implementadas no texto original a partir de um poder derivado, que, ao contrário do primeiro, não seria o responsável pela criação originária do Direito, mas sim pela permanente adaptação desse direito às mutações sociais, decorrentes da própria evolução e desenvolvimento sociocultural do Estado, sendo este, nessa concepção, o Poder Constituinte Derivado ou de reforma.

Na mesma linha, reconhece-se a existência, nas federações, do Poder Constituinte Decorrente, próprio dos entes federados, mas destituídos da soberania que o submete ao poder maior da Constituição Federal.

3. TITULARIDADE DO PODER CONSTITUINTE

Titularidade do Poder Constituinte e titularidade da soberania são questões indissociáveis, dado que o Poder Constituinte consiste na mais alta expressão do poder político, dedicado à elaboração e/ou reforma da estrutura fundamental do Estado e da sociedade.

Na visão clássica da teoria constitucional, encontramos no revolucionário Sieyès a afirmação de que "a nação existe antes de tudo – é a origem de tudo. Sua vontade é invariavelmente legal – é a própria lei".

Na história do Estado constitucional, o sujeito do Poder Constituinte, o seu titular, pode ser individual ou coletivo, capacitado para criar ou revisar a Constituição. Dessa forma, encontramos na história distorções graves da teoria democrática, em que o Poder Constituinte, por vezes, tem como titular uma única pessoa, como um rei, um ditador, ou um pequeno grupo dominante, como uma classe ou um partido, em nome do povo ou "legitimado" por poderes outros que não o poder que efetivamente o sustenta.

Não há dúvida de que a vontade do Poder Constituinte deve emanar de mecanismos democráticos que permitam que o processo de elaboração da Constituição, assim como o de sua reforma, seja aberto à ampla participação popular, não apenas por meio de diálogo com os representantes eleitos, mas por meio de legítima pressão da sociedade civil organizada.

Esse Poder será democrático à medida que o processo constituinte sirva como arena privilegiada de demonstração dos grandes temas nacionais, para que, a partir daí, seja possível que as manifestações do jogo de forças sociais sejam legitimamente exercidas.

4. NATUREZA DO PODER CONSTITUINTE

Três são as correntes doutrinárias que buscam explicar a natureza do Poder Constituinte. A primeira delas, com traço marcantemente jusnaturalista, é encabeçada pelo próprio Sieyès e traz ainda George Burdeau e Manoel Gonçalves Ferreira Filho. Esses teóricos defendem o Poder Constituinte como poder de direito, visto que o Poder Constituinte seria legitimado por seu titular, resultante do Direito natural.

Outra corrente, de caráter juspositivista, adotada por Carl Schmitt, e no Brasil por Celso Ribeiro Bastos e Raul Machado Horta, acentua que a natureza do Poder Constituinte seria a de poder de fato, haja vista que o Poder Constituinte seria legitimado por si mesmo, transcendendo ao Direito Positivo.

Por fim, uma terceira corrente, capitaneada por Paulo Bonavides, defende que a natureza do Poder Constituinte é a de poder político, de sorte que o Poder constituinte precede ao processo de edição de normas constitucionais e tem o condão de gerar o fundamento de validade da ordem jurídica do Estado.

5. PODER CONSTITUINTE ORIGINÁRIO

O Poder Constituinte Originário é o momento maior de ruptura da Ordem Constitucional interna, ocasião em que o Poder Constituinte de fato se instala, forte o suficiente para romper com a ordem estabelecida. O poder de elaboração da Constituição da República é caracterizado como inicial, ilimitado e incondicionado.

É capaz de construir uma nova ordem sem nenhum tipo de limite jurídico positivado na ordem com a qual está rompendo. Alguns autores defendem um caráter quase divino desse Poder, já que representa o momento em que a sociedade tudo pode em termos de organização política e jurídica do Estado. Mas, embora ilimitado e incondicionado, essas características devem ser entendidas em relação às prescrições ditadas pelo Direito Positivo.

O que interessa efetivamente é entender a força do Poder Constituinte Originário como poder de fato, capaz de romper com a ordem vigente e, portanto, um poder ilegal e inconstitucional em relação à ordem com a qual rompe e pela qual não se limita.

Esta afirmativa contém a essência da segurança que busca o constitucionalismo moderno: a Constituição na sua essência deve ser tão forte e perene que nenhum poder constituído pode romper com seus fundamentos e estrutura, mas somente um poder social tão forte, que nem mesmo a Constituição poderá segurá-lo, pois é o poder de transformação social da própria História.

Quanto à sua legitimação, tenha-se presente que o Poder Constituinte Originário só será legítimo se sustentado por amplo processo democrático que ultrapasse os estreitos limites da representação parlamentar e penetre nos diversos fluxos comunicativos da complexa sociedade nacional.

Justamente por essa força modificativa e revolucionária, o Poder Constituinte Originário só se manifesta, dentro de um cenário de estabilidade política e social, por uma única vez, sendo certo que qualquer tentativa de se recriar um cenário propício para a convocação desse Poder originário, visando à elaboração de uma nova Constituição, caracterizaria verdadeiro "Golpe de Estado".

Afora a hipótese golpista, somente com um levante popular extremo e revolucionário, com o objetivo claro de se romper com uma situação política inaceitável e antidemocrática, poderia ser admitida uma reativação do Poder Constituinte Originário.

Assim seria, por exemplo, no caso de alterações do texto constitucional vigente, a ponto de desestruturar as instituições democráticas nacionais e colocar em risco a própria democracia, a República ou a Federação, em razão de interesses pessoais ou de grupos determinados, como ocorrido durante a ditadura militar. A ruptura com esse estado de arbitrariedade e ilegitimidade política legitimaria a convocação de uma Assembleia Nacional Constituinte, como ocorrido em 1986.

Portanto, podemos concluir que esse poder de fato será também de direito, se efetivamente democrático, entendendo-se democrático como um processo de diálogo social amplo que envolva o debate dos mais variados interesses e valores da sociedade nacional.

6. PODER CONSTITUINTE SUPRANACIONAL

O Poder Constituinte supranacional tem seu fundamento nos processos de integração entre as nações, no direito comunitário, buscando um reordenamento dos sistemas jurídico-constitucionais internos a partir de uma remodelação do conceito de soberania.

Em outras palavras, o Poder Constituinte supranacional tem seu foco voltado para a criação de uma Ordem Constitucional supranacional, à qual se submeteriam as constituições nacionais dos países em processo de integração. Exemplo disso foi a recente e frustrada tentativa de criação de uma Constituição europeia, tendo esta, após a aprovação de diversos países membros da União Europeia, sido rejeitada por França e Holanda, o que precipitou o seu esquecimento, ainda que temporário.

7. PODER CONSTITUINTE DERIVADO – PODER DE REFORMA

O Poder Constituinte Derivado surge basicamente da necessidade encontrada pelos Estados nacionais de modificarem as suas constituições de acordo e à medida que evolui a própria sociedade, ou seja, dotar a Constituição de mecanismos hábeis a propiciar o acompanhamento da evolução social, como forma de evitar que o Texto Constitucional venha a se tornar, com o passar do tempo, uma amarra ao progresso da sociedade, tanto no aspecto político como no jurídico, no econômico, no cultural, etc.

A existência de mecanismos que permitam revisões e alterações nos textos constitucionais é não só uma realidade nos Estados nacionais modernos, mas uma necessidade. As constituições não são imutáveis e não podem trazer em si essa pretensão. Devem, por outro lado, por serem as leis fundamentais dos Estados, buscar a estabilidade dos seus textos e das instituições estatais, não se confundindo estabilidade, todavia, com imutabilidade. A estabilidade importa na previsão de regras mais rígidas para a reforma do texto, não só no sentido formal, mas também no sentido material, com a eleição de matérias não passíveis de alteração, as chamadas "cláusulas pétreas".

O Poder Constituinte Derivado ou de reforma se divide em: ***Poder de emenda e Poder de revisão.***

O ***Poder Constituinte de emenda*** apresenta-se por meio de emendas ao texto original, sendo um poder latente, e pode, em geral, se manifestar a qualquer tempo, sofrendo limitações materiais, circunstanciais e formais. Esse Poder consiste em alterar pontualmente uma determinada matéria constitucional, adicionando, suprimindo, modificando alínea(s), inciso(s) e artigo(s) da Constituição.

O ***Poder Constituinte de revisão,*** em geral, tem limites temporais, além dos limites circunstanciais, formais e materiais, ocorrendo, em algumas constituições, sua manifestação é periódica, como na Constituição portuguesa, que prevê a sua revisão de cinco em cinco anos.

Na Constituição brasileira de 1988, houve a previsão de manifestação desse Poder de revisão uma única vez, cinco anos após a sua promulgação,[1] não havendo possibilidade de que esse poder seja exercido novamente, uma vez que tal previsão constou expressamente do Ato das Disposições Constitucionais Transitórias.

A revisão da Constituição possui maior amplitude que a emenda, pois, como sugere o nome, trata-se de uma revisão sistêmica do texto, respeitados certos limites. No Brasil, a revisão prevista no Texto Constitucional foi atípica, manifestando-se por meio de emendas.

Além do Poder Constituinte Derivado ou de reforma, encontramos nos Estados Federais o Poder Constituinte Decorrente que pertence aos Entes federados, seja nos Estados-membros no federalismo de dois níveis, seja nos Estados-membros e Municípios no federalismo de três níveis. Este poder também é subordinado e limitado, tendo limites expressos e devendo respeitar os princípios fundamentais e estruturantes da Constituição Federal.

8. LIMITES DO PODER CONSTITUINTE DERIVADO

O Poder Constituinte Originário, como visto, pertence ao próprio povo, que tem a sua vontade manifestada por meio de uma Assembleia Constituinte eleita com a finalidade de elaborar a Constituição, deixando aquela de existir quando cumprida sua função, sendo, portanto, um poder temporário, ao contrário do Poder Constituinte Derivado, que é um poder latente.

Por ser um Poder derivado, ele possui determinados limites e encontra o seu fundamento de validade, no caso brasileiro, na própria Constituição Federal, uma vez que a reforma das normas constitucionais é preceituada no artigo 60, *caput*, §§ 2º, 3º e 5º, assim como no art. 3º do ADCT.

Quanto aos limites do Poder Constituinte Derivado, podemos dividi-los da seguinte forma:

8.1. Limites Materiais

Os limites materiais dizem respeito às matérias constantes do Texto Constitucional, que não podem ser objeto de emendas que possam implicar em redução ou supressão de direitos. Vale dizer que esses limites representam os grandes temas constitucionais que o Poder Constituinte Originário decidiu preservar contra alterações advindas do Poder derivado que fossem capaz de desestruturar o núcleo da Constituição.

---

1 Art. 3º do ADCT: "*A revisão constitucional será realizada após cinco anos, contados da promulgação da Constituição, pelo voto da maioria absoluta dos membros do Congresso Nacional, em sessão unicameral.*"

Esses limites podem ser expressos ou implícitos. Tais limitações também são conhecidas como "cláusulas pétreas", significando que a emenda ou a revisão não pode recair sobre o "cerne imodificável da Constituição".

8.1.1. Limites Materiais Expressos

Os limites materiais expressos estão contemplados expressamente no artigo 60, § 4º, incisos I a IV, da CF, dispondo que é vedada emenda tendente a abolir *a forma federativa do Estado, o voto direto, secreto, universal e periódico, a separação dos poderes e os direitos e garantias individuais.*[2]

8.1.2. Limites Materiais Implícitos

Os limites materiais implícitos referem-se à própria essência do Poder de reforma. Mesmo que não existam limites expressos, a segurança jurídica exige que o Poder de reforma não se transforme, por falta de limites materiais, em um Poder originário. O Poder de reforma pode modificar o Texto Constitucional, mantendo, todavia, a essência da Constituição, ou seja, os princípios basilares e estruturantes da Constituição, como o artigo 1º, parágrafo único do texto, pois reforma não é construir outro, mas modificar mantendo a estrutura e os fundamentos.

Outro limite implícito óbvio diz respeito às regras constitucionais referentes ao funcionamento do Poder Constituinte Derivado, que não podem ser objeto de emenda. Assim também não poderiam ser alteradas as regras contidas no artigo 60, *caput*, §§ 2º e 3º, da CF.

Com o escopo de impedir a aplicação da chamada "teoria da dupla reforma" no ordenamento jurídico brasileiro, também está fora da possibilidade de emenda ou revisão a própria regra insculpida no artigo 60, § 4º, da CF, o qual enumera as cláusulas pétreas. Pela citada teoria, haveria a possibilidade de eliminação das limitações materiais expressas, mediante a apresentação de duas emendas, de modo que a primeira revogaria o preceito constitucional que enumera as cláusulas pétreas, e uma segunda modificaria essas cláusulas que anteriormente eram protegidas. Por certo, esse mecanismo não encontra amparo no Brasil.

Por fim, podemos citar como limites materiais implícitos a forma e o sistema de governo, uma vez que proclamado o resultado do plebiscito de 1993, que tinha por objeto justamente possibilitar ao povo a escolha da forma e do sistema de governo, não há mais possibilidade de alteração.

2 Há certa divergência doutrinária sobre se a locução "direitos e garantias individuais", inserida no inc. IV do § 4º do art. 60, abrange ou não todos os "direitos fundamentais". Defendendo a posição de que a limitação compreende também os direitos metaindividuais, sociais, de nacionalidade e políticos está Manoel Gonçalves Ferreira Filho. Em sentido contrário, entendendo que a limitação de modificação abrange tão-somente os direitos individuais, citamos Uadi Lammêgo Bulos. Nada obstante, a jurisprudência predominante do STF tende a consagrar a primeira corrente, uma vez que em decisão daquela Suprema Corte decidiu-se que *"a proposta de emenda tendente a abolir a licença maternidade a que se refere o art. 7º, inc. XVIII da CF – espécie de direito social – não será objeto de deliberação"*. STF, ADIn n. 1.946, Rel. Min. Sydney Sanches, J 29.04.1999.

8.1.3. Cláusulas Pétreas

As cláusulas pétreas, como dito, representam os limites materiais do Poder Constituinte Derivado, ou seja, as cláusulas ou preceitos constitucionais não passíveis de supressão ou de alteração de forma a reduzir ou limitar o exercício de direitos inseridos na Constituição pelo constituinte originário. As cláusulas pétreas, nesse sentido, constituem parte imutável da Constituição. Essa característica é estabelecida pelo próprio Texto Constitucional, em seu artigo 60, § 4º.

Vale ressaltar que o Poder Constituinte Derivado pode criar novas cláusulas pétreas, ou mesmo alterá-las, tendo em vista que o artigo 60, § 4º, impede a apreciação e consequente promulgação de emendas à Constituição tendentes a "abolir" as matérias ali listadas, não havendo nenhuma limitação para a inclusão de novas cláusulas dessa natureza ou para o aumento de direitos. Isso, inclusive, já ocorreu no Brasil, como é exemplo a inclusão do inciso LXXVIII no art. 5º, por meio da Emenda Constitucional n. 45/2004.

8.2. Limites Circunstanciais

Além dos limites materiais expressos no artigo 60, § 4º, da CF, e dos limites materiais implícitos, encontramos também limites circunstanciais que proíbem emendas ou revisão durante situações de grave comprometimento da estabilidade democrática, como o estado de sítio, estado de defesa e intervenção federal (art. 60, § 1º).

Tais limites circunstanciais têm o objetivo de evitar que, em momentos de crise institucional e de grande comoção nacional, promovam-se modificações arbitrárias e casuístas no Texto Constitucional. Esses limites representam nitidamente um mecanismo de estabilidade constitucional. A Constituição, como Lei maior, deve ser observada e respeitada inclusive em momentos de crise.

8.3. Limite Temporal

Essa espécie de limitação visa a impedir a reforma constitucional durante certo intervalo de tempo. No caso do Brasil, a Constituição não preceitua nenhuma limitação temporal ao Poder de emenda, e a limitação da espécie somente foi prevista para o Poder de revisão e por uma única vez. Nesse sentido, a Constituição de 1988 trouxe a previsão expressa de proibição de revisão do texto antes de cinco anos contados da sua promulgação.

Esse limite somente produziu efeito até a revisão constitucional ocorrida em 1993, já que o Poder de revisão não mais poderá ser exercido no Brasil enquanto vigente a atual Constituição. Para as emendas, decorrente do poder de emenda, como dito, não há limite temporal.

8.4. Limites Formais

Limites formais correspondem às normas que estabelecem exigências de forma para apresentação e tramitação de emendas à Constituição. Como exemplo podemos citar a exigência de quorum qualificado de 3/5 dos membros do Congresso Nacional, em dois turnos de votação, em seção bicameral, enquanto a revisão (contrariando a lógica doutrinária que exigia processo mais qualificado) ocorreu em seção unicameral por maioria absoluta (50% mais um de todos os representantes).

Observe-se que esses limites formais visam dotar de maior estabilidade o Texto Constitucional que tem a sua modificação dificultada por critérios formais previamente estabelecidos, como a exigência de quorum qualificado de votação no Congresso Nacional, bem como a necessidade de dois turnos de votação em cada Casa parlamentar. Dessa forma, o processo de modificação do Texto Constitucional apresenta-se bem mais dificultoso que o processo legislativo ordinário.

9. PODER CONSTITUINTE DIFUSO

Chama-se de Poder Constituinte Difuso o poder de alteração da Constituição, a partir da chamada "mutação constitucional".

Mutação constitucional é a forma de alteração da Constituição representada não pela alteração física do texto, mas pela alteração do significado e do sentido que se atribui às normas constitucionais no processo de interpretação. Vale dizer que pela mutação constitucional a alteração não está no texto, mas na interpretação da norma.

Trata-se de um processo informal e mais dinâmico de alteração das normas constitucionais, visto que ocorre de forma permanente, a partir da atividade de interpretação da Constituição, atribuída aos diversos órgãos estatais. A essência desse processo de alteração está no fato de que os valores e princípios existentes em uma sociedade podem sofrer alteração ao longo do tempo, sendo que o entendimento que se tem acerca de uma determinada questão pode sofrer variação de uma época para outra.

Diz-se que o poder é difuso por ser atribuído aos diversos intérpretes da Constituição. Assim, como a interpretação das normas constitucionais tende a sofrer significativa variação em relação aos intérpretes e em relação ao momento em que é produzida, entende a doutrina que essas alterações de significados têm o condão de produzir efeitos semelhantes ao das alterações promovidas pelo Poder Constituinte Reformador, razão pela qual assume a denominação de Poder Constituinte Difuso.

10. PODER CONSTITUINTE DECORRENTE

O Poder Constituinte Decorrente é o Poder Constituinte dos Entes federados, no caso do Brasil, dos Estados-membros e dos Municípios. É um Poder exclusivo do sistema federativo, não implicando, todavia, em soberania desses Entes, já que esta é privativa da Federação.

Esse Poder possui limites jurídicos bem claros, limites esses que podem ser materiais, formais, temporais e circunstanciais.

No caso da Constituição brasileira de 1988, foram estabelecidos limites materiais expressos e também implícitos, deixando para o Poder Constituinte Decorrente, que é temporário (assim como o originário), prever o seu funcionamento e o funcionamento do seu próprio Poder de reforma e seus limites formais, materiais, circunstanciais e temporais.

O Poder Constituinte Decorrente é de segundo grau (se dos Estados-membros) e de terceiro grau (se dos Municípios), subordinados à vontade do Poder constituinte originário, expresso na Constituição Federal.

11. LIMITES DO PODER CONSTITUINTE DECORRENTE

Alguns entendem que a Constituição Federal deve ser quase que copiada pelos Entes federados, o que, de certo modo, implicaria em ofensa ao princípio federativo.

Se a Constituição Federal, expressamente, não mencionou mandamentos aos Entes federados, está livre o Constituinte dos Estados e Municípios para dispor, desde que respeitados os princípios que estruturam e fundamentam a Ordem Constitucional federal.

Se a Constituição Federal, por exemplo, prevê o quorum de 3/5, em dois turnos, para a emenda da Constituição Federal, como norma regulamentadora do funcionamento do Poder Constituinte Derivado federal, nada impede que o Estado-membro, ou o Município, estabeleça quorum diferente, desde que respeitado o princípio da rigidez constitucional que caracteriza sua supremacia em relação às leis ordinárias e complementares, e respeitado o princípio da separação de poderes.

Os limites materiais expressos ocorrem em todo momento que a Constituição Federal distribui competências legislativas e normatiza condutas dos Entes federados.

Já os limites materiais implícitos estão relacionados aos princípios estruturantes e fundamentais da República, que se impõem a todos os Entes federados, como, por exemplo, a democracia, a separação de poderes, os direitos humanos, a redução das desigualdades sociais e regionais, a dignidade humana, entre outros.

12. EFEITOS DO EXERCÍCIO DO PODER CONSTITUINTE ORIGINÁRIO SOBRE A ORDEM JURÍDICA ANTERIOR

Já dissemos que o Poder Constituinte Originário é o poder maior dentro do Estado de rompimento com a Ordem constitucional até então vigente e de formulação de uma nova ordem e de novos preceitos constitucionais. Tem-se, pois, com o exercício desse poder ilimitado, a criação de um novo cenário normativo, em que todas as regras constitucionais e legais vigentes, sob a égide da Constituição antiga, cedem lugar para uma nova e totalmente reformulada Ordem constitucional.

Malgrado essa nova conjuntura constitucional, não se pode perder de vista o fato de que o Estado, em que pese a sua completa reformulação jurídico-política, preexiste à nova Constituição, sendo que todo o seu arcabouço normativo vigorava e produzia seus efeitos jurídicos antes do nascimento da nova Constituição.

Nesse sentido, questão de maior relevância é saber o que ocorre com as normas constitucionais e com as leis que existiam antes da nova Constituição. Seria razoável entender que, com a entrada em vigor da nova Carta, todas as leis do Estado também devessem ser reformuladas ou recriadas?

É para contornar essas questões, surgidas com a entrada em vigor de uma nova Ordem constitucional, que o Direito criou instrumentos, como a desconstitucionalização, a recepção e a repristinação, os quais passaremos a abordar.

12.1. Desconstitucionalização

A promulgação de uma nova Constituição, proveniente do exercício do Poder Constituinte Originário, inaugura uma nova Ordem constitucional, a qual, evidentemente, é incompatível com a Ordem constitucional antiga. Vale dizer que a nova Ordem revoga a antiga.

Nessa linha de ideias, em primeiro lugar, tem-se que a nova Constituição importa na revogação total de todas as normas jurídicas inseridas na Constituição anterior, ainda que haja compatibilidade entre esta e a nova Carta, ou seja, a Constituição anterior deixa de existir em sua plenitude.

No Direito brasileiro, a revogação do Texto Constitucional anterior é, como dito, total, aplicando-se indistintamente às normas materialmente constitucionais e às formalmente constitucionais.

Essa observação se mostra relevante na medida em que em determinados ordenamentos constitucionais, como o português, aplica-se a chamada *"Teoria da Desconstitucionalização"*, pela qual a promulgação de uma nova Constituição implicaria na revogação apenas das normas materialmente constitucionais; isto é, aquelas que dizem respeito à estrutura fundamental do Estado e da sociedade, sendo que as normas ditas formalmente constitucionais, relativas à Constituição anterior e que estejam em sintonia com a nova Carta, continuariam em vigor perante esta, na condição de normas infraconstitucionais, com a possibilidade de serem revogadas pela legislação ordinária. A teoria da desconstitucionalização seria, portanto, a possibilidade de recepção pela nova Ordem constitucional, como leis ordinárias, de disposições formalmente constitucionais da Constituição anterior.

A teoria da desconstitucionalização no Direito brasileiro, todavia, não encontrou guarida, sendo certo que a promulgação de uma nova Constituição opera a revogação total da Constituição anterior, muito embora haja na doutrina uma corrente de defensores de sua aplicabilidade, corrente esta abrilhantada pelo magistério do insigne mestre Pontes de Miranda.

12.2. Recepção

Visto qual o destino das normas constitucionais em face da entrada em vigor de uma nova Constituição, cabe agora analisar os efeitos dessa nova Carta política sobre a legislação infraconstitucional vigente até então.

Nesse tocante, podemos perceber, de início, que não seria tarefa das mais fáceis para o legislador ter de reconstruir todo o ambiente normativo infraconstitucional vigente naquele Estado, com a elaboração e votação de milhares de leis ordinárias, dezenas de leis complementares e inúmeras outras normas de natureza infraconstitucional. Seria mesmo uma tarefa impossível, já que todo esse arcabouço legal, construído ao longo de décadas de legislatura, teria de ser substituído em curto espaço de tempo, em razão da perda de validade dessas normas com a inauguração da nova Ordem constitucional.

Para resolver esse problema, o Direito criou um mecanismo denominado de "*recepção*", o qual se destina a dar continuidade às relações sociais sem necessidade de nova, custosa, difícil e quase impossível manifestação legislativa ordinária. Por meio desse instrumento, nada obstante a entrada em vigor de uma nova Constituição, não há a necessidade de nova produção legislativa infraconstitucional. A Constituição nova recepciona a ordem normativa que surgiu sob o império de constituições anteriores, se com ela forem compatíveis.

Deve-se ter presente, contudo, que, muito embora a legislação infraconstitucional anterior seja recepcionada pela nova Constituição, os instrumentos legislativos anteriores passam a viger com novo fundamento de validade ou mesmo com nova roupagem.

O fenômeno da recepção, portanto, implica no aproveitamento da legislação anterior à nova Ordem constitucional e que seja com esta compatível.

12.3. Repristinação

Se na recepção a nova Constituição acolhe normas infraconstitucionais então vigentes, o mesmo não ocorre com a legislação revogada pela Ordem constitucional anterior, mesmo que esta volte a ser compatível com a nova Ordem. Isso porque a legislação infraconstitucional que perdeu a sua eficácia diante de um Texto constitucional não se restaura pelo aparecimento de uma nova Constituição. Vale dizer que a norma revogada não tem a sua eficácia restaurada pela revogação da norma revogadora.

Esse outro fenômeno é conhecido como "*repristinação*", inadmitido no Direito brasileiro, em nome do princípio da segurança e da estabilidade das relações sociais, salvo no caso de previsão expressa. O permanente fluxo e refluxo de legislação geraria dificuldades insuperáveis ao aplicador da lei, circunstância não desejada pelo constituinte.

Como dito, tal fenômeno não tem aplicação no ordenamento brasileiro, encontrando vedação expressa no § 3º do art. 2º da Lei de Introdução ao Código Civil - LICC, o qual dispõe que "§ 3º Salvo disposição em contrário, a lei revogada não se restaura por ter a lei revogadora perdido a vigência".

CAPÍTULO 4

Supremacia da Constituição e Controle de Constitucionalidade

1. DEFINIÇÃO E ABRANGÊNCIA

Podemos definir o controle de constitucionalidade como o juízo de verificação da adequação vertical que deve existir entre as normas infraconstitucionais (leis, decretos, medidas provisórias, resoluções, etc.) e a Constituição.

O controle de constitucionalidade realiza-se sempre a partir de um exame comparativo entre o ato legislativo ou normativo impugnado e a Constituição. Nesse sentido, todo ato legislativo ou normativo que contrariar a Lei Fundamental deve ser declarado inconstitucional.

Esse controle deve envolver tanto a verificação dos requisitos formais, como a competência do órgão que editou o ato (inconstitucionalidade formal), quanto a matéria efetivamente tratada naquele ato, o conteúdo do ato, se está ou não em conformidade com a Constituição (inconstitucionalidade material).

O controle de constitucionalidade, nesse sentido, assenta-se no princípio da supremacia da Constituição, aí entendida a existência de uma lei maior que se sobrepõe a todas as demais normas jurídicas existentes no Estado. É a Constituição o fundamento de validade de todas as normas. Por força dessa supremacia, nenhuma lei ou ato normativo poderá subsistir validamente se estiver em desacordo com a Constituição.

Pode-se dizer, objetivamente, que todo ato normativo que estiver em desacordo com a Constituição deve ser declarado inconstitucional, o que se dará mediante o exercício das formas de controle previstas na própria Constituição.

É válido ressaltar que a importância de se preservar a Constituição como norma suprema do Estado, por meio da consagração de mecanismos de controle de constitucionalidade, é tamanha nos Estados atuais que vale a advertência de Alexandre de Moraes de que, nos Estados onde inexistir o controle, a Constituição será flexível, por mais que ela se denomine rígida, pois o Poder Constituinte ilimitado estará em mãos do legislador ordinário.

2. ORIGEM E EVOLUÇÃO

O controle da constitucionalidade das normas infraconstitucionais pelo Poder Judiciário é uma construção do constitucionalismo norte-americano, muito embora a própria Constituição americana não o tenha previsto expressamente. Tal sistema foi importado pelo Brasil a partir de nossa primeira Constituição republicana.

Considera-se como marco mais significante para o surgimento do controle de constitucionalidade pelo Judiciário o famoso caso "*Marbury v. Madison*", relatado pelo Presidente da Suprema Corte norte-americana, John Marshall, em 1803[3].

A partir do caso narrado, a concepção do controle da constitucionalidade das leis pelo Poder Judiciário, como uma decorrência inevitável da superioridade da Constituição escrita em relação às demais normas, consolidou-se na jurisprudência norte-americana.

Tal modelo, todavia, não teve grande penetração na Europa, a qual, a partir do século XX, desenvolveu um outro modelo para assegurar a supremacia das normas constitucionais, sendo criado o controle de constitucionalidade abstrato, exercido por um órgão não pertencente ao Poder Judiciário, mas sim por um Tribunal, ou uma Corte Constitucional, ao qual competia o exame da lei em tese, com decisão dotada de efeito *erga omnes*.

---

3 John Adams, segundo Presidente dos Estados Unidos nos últimos instantes de seu mandato presidencial, nomeou algumas dezenas de juízes de paz. No açodamento das providências finais, que antecederam a transmissão do cargo a Jefferson, eleito por partido adverso, o Secretário competente, na época o próprio Marshall, esqueceu-se, ou não teve tempo, de providenciar o expediente necessário, deixando na mesa de trabalho os atos de nomeação. Ali os foi encontrar o Secretário Madison, sucessor de Marshall. Inteirando-se dos fatos, Jefferson ordenou que se expedissem apenas 25 atos, inutilizando-se os demais. Entre os prejudicados, figuravam Marbury e os três companheiros, que recorreram à Suprema Corte, em 1801, pleiteando um 'writ of mandamus' contra o Secretário Madison, para empossá-los nos cargos.

Marshall admitiu a justiça da pretensão. Preocupava-o, entretanto, a resistência do executivo à decisão favorável da Suprema Corte. O caso, que não envolvia interesse material de monta, colocou mais à vontade o *Chief Justice* para firmar decisão de profunda consequência política. Entrando no exame do caso, Marshall invoca a inconstitucionalidade do art. 13 da Lei de 1789, no qual se basearam os recorrentes, artigo esse que deferia à Suprema Corte a faculdade de expedir, diretamente, *writ of mandamus*, em desacordo com o art. II, Seção II, do texto constitucional, que lhe conferiu, em princípio, jurisdição de apelação, contemplando expressa e excepcionalmente os casos de jurisdição originária. Inicialmente, os interessados deveriam postular seu direito perante umas das Cortes de Distrito, para, em grau de recurso, se cabível, submeter o caso à apreciação da Suprema Corte. Lançado o princípio, Marshall realiza uma retirada estratégica, invocando a incompetência da Corte Suprema, para decidir o caso concreto.

Obra de arte política, a sentença reconhecia o princípio do controle judiciário de constitucionalidade das leis, sem conferir efeitos práticos imediatos à declaração de inconstitucionalidade. O que interessava fundamentalmente a Marshall era aquele reconhecimento, que servia a dois objetivos de longo alcance: o de neutralizar possível reação desfavorável do Governo Federal e firmar valioso precedente jurisprudencial para impedir, se necessário, as transformações esperadas em virtude dos resultados do pleito de 1801.

No Brasil, essa forma de controle abstrato foi introduzida em 1965, com a Emenda Constitucional n. 16 à Constituição de 1946, porém com a diferença de que a Corte Constitucional responsável pelo controle abstrato era pertencente ao Poder Judiciário. É o que se chama hoje de "controle concentrado".

3. O CONTROLE DA CONSTITUCIONALIDADE NO BRASIL

O controle de constitucionalidade das leis e atos normativos no Brasil é exercido por todos os poderes constituídos; assim, tanto o Executivo quanto o Legislativo e o Judiciário têm o dever de zelar pelo respeito à Constituição.

Nesse sentido, sendo de competência de todos os poderes, o controle preventivo é exercido pelos Poderes Legislativo e Executivo, que devem impedir que um projeto de ato legislativo inconstitucional venha a ser aprovado e promulgado.

O Supremo Tribunal Federal, excepcionalmente, tem admitido, somente por parte de parlamentares, o exercício de um controle jurisdicional preventivo da constitucionalidade. Assim, é assegurado aos membros do Poder Legislativo o direito público subjetivo à correta formação de espécies normativas, impedindo a tramitação de emendas constitucionais e leis que incidam em vícios de inconstitucionalidades.

Nesses casos, há a possibilidade de impetração de mandado de segurança contra ato do Presidente de uma Casa Legislativa que admita a tramitação de uma proposta de emenda constitucional que pretenda a supressão de uma cláusula pétrea (RTJ, 99: 1.031 e Informativo do STF, n. 239).

Como ressaltado, essa hipótese tem sido admitida apenas para parlamentares, sendo que, em relação às demais pessoas, em respeito ao princípio constitucional de separação de poderes, não se admite o ingresso em juízo para se questionar a constitucionalidade de projeto de ato legislativo, havendo a necessidade de se aguardar eventual aprovação e promulgação.

O controle repressivo é exercido, via de regra, pelo Poder Judiciário. Caso algum projeto de lei que contenha alguma inconstitucionalidade venha a ser aprovado pelo Legislativo e sancionado pelo Executivo, a lei poderá ter seu vício declarado pelo Poder Judiciário. Essa espécie de controle é exercida por duas vias, tanto de forma abstrata (controle concentrado), pela via principal ou de ação, como de forma concreta (controle difuso), pela via de exceção ou incidental.

A Constituição Federal, de forma excepcional e somente em duas hipóteses, admite que o controle repressivo da constitucionalidade seja exercido pelo Poder Legislativo com a finalidade de retirar do ordenamento jurídico normas já editadas, com plena vigência e eficácia:

1ª hipótese) decreto legislativo do Congresso Nacional visando sustar atos normativos do Poder Executivo que exorbitem o poder regulamentar (CF, art. 84, IV, segunda parte) ou dos limites da delegação legislativa (CF, art. 68, §2º), conforme o disposto no art. 49, V;

2ª hipótese) medidas provisórias rejeitadas pelo Congresso Nacional por apresentarem vício de constitucionalidade em razão de atenderem aos pressupostos constitucionais de relevância e urgência (CF, art. 62, § 5º).

4. PRINCIPAIS INOVAÇÕES NO SISTEMA DE CONTROLE DE CONSTITUCIONALIDADE BRASILEIRO INTRODUZIDAS PELA CONSTITUIÇÃO DE 1988

A Constituição brasileira de 1988 introduziu no sistema de controle de constitucionalidade adotado no País quatro grandes inovações, as quais buscaram modernizar e democratizar o sistema até então existente.

A primeira dessas novidades foi a ampliação do rol de legitimados para a propositura da representação de inconstitucionalidade no âmbito do controle concentrado, acabando com o monopólio do Procurador-Geral da República. Essa mudança representou significativo avanço no que concerne ao controle concentrado, tornando mais democrático o questionamento acerca da constitucionalidade das normas.

O que antes era prerrogativa exclusiva do Procurador-Geral da República foi estendido, pelo artigo 103 da CF, para os seguintes legitimados: Presidente da República, Mesa do Senado Federal, Mesa da Câmara dos Deputados, Mesa de Assembleia Legislativa ou a Mesa da Câmara Legislativa do Distrito Federal, Governador de Estado ou Governador do Distrito Federal, Procurador-Geral da República, Conselho Federal da Ordem dos Advogados do Brasil, Partido Político com representação no Congresso Nacional, Confederação Sindical ou entidade de classe de âmbito nacional.

Foi criado, ainda, o chamado "controle de constitucionalidade por omissão", o qual permite o questionamento da constitucionalidade de omissões legislativas, seja pelo controle concentrado (ADI por omissão, art. 103, § 2º), seja de modo incidental no controle difuso (mandado de injunção, art. 5º, LXXI).

Também foi criada pela Constituição de 1988 a possibilidade de os Estados-membros instituírem a representação de inconstitucionalidade de leis ou atos normativos estaduais ou municipais em face da Constituição Estadual, sendo vedada, todavia, a atribuição da legitimação para agir a um único órgão (art. 125, § 2º).

Finalmente, pela primeira vez no ordenamento jurídico brasileiro, foi prevista a possibilidade de instituição da arguição de descumprimento de preceito fundamental (ADPF), conforme § 1º do artigo 102, instituto que será analisado adiante.

A Constituição de 1988 alterou, de maneira radical, a situação anterior, conferindo ênfase não mais ao sistema difuso ou incidente, mas ao modelo concentrado, uma vez que as questões constitucionais passam a ser veiculadas, fundamentalmente, mediante ação direta de inconstitucionalidade perante o Supremo Tribunal Federal.

5. TEORIA DA NULIDADE E TEORIA DA ANULABILIDADE DAS LEIS NO CONTROLE DE CONSTITUCIONALIDADE

O Direito brasileiro, por maioria de sua doutrina, tem adotado a teoria da nulidade ao se declarar a inconstitucionalidade de lei ou ato normativo.

Com efeito, a partir dessa teoria de inspiração norte-americana, a declaração de inconstitucionalidade afeta o plano de validade da norma, havendo a declaração (natureza declaratória da decisão) de que o ato normativo sob análise possui um vício de origem, sendo, pois, inválido juridicamente e inapto a produzir qualquer efeito.

Em outras palavras, pode-se dizer que o ato normativo inconstitucional nasce morto, já que está em desconformidade com a Lei Maior, a qual representa o plano de validade de todas as normas. Assim, uma vez declarada inconstitucional, deve a lei ou ato normativo ser considerado nulo e, portanto, desprovido de qualquer força vinculativa. A decisão, nesse caso, possui efeito *ex tunc*, retroagindo e aniquilando o ato desde o seu nascimento.

Em contraposição a essa teoria, destaca-se a teoria da anulabilidade da norma inconstitucional defendida por Kelsen e adotada pela Corte Constitucional austríaca. Com base nessa teoria, a decisão que reconhece a inconstitucionalidade de lei possui natureza jurídica constitutiva e não declaratória. Assim, a Corte Constitucional não declara a nulidade da norma, mas anula a lei, sendo esta, portanto, válida e eficaz até o momento da publicação do pronunciamento de inconstitucionalidade.

Vale dizer, segundo a teoria da anulabilidade, que a lei só se torna inválida com o pronunciamento da Corte Constitucional, sendo que os efeitos da decisão só serão sentidos a partir da publicação da decisão, ou seja, a decisão possui efeito *ex nunc*.

Nada obstante a doutrina brasileira aderir, em maioria, à teoria da nulidade, percebe-se no Direito brasileiro uma nítida flexibilização dos parâmetros dessa teoria. Isso porque, ao lado do princípio da nulidade, há outros princípios constitucionais de igual hierarquia e que devem ser ponderados no momento do exercício do controle de constitucionalidade, como é o caso do princípio da segurança jurídica e o da presunção de constitucionalidade das leis e atos normativos.

No controle de constitucionalidade concentrado, exercido pelo Supremo Tribunal Federal, a flexibilização da teoria da nulidade pode ser percebida na própria Lei n. 9.868/99, que cuidou da regulamentação das ações de controle de constitucionalidade. Pelo artigo 27 da lei, "ao declarar a inconstitucionalidade de lei ou ato normativo, e tendo em vista razões de segurança jurídica ou de excepcional interesse social, poderá o Supremo Tribunal Federal, por maioria de dois terços de seus membros, restringir os efeitos daquela declaração ou decidir que ela só tenha eficácia a partir de seu trânsito em julgado ou de outro momento que venha a ser fixado".

Como se vê, o Supremo Tribunal Federal poderá, por razões de segurança jurídica ou excepcional interesse social, conferir efeito *ex nunc* às suas decisões, no que tange ao controle de constitucionalidade, o que representa uma mitigação ao rigor da teoria norte-americana.

No controle difuso, a regra geral do artigo 27 da Lei n. 9.868/99, em casos particulares, também tem sido aplicada por analogia.

6. INCONSTITUCIONALIDADES

Na expressão de Carmen Lúcia Antunes Rocha, a Constituição é a medida de todas as normas. O padrão de validade jurídica das normas que compõem o sistema de Direito é a Constituição. A partir dessa concepção, assinala a autora que, como Lei Fundamental e Suprema, a Constituição é a única e superior vertente de validade de todas as normas, as quais somente têm existência plena se compatíveis e de conformidade com ela. Inconstitucional é, pois, o ato normativo ou o comportamento desarmonizado com a Constituição.

O princípio da supremacia da Constituição exige que todos os atos jurídicos inferiores se conformem com os princípios e preceitos da Constituição. Essa conformidade com os ditames constitucionais não se satisfaz apenas com a atuação positiva que esteja de acordo com a Constituição. Exige também que o Estado não se omita na aplicação das normas constitucionais quando a Constituição assim determina. Tem-se, pois, que a omissão na aplicação de normas constitucionais também constitui conduta inconstitucional.

Nesse sentido, a Constituição de 1988 reconhece duas formas de inconstitucionalidades: a *inconstitucionalidade por ação* (atuação) e a *inconstitucionalidade por omissão* (art. 102, I, *a*, e III, *a, b* e *c,* e art. 103 e seus §§ 1º a 3º).

6.1. Inconstitucionalidade por Ação

A inconstitucionalidade por ação ocorre com a produção de atos legislativos ou administrativos que contrariem regras ou princípios da Constituição. O fundamento dessa inconstitucionalidade está na ideia de que, do princípio da supremacia da Constituição, resulta o da compatibilidade vertical das normas da ordenação jurídica de um país, no sentido de que as normas de grau inferior somente valerão se forem compatíveis com a norma de grau superior, que é a Constituição. As que não forem compatíveis com ela são inválidas, pois a incompatibilidade vertical resolve-se em favor das normas de grau mais elevado, que funcionam com fundamento de validade das inferiores.

Essa incompatibilidade vertical de normas inferiores (leis, decretos, etc.) com a Constituição é o que, tecnicamente, se chama "inconstitucionalidade das leis ou dos atos do Poder Público". Essa inconstitucionalidade pode se manifestar com a existência de vício formal ou de vício material na norma.

Com efeito, a Constituição, como norma fundamental do sistema jurídico, tanto regula o modo de produção das leis e demais atos normativos (requisitos formais), quanto impõe balizamentos ao seu conteúdo (requisitos materiais). Assim, o ato normativo infraconstitucional, além de observar a forma preconizada pela Constituição para sua criação, deve respeitar os limites estabelecidos para o seu conteúdo. A inobservância a esses requisitos dá origem ao que se chama "inconstitucionalidade por vício formal" (ou inconstitucionalidade formal), e "inconstitucionalidade por vício material" (ou inconstitucionalidade material).

6.1.1. Inconstitucionalidade por Vício Formal

Essa forma de inconstitucionalidade se verifica quando a lei ou ato normativo infraconstitucional contiver algum vício em sua forma. Vale dizer que a inconstitucionalidade formal verifica-se no processo de formação da norma, no processo legislativo do qual a norma se origina.

Assim, diante da inobservância de alguma prescrição legal durante o processo de elaboração da norma, isto é, deixando de ser observado algum aspecto formal, como a exigência de quorum qualificado para a aprovação, entre outras, carecerá essa norma de validade e deverá ser declarada inconstitucional.

Convém ressaltar que a inconstitucionalidade formal pode estar presente tanto na própria iniciativa do projeto, como nas fases posteriores, como na deliberação parlamentar ou na promulgação e publicação. Existem duas formas de inconstitucionalidade por vício formal: 1) inconstitucionalidade por vício formal subjetivo e 2) inconstitucionalidade por vício formal objetivo.

6.1.1.1. Inconstitucionalidade por Vício Formal Subjetivo

O vício formal subjetivo verifica-se na própria iniciativa do projeto de lei apresentado e está ligado à pessoa ou à autoridade de quem emana essa iniciativa. Com efeito, quando as normas decorrem da iniciativa de autoridades que não possuem competência para apresentação de projeto sobre determinada matéria, são consideradas inconstitucionais por vício formal subjetivo.

Assim é, por exemplo, quando há previsão constitucional de que a iniciativa de leis que tratem de determinada matéria é reservada ao Presidente da República, ou seja, quando somente por iniciativa do Presidente pode o projeto de lei ser apresentado, analisado e votado pelo Congresso Nacional. Tal ocorre, por exemplo, com as normas que disponham sobre a "criação de cargos, funções ou empregos públicos na administração direta e autárquica ou aumento de sua remuneração" (art. 61, § 1º, inc. II, a).

6.1.1.2. Inconstitucionalidade por Vício Formal Objetivo

Essa forma de inconstitucionalidade se verifica nas demais fases do processo legislativo, após a iniciativa, quando uma lei é apreciada e votada em desacordo com formalidades ou procedimentos estabelecidos pela Constituição, como, por exemplo, a exigência de quorum qualificado para a votação de leis complementares (CF, art. 69).

6.1.2. Inconstitucionalidade por Vício Material

Como o próprio nome indica, o vício material diz respeito à matéria, ao conteúdo da lei ou ato normativo. Dessa forma, o ato que contrarie alguma matéria constante da Constituição deverá ser declarado inconstitucional, pouco importando que tenham sido observadas as formalidades para a sua aprovação e promulgação. O que interessa, nesse caso, é o seu conteúdo. Estando o conteúdo de acordo com a Constituição, é o ato considerado materialmente constitucional; caso contrário, será inconstitucional.

6.2. Inconstitucionalidade por Omissão

A inconstitucionalidade por omissão representa, como dito, uma inovação trazida pela Constituição de 1988 e consiste na omissão do Poder Público em praticar determinado ato legislativo ou administrativo necessário para tornar plenamente aplicável preceito constitucional, quando a própria Constituição assim o exige. Vale dizer que, se alguma norma constitucional cria uma obrigação para o Estado, no sentido de determinar a produção de alguma lei ou da implementação de alguma política pública, e ele simplesmente se omite, deixando de atender à previsão constitucional, tem-se aí uma inconstitucionalidade por omissão.

Com efeito, muitas normas constitucionais requerem uma lei ou uma providência administrativa ulterior para que os direitos ou situações nelas previstos se efetivem na prática. Assim, deixando o Estado de adotar essa providência, está contrariando a Constituição, o que torna essa omissão inconstitucional.

Essa forma de inconstitucionalidade está ligada ao padrão de eficácia das normas constitucionais que vimos em capítulo anterior. Como dito, certas normas constitucionais, em especial aquelas que possuem eficácia limitada, necessitam de uma integração legislativa para que os direitos ou situações ali previstas se tornem efetivos. Assim, surge, no instante da promulgação da norma constitucional, um dever para o Estado de promover essa integração. Não havendo a integração, deverá ela ser buscada via ação de inconstitucionalidade por omissão, a qual veremos adiante.

Como exemplo, podemos citar o artigo 7º, XI, da CF, que prevê o direito da participação dos trabalhadores nos lucros e na gestão das empresas, *conforme definido em lei*. Nesse caso, se esse direito não se realizar por omissão do legislador em produzir a lei ali referida, necessária para a plena aplicação da norma, tal omissão caracterizará uma inconstitucionalidade, abrindo-se espaço para a propositura da ação de inconstitucionalidade por omissão, a qual terá por objeto a imposição ao legislador da obrigação de elaboração da lei em causa, de modo que o direito previsto na Constituição se torne efetivo.

A atividade legislativa no Brasil, como regra, é uma faculdade do legislador, inserindo-se no âmbito de sua discricionariedade a decisão de criar ou não lei acerca de determinada matéria. Caso decida pela não criação da lei, essa inércia ou decisão política de não agir não caracterizarão, em princípio, comportamento inconstitucional. Contudo, nos casos em que a Constituição impõe ao órgão legislativo o dever de editar norma reguladora da atuação de determinado preceito constitucional, sua abstenção será ilegítima e configurará caso de inconstitucionalidade por omissão.

7. SISTEMAS DE CONTROLE DE CONSTITUCIONALIDADE

Para a defesa da Constituição contra as violações por parte de normas inferiores e até mesmo de emendas constitucionais, a própria Constituição estabelece mecanismos especiais, que a Teoria da Constituição denomina de "controle de constitucionalidade das leis".

Nesse contexto, três são os sistemas de controle de constitucionalidade: o *político*, o *jurisdicional (ou judicial)* e o *misto*.

7.1. Controle Político

O controle político é o que delega a verificação da inconstitucionalidade a órgãos de natureza política, tais como o próprio Poder Legislativo, solução predominante na Europa no século passado, ou um órgão especial, como o *Conseil Constitutionnel* da vigente Constituição francesa de 1958 (arts. 56 a 63).

No Brasil, nada obstante o controle de constitucionalidade seja eminentemente judicial, existem diversas instâncias de controle político da constitucionalidade, tanto no âmbito do Poder Executivo, como é o caso do veto de uma lei por inconstitucionalidade, como no Poder Legislativo, que se dá, por exemplo, com a rejeição de um projeto de lei pela Comissão de Constituição e Justiça da casa legislativa, por inconstitucionalidade.

7.2. Controle Jurisdicional ou Judicial

O controle jurisdicional ou judicial, mais utilizado atualmente, compreende a prerrogativa que as Constituições outorgam ao Poder Judiciário de declarar a inconstitucionalidade de leis e de outros atos do Poder Público que contrariem, formal ou materialmente, normas constitucionais, aí compreendidas tanto as regras como os princípios. No Brasil, esse controle é exercido pelos critérios difuso e concentrado.

O controle judicial, como visto, teve origem no direito norte-americano, muito embora não haja previsão expressa no Texto Constitucional daquele país. No Brasil, vigora, precipuamente, o controle judicial, que combina elementos do modelo norte-americano, do qual importou o controle difuso, com elementos do modelo europeu continental, do qual deriva o controle concentrado.

7.3. Controle Misto

O controle misto realiza-se quando a Constituição submete certas categorias de leis ao controle político e outras ao controle jurisdicional, como ocorre na Suíça, onde as leis federais ficam sob controle político da Assembleia Nacional, e as leis locais, sob o controle jurisdicional.

8. FORMAS DE CONTROLE

Quanto ao momento em que é exercido, o controle de constitucionalidade possui duas formas: Controle preventivo e controle repressivo.

8.1. Controle Preventivo

Essa forma de controle é exercida antes da elaboração da lei. Evita-se, com isso, que um projeto de lei que seja inconstitucional venha a ser votado e promulgado, já que esse controle incide sobre o projeto de lei.

A competência para o exercício dessa forma de controle é dos Poderes Legislativo e Executivo. Segundo Luís Roberto Barroso, o órgão de controle, nesse caso, não declara a nulidade da medida, mas propõe a eliminação de eventuais inconstitucionalidades.

O Legislativo executa esse controle por intermédio das Comissões de Constituição e Justiça (CF, art. 58) ou órgão semelhante, que tem como função precípua justamente a verificação da constitucionalidade do projeto de lei antes de ser apresentado para aprovação. O Poder Executivo, por sua vez, exerce essa forma de controle pelo veto do Presidente da República ao projeto de lei aprovado pelo Legislativo (CF, art. 66, § 1º).

Conforme já salientado, o Supremo Tribunal Federal, excepcionalmente, tem admitido o exercício de um controle jurisdicional preventivo da constitucionalidade por parte de parlamentares. Assim, é assegurado aos membros do Poder Legislativo o direito público subjetivo à correta formação de espécies normativas, impedindo a tramitação de emendas constitucionais e leis que incidam em vícios de inconstitucionalidades.

Nesses casos, há a possibilidade de impetração de mandado de segurança contra ato do presidente de uma Casa Legislativa que admita a tramitação de uma proposta de emenda constitucional que pretenda a supressão de uma cláusula pétrea (RTJ, 99: 1.031 e Informativo do STF, n. 239).

8.2. Controle Repressivo

O controle repressivo é realizado após a elaboração da lei ou do ato normativo, tendo por finalidade a retirada de uma lei ou ato normativo inconstitucional da esfera jurídica.

Essa forma de controle é exercida nos países que adotam o sistema de controle de constitucionalidade pelo Poder Judiciário em geral - controle difuso - e por aqueles que também adotam o controle concentrado, exercido por uma Corte Constitucional.

Sendo uma forma de controle reservada ao Poder Judiciário, somente em duas hipóteses a Constituição Federal de 1988 admite o controle realizado após a edição da lei ou do ato normativo por parte do Poder Legislativo (art. 49, V, e art. 62, § 5º, da CF):

1ª hipótese) decreto legislativo do Congresso Nacional visando sustar atos normativos do Poder Executivo que exorbitem o poder regulamentar (CF, art. 84, IV, segunda parte) ou dos limites da delegação legislativa (CF, art. 68, §2º), conforme o disposto no artigo 49, V;

2ª hipótese) medidas provisórias rejeitadas pelo Congresso Nacional por apresentarem vício de constitucionalidade, em razão de atenderem aos pressupostos constitucionais de relevância e urgência (CF, art. 62, § 5º).

9. FORMAS DE EXERCÍCIO DO CONTROLE JURISDICIONAL

Os sistemas constitucionais modernos conhecem duas formas de controle jurisdicional de constitucionalidade de um ato legislativo ou normativo federal ou estadual em relação à Constituição Federal: o controle difuso (em concreto) e o controle concentrado (em abstrato).

No primeiro sistema, o objeto da decisão judicial é a satisfação de direito individual ou coletivo, sendo a questão da constitucionalidade arguida de forma incidental. No segundo, é a própria constitucionalidade da norma impugnada. No Brasil, esses dois sistemas convivem de forma harmoniosa, com as particularidades a seguir destacadas.

9.1. Controle Difuso (ou Controle em Concreto ou Incidental ou por Via de Exceção)

Pelo controle de constitucionalidade difuso, reconhece-se a todos os membros do Poder Judiciário a prerrogativa de apreciar a constitucionalidade de alguma lei ou ato normativo suscitada de forma incidental dentro de um caso concreto. Esse mecanismo de controle de constitucionalidade teve origem nos Estados Unidos da América e foi adotado pelo Brasil em sua primeira Constituição republicana, havendo previsão também em nossa Constituição atual. É também chamado "sistema americano".

O controle difuso é exercido de forma incidental a partir da alegação de inconstitucionalidade de ato legislativo ou normativo no curso de um processo judicial específico. Por isso, também é chamado de "controle de constitucionalidade em concreto", visto que se prende a um caso determinado.

O controle incidental por via de exceção (ou defesa) pressupõe a existência prévia de um processo judicial em curso, em que o lesado, em vez de atacar o ato diretamente, limita-se a se defender contra ele no exato momento em que a autoridade tenta submetê-lo à sua aplicação.

Pelo fato de a declaração de inconstitucionalidade pelo controle difuso dar-se em um processo específico, os efeitos da decisão operam-se *inter partes*, ou seja, a decisão somente produzirá efeitos entre as pessoas que participaram da relação processual.

Podem-se resumir, da seguinte forma, as características do controle difuso de constitucionalidade:

a) o objeto da ação é a satisfação de um direito individual ou coletivo e não, de forma específica, a declaração de inconstitucionalidade de algum dispositivo legal. Dessa forma, a eventual inconstitucionalidade do ato legislativo ou normativo é arguida incidentalmente (*incidenter tantum*) por qualquer das partes, autor ou réu (via incidental ou de defesa). Pelo autor, pode ser arguida em sede de mandado de segurança, *habeas corpus* ou qualquer outra ação. Pelo réu, em sua defesa judicial;
b) a eventual inconstitucionalidade da norma pode ser arguida perante qualquer juiz ou tribunal (controle difuso). Assim, pela via difusa, há possibilidade de decisões conflitantes, conforme o entendimento de cada órgão judicial;
c) a decisão produz efeitos *inter partes*, ou seja, somente vincula e produz coisa julgada para as partes da relação processual;
d) a questão só pode ser arguida pelo titular do direito individual ou coletivo;
e) a declaração da inconstitucionalidade da norma, por parte dos juízes ou tribunais, pode chegar à apreciação do Supremo Tribunal Federal, em sede de recurso extraordinário eventualmente interposto (CF, art. 102, III, a). Dessa forma, caso o Supremo venha a confirmar a inconstitucionalidade da norma, há a necessidade de comunicação ao Senado Federal, para que essa Casa legislativa providencie a suspensão da executoriedade da lei ou ato normativo declarado inconstitucional (CF, art. 52, X).

9.2. Controle Concentrado (ou Controle em Abstrato ou em Tese ou por Via de Ação)

Esse mecanismo de controle é deferido somente ao tribunal de cúpula do Poder Judiciário ou a uma corte especial. É o modelo dos tribunais constitucionais europeus, também denominado de "sistema austríaco", por ter sido adotado pela primeira vez na Constituição da Áustria de 1920 e aperfeiçoado por via de emenda, em 1929.

No caso do Brasil, compete exclusivamente ao Supremo Tribunal Federal o exercício do controle concentrado, que se dá mediante o ajuizamento das ações constitucionais, como a ADI e a ADC.

Como o objeto da ação ajuizada perante a Suprema Corte é a própria declaração da inconstitucionalidade do ato legislativo ou normativo, é também chamado de "controle por via principal" ou "via de ação".

O controle de constitucionalidade concentrado, diferentemente do controle difuso, não se limita a um caso determinado ou a uma situação determinada, sendo que a apreciação de constitucionalidade realizada por parte do Supremo Tribunal Federal dá-se sobre a lei ou ato normativo, "em tese" ou "em abstrato".

Conforme entendimento adotado pelo Supremo Tribunal Federal, o controle abstrato da constitucionalidade é processo de natureza objetiva, em que é questionada a própria constitucionalidade de uma lei, não se admitindo a discussão de situações de interesses meramente individuais. Por essa razão, pode-se dizer que no controle concentrado ou por via principal não há pretensões individuais nem tutela de direitos subjetivos, sendo que somente pelo aspecto formal é possível referir-se à existência de partes.

Essa forma de controle apresenta as seguintes características:

a) o objeto da ação é a própria declaração da inconstituciona-lidade ou constitucionalidade do ato legislativo ou normativo (via principal ou de ação). Isso significa que a ação não se prende a um caso concreto, mas visa à declaração de inconstitucionalidade da norma em tese ou em abstrato;
b) a ação deve ser proposta diretamente perante o Supremo Tribunal Federal pelas partes legitimadas pela própria Constituição Federal, que é o órgão que detém a exclusividade do exercício do controle concentrado;
c) a decisão tem efeito *erga omnes*, isto é, vale para todos, produzindo coisa julgada mesmo para as pessoas e órgãos que não participaram da ação. Por se tratar de um processo de natureza objetiva, entidades privadas não podem participar do pólo passivo do processo de ação direta de inconstitucionalidade, mesmo que sejam atingidas pelos efeitos da decisão[4]. A vedação da intervenção de terceiros no processo de ação direta de inconstitucionalidade, contida expressamente na Lei n. 9.868/99, em seu artigo 7º, *caput*, foi abrandada pela introdução em nosso Direito Positivo da figura do *amicus curiae*, que não deixa de ser uma forma especial de assistência e que será mais bem analisada adiante;
d) somente possuem legitimidade ativa para a propositura da ação os órgãos e pessoas expressamente mencionados no artigo 103 da CF. Esse rol foi significativamente ampliado pela Carta de 1988, já que antes somente se reconhecia ao Procurador-Geral da República a legitimidade para a propositura dessa forma de controle de constitucionalidade;
e) declarada a inconstitucionalidade, a lei torna-se imediatamente inaplicável, não havendo necessidade de comunicação ao Senado Federal, como ocorre no controle difuso.

10. CONCEITO DE LEIS E ATOS NORMATIVOS

A Constituição Federal em seu artigo 102, inc. I, alínea "a", dispõe que compete ao Supremo Tribunal Federal "processar e julgar, originariamente: a) a ação direta de inconstitucionalidade de lei ou ato normativo federal ou estadual e a ação declaratória de constitucionalidade de lei ou ato normativo federal".

4 STF, ADIn n. 1.254, Rel. Min. Celso de Mello. DJU 19.09.1997.

Por lei entendem-se todas as espécies normativas previstas no artigo 59 da Constituição Federal, quais sejam: "emendas à Constituição, leis complementares, leis ordinárias, leis delegadas, medidas provisórias, decretos legislativos e resoluções".

Quanto aos atos normativos a que alude a Constituição, segundo Alexandre de Moraes, consideram-se, por exemplo, as resoluções administrativas dos tribunais, bem como deliberações administrativas de outros órgãos do Poder Judiciário, inclusive dos Tribunais Regionais do Trabalho, salvo as convenções coletivas de trabalho.

Encontram-se ainda no conceito de atos normativos: os atos estatais de conteúdo meramente derrogatório, como as resoluções administrativas, desde que incidam sobre atos de caráter normativo.

De acordo com o entendimento do STF, os atos estatais de efeitos concretos não se submetem, em sede de controle concentrado, à jurisdição constitucional abstrata, por ausência de densidade normativa no conteúdo de seu preceito.

11. RESERVA DE PLENÁRIO

Muito embora não haja dúvidas sobre a legitimidade do reconhecimento da inconstitucionalidade por juiz de primeiro grau, de forma singular (controle difuso), no âmbito dos tribunais, para a declaração de inconstitucionalidade de lei ou ato normativo, exige-se a aprovação da medida pela maioria absoluta dos membros do Tribunal ou órgão especial.

Assim, pela dicção do artigo 97 da Constituição Federal, somente pelo voto da maioria absoluta de seus membros ou dos membros do respectivo órgão especial poderão os tribunais declarar a inconstitucionalidade de lei ou ato normativo do poder público. Trata-se da chamada "reserva de plenário", a qual espelha o princípio da presunção de constitucionalidade das leis, que, para ser infirmado, exige um quorum qualificado do tribunal.

Referida exigência aplica-se, inclusive, ao Supremo Tribunal Federal no exercício do controle concentrado ou em abstrato de constitucionalidade.

Essa norma, que estabelece a reserva de plenário, instituída pela primeira vez com a Constituição de 1934 e reproduzida nas subsequentes, aplicava-se, por força de sua origem, apenas ao controle incidental e difuso. Com a criação do controle por via principal e concentrado, estendeu-se também a ele, não havendo nenhuma distinção na norma materializada no artigo 97 da Carta em vigor.

12. AÇÕES DE CONTROLE DA CONSTITUCIONALIDADE (CONTROLE CONCENTRADO OU ABSTRATO)

No direito constitucional brasileiro, existem cinco modalidades de ação de controle em abstrato ou direto da constitucionalidade: ação direta de inconstitucionalidade - ADI; ação declaratória de constitucionalidade - ADC;

ação de inconstitucionalidade por omissão; representação interventiva; e arguição de descumprimento de preceito fundamental - ADPF.

12.1. Ação Direta de Inconstitucionalidade (ADI)

A ação direta de inconstitucionalidade, também chamada de "ADI genérica", tem por objeto a declaração de inconstitucionalidade de lei ou ato normativo federal ou estadual em face da Constituição Federal. Está prevista no artigo 102, I, a, primeira parte, da CF.

Referida ação é de competência originária e exclusiva do Supremo Tribunal Federal, sendo que seu procedimento encontra-se estabelecido na Lei n. 9.868/99.

Quando se tratar de arguição de inconstitucionalidade de lei estadual ou municipal em face da Constituição Estadual, a competência originária será dos Tribunais de Justiça de cada Estado (CF, art. 125, § 2º).

Nessa modalidade de ação, não há discussão sobre direitos subjetivos das partes, sendo que o objeto da ação limita-se a questionar a própria constitucionalidade da norma de forma abstrata. Dessa forma, a declaração de inconstitucionalidade por parte do Supremo Tribunal Federal, quando procedente a ação, se dá "em tese" ou "em abstrato", não se prendendo a nenhuma situação concreta. Por essa razão, a decisão proferida pelo Supremo em sede de ação direta de inconstitucionalidade possui eficácia *erga omnes* (contra todos) e efeito vinculante aos demais órgãos do Poder Judiciário e à administração pública direta e indireta, nas esferas federal, estadual e municipal (CF, art. 102, § 2º). Além disso, possui a decisão efeito *ex tunc*, retroagindo ao momento da edição da norma declarada inconstitucional, salvo exceção prevista no artigo 27 da Lei n. 9.868/99, pela qual o STF poderá, por razões de segurança jurídica ou relevante interesse social e por maioria de 2/3 de seus membros, conferir efeito *ex nunc* à decisão ou estabelecer outro termo para sua validade.

A legitimação passiva, na ADI, recai sobre os órgãos ou autoridades responsáveis pela lei ou pelo ato normativo objeto da ação, aos quais caberá prestar informações ao relator do processo. A defesa da norma impugnada, por sua vez, segundo dispõe o artigo 103, § 3º, da CF, caberá ao Advogado-Geral da União, que funciona como uma espécie de curador da presunção de constitucionalidade dos atos emanados do Poder Público.

No tocante à legitimação ativa, houve uma profunda transformação no controle de constitucionalidade concentrado no Brasil, haja vista que a ação deixou de ser monopólio do Procurador-Geral da República, tal como constava de sua criação, em 1965, e passou a contar com o rol de legitimados muito mais amplo e democrático.

Como mencionado anteriormente, o que antes era prerrogativa exclusiva do Procurador-Geral da República foi estendido, pelo artigo 103 da CF, para os seguintes legitimados: Presidente da República; Mesa do Senado Federal; Mesa da Câmara dos Deputados; Mesa de Assembleia Legislativa ou Mesa da Câmara Legislativa do Distrito Federal; Governador de Estado ou Governador do Distrito Federal; Procurador-Geral da República; Conselho Federal da Ordem dos Advogados do Brasil; Partido Político com representação no Congresso Nacional; Confederação Sindical ou entidade de classe de âmbito nacional.

12.2. Ação Declaratória de Constitucionalidade (ADC)

Essa forma de controle abstrato da constitucionalidade não era prevista no texto original da Constituição de 1988, sendo introduzida posteriormente pelo constituinte derivado, por meio da Emenda Constitucional n. 3, de 1993. Está prevista no artigo 102, I, a, segunda parte.

Essa ação tem por objeto a declaração da constitucionalidade de uma lei ou ato normativo federal. Foi instituída em nosso sistema constitucional com a finalidade de dar ao governo a oportunidade de obter uma rápida decisão judicial definitiva do Supremo Tribunal Federal que produzisse efeitos *erga omnes*, evitando decisões contrárias em instâncias inferiores e o não-cumprimento da medida legislativa adotada.

Isso porque, como no Brasil adotou-se também o modelo de controle difuso da constitucionalidade, pelo qual cabe a qualquer membro do Poder Judiciário declarar a inconstitucionalidade de lei ou ato normativo, pela via incidental e diante de um caso concreto, há casos em que, a partir da entrada em vigor de determinada lei, esta passa a ter a sua constitucionalidade questionada em inúmeros processos, via controle difuso, os quais poderão contar com decisões conflitantes, umas declarando a inconstitucionalidade, outras não. Assim, podem os legitimados previstos no artigo 103, § 4º, da CF ajuizarem perante o Supremo Tribunal Federal a ADC para que seja declarada não a inconstitucionalidade, mas a constitucionalidade daquela lei, encerrando-se, assim, a discussão travada naqueles inúmeros processos, já que a decisão terá efeito *erga omnes*.

Para a propositura dessa ação, deverá o autor demonstrar a existência de séria divergência jurisprudencial que justifique o uso dessa forma de controle direto da constitucionalidade. Conforme já decidiu o Supremo Tribunal Federal, há "necessidade de que esse dissídio se exteriorize em proporções relevantes, pela ocorrência de decisões antagônicas, que, em ambos os sentidos e em volume expressivo, consagrem teses conflitantes" (STF, ADC 8-DF, Rel. Min. Celso de Mello, Informativo STF, n. 160).

Isso porque o Supremo Tribunal Federal não pode ser transformado em um simples órgão de consulta sobre a constitucionalidade de uma lei antes da comprovação de um sério dissídio judicial. O procedimento da ação declaratória de constitucionalidade está estabelecido na Lei n. 9.868/99.

Não há previsão constitucional dessa modalidade de ação para a declaração de constitucionalidade de lei ou ato normativo estadual.

12.3. Ação de Inconstitucionalidade por Omissão

Também representa uma nova forma de controle de constitucionalidade introduzida pela Constituição de 1988. Essa ação é cabível para a implementação de medida necessária para tornar efetiva norma constitucional federal. Pode-se dizer que visa a suprir omissão dos poderes constituídos no tocante à elaboração de norma regulamentadora que possibilite o exercício de um direito previsto na Constituição. Encontra previsão do artigo 103, § 2º, da CF.

O artigo 103, §2º, dispõe que "declarada a inconstitucionalidade por omissão de medida para tornar efetiva norma constitucional, será dada ciência ao Poder competente para a adoção das providências necessárias e, em se tratando de órgão administrativo, para fazê-lo em trinta dias".

Quando o caso referir-se à omissão administrativa e não legislativa, o órgão competente será cientificado para providenciar a norma regulamentadora faltante no prazo de trinta dias. No caso de omissão legislativa, o Congresso Nacional será comunicado da omissão constatada, sem a estipulação de qualquer prazo para a elaboração da indispensável norma infraconstitucional que possibilite o exercício de direito previsto na Constituição que, por não ser autoaplicável, carece de uma regulamentação legislativa ou administrativa.

No que concerne à omissão, ela pode ser total, quando há falta da norma regulamentadora que possibilite o exercício do direito, ou parcial, se aquela não permitir o integral cumprimento do direito previsto na Constituição Federal. Exemplo de omissão total é o direito à participação dos trabalhadores na gestão da empresa, *"conforme definido em lei"*, estabelecido no artigo 7º, XI, da Constituição, que até hoje não pode ser exercido por falta de legislação regulamentadora. Exemplo de omissão parcial é o salário mínimo, que, pelo seu atual valor reduzido, não atende às exigências estabelecidas na Constituição, em seu artigo 7º, IV: "salário mínimo, fixado em lei... capaz de atender às suas necessidades vitais básicas e às de sua família com moradia, alimentação, educação. Saúde, lazer, vestuário, higiene, transporte e previdência social...".

A decisão proferida em sede de ação de inconstitucionalidade por omissão só possui caráter mandamental quando se trata de omissão meramente administrativa, hipótese em que o órgão responsável deve providenciar a edição da medida em questão no prazo máximo de trinta dias, sob pena de incidir na prática do crime de desobediência.

Quando for o caso de inércia total ou de atuação normativa deficiente de qualquer um dos poderes constituídos, o Supremo Tribunal Federal não poderá assumir a função de legislador e providenciar, por si só, a edição do provimento normativo faltante. Sua decisão tem caráter de mera admoestação, de comunicação do não-cumprimento do preceito constitucional.

12.4. Representação Interventiva ou ADI Interventiva

Essa modalidade de ação, além da declaração de inconstituciona-lidade, tem como objeto o restabelecimento da ordem constitucional no Estado ou no Município, encontrando previsão no artigo 129, inciso IV, da CF. Existem duas modalidades de ação interventiva: a federal e a estadual. A primeira busca promover a intervenção da União nos Estados (arts. 34, 36, III, e 129, IV), enquanto a estadual, a intervenção dos Estados nos Municípios.

Com efeito, a ADI interventiva consiste em um dos pressupostos para a decretação da intervenção federal ou estadual pelos chefes do Executivo, nas hipóteses previstas na Constituição.

O objeto da ADI interventiva é a lei, ou ato normativo, ou omissão, ou ato governamental estadual (ou distrital), que desrespeite os princípios sensíveis da Constituição Federal, entendendo-se estes como as situações previstas no artigo 34, VII, da CF, ou seja, quando a lei de natureza estadual (ou distrital de natureza estadual) contrariar: 1) forma republicana, sistema representativo e regime democrático; 2) direitos da pessoa humana; 3) autonomia municipal; 4) prestação de contas da administração pública, direta e indireta; 5) aplicação do mínimo exigido da receita resultante de impostos estaduais, compreendida a proveniente de transferências, na manutenção e desenvolvimento do ensino e nas ações e serviços públicos de saúde.

A competência para julgamento da ADI interventiva é do STF e a legitimidade para sua propositura restringe-se, ao contrário das demais ações, ao Procurador-Geral da República. Já a intervenção estadual, a ser decretada pelo Governador de E stado, depende de provimento pelo Tribunal de Justiça local.

12.5. Arguição de Descumprimento de Preceito Fundamental (ADPF)

A Constituição de 1988, em seu artigo 102, § 1º, criou uma nova ação voltada para o controle concentrado da constitucionalidade, a arguição de descumprimento de preceito fundamental. Essa nova ação constitucional, prevista no texto constitucional em norma de eficácia limitada, somente veio a ser regulamentada pela Lei n. 9.882/99, ficando a cargo do Supremo Tribunal Federal o julgamento da arguição de descumprimento de preceito fundamental.

Essa nova ação está condicionada ao princípio da subsidiariedade, o que significa que não será admitida "quando houver qualquer outro meio eficaz de sanar a lesividade" (Lei n. 9.882/99, art. 4º, § 1º). Nada obstante, tal princípio deve ser interpretado, consoante entendimento do STF, no contexto da ordem constitucional global. Nesse sentido, manifestou-se a Corte Constitucional: "Princípio da subsidiariedade (art. 4º, § 1º, da Lei n. 9.882/99): inexistência de outro meio eficaz de sanar a lesão, compreendido no contexto da ordem constitucional global, como aquele apto a solver a controvérsia constitucional relevante de forma ampla, geral e imediata. A existência de processos ordinários e recursos extraordinários não deve excluir, a priori, a utilização da arguição de descumprimento de preceito fundamental, em virtude da feição marcadamente objetiva dessa ação" (ADPF 33, rel. Min. Gilmar Mendes, j. 07.12.2005, DJ, 27.10.2006. No mesmo sentido: ADPF 47-MC, rel. Min. Eros Grau, j. 07.12.2005, DJ, 27.10.2006).

Dessa forma, a arguição somente poderá ser proposta quando não for cabível ação direta de inconstitucionalidade, ação declaratória de constitucionalidade, mandado de segurança, ação popular, agravo regimental, recurso extraordinário, reclamação ou qualquer outra medida judicial apta a sanar, de maneira eficaz, a situação de lesividade, conforme reiteradas decisões do Supremo Tribunal Federal (Informativo STF, n. 243).

Não há na Constituição ou na Lei n. 9.882/99 a definição de preceito fundamental. Tampouco o Supremo Tribunal Federal definiu o que se entende por preceito fundamental. Assim, cabe à doutrina explicitar o conceito desse instituto constitucional. Para Uadi Lammêgo Bulos, "qualificam-se de fundamentais os grandes preceitos que informam o sistema constitucional, que estabelecem comandos basilares e imprescindíveis à defesa dos pilares da manifestação constituinte originária".

As pessoas legitimadas para a propositura da medida são as mesmas previstas no rol estabelecido no artigo 103 da Constituição Federal, sendo que aos demais interessados é facultado solicitar, mediante representação, ao Procurador-Geral da República a propositura da arguição.

De acordo com a regulamentação legal, a ação pode ser proposta nas seguintes hipóteses: a) evitar ou reparar lesão a preceito fundamental decorrente de ato ou omissão do Poder Público; e b) quando for relevante o fundamento da controvérsia constitucional sobre lei ou ato normativo federal, estadual ou municipal, incluídos os anteriores à Constituição.

Como inovação, essa segunda hipótese estende o alcance do controle da constitucionalidade para as leis municipais e, também, para as leis elaboradas antes da vigência da atual Constituição, o que contraria a orientação jurisprudencial fixada pelo Supremo Tribunal Federal de que não era possível o exercício do controle concentrado para questionamento da constitucionalidade de leis anteriores à Constituição.

Vale destacar que, por meio do uso da arguição de descumprimento de preceito fundamental, é possível suspender-se, liminarmente, ações judiciais ou processos administrativos em curso, os quais deverão acatar o *decisum* da Corte Suprema a ser proferido no fim do processo.

12.6. Medida Cautelar no Controle de Constitucionalidade Concentrado

Diferentemente do que ocorria quando da vigência da Constituição de 1967/69[5], a Constituição Federal de 1988 admite, expressamente, a concessão de cautelar nas ações diretas de inconstitucionalidade (art. 102, I, p). Assim, o relator dispõe de competência para proferir despacho liminar em sede de controle concentrado, tanto de conteúdo negativo quanto positivo.

5 Por meio da Emenda n. 7, de 1977, à Constituição de 1967/69, fixou-se a competência do Supremo Tribunal Federal para deferir pedido de cautelar formulado pelo Procurador-Geral da República em representação de inconstitucionalidade, colocando fim à controvérsia havida sobre o tema.

Também a Lei n. 9.868/99, que veio regulamentar a ADI, admite a concessão de medida cautelar pela maioria absoluta dos membros do Tribunal, depois da audiência dos órgãos ou autoridades dos quais emanou a lei ou ato normativo, salvo no período de recesso ou de excepcional urgência.

Embora não conste expressamente do texto constitucional, de acordo com o *caput* do artigo 21 da Lei n. 9.868/99, admite-se medida cautelar nas ações declaratórias de constitucionalidade. Nesse sentido, o artigo 21 dispõe que o STF, por decisão da maioria absoluta de seus membros, poderá deferir pedido de medida cautelar na ADC, consistente na determinação de que os juízes e os tribunais suspendam o julgamento dos processos que envolvam a aplicação da lei ou ato normativo objeto da ação até o seu julgamento definitivo. Vale destacar que a lei definiu prazo de 180 dias contados da publicação da parte dispositiva da decisão no DOU para que o tribunal julgue a ação declaratória, sendo que, findo esse prazo, cessa a eficácia da medida cautelar.

No caso da ADPF, o artigo 5º da Lei n. 9.882/99 estabelece que o STF, por decisão da maioria absoluta de seus membros, poderá deferir pedido de medida liminar. No período de recesso ou nos casos de extrema urgência ou perigo de lesão grave, poderá o relator conceder a liminar, *ad referendum* do tribunal pleno.

Por fim, no caso da ADI por omissão, não há possibilidade de concessão de medida liminar em razão da própria natureza da ação. Nesse sentido, já se posicionou o STF: "... incompatível com o objeto mediato da referida demanda a concessão de liminar. Se nem mesmo o provimento judicial último pode implicar o afastamento da omissão, o que dirá quanto ao exame preliminar" (ADI 361-5, RT 668/212).

13. *AMICUS CURIAE*

No controle concentrado de constitucionalidade, como é o caso da ação direta de inconstitucionalidade, por se tratar de um processo de natureza objetiva, em que não são examinados direitos individuais, é vedada expressamente a intervenção de terceiros. Sobre essa intervenção, vale consignar que ela é definida como o fato jurídico caracterizado pelo ingresso, no processo, de quem não era parte na demanda. Por dedução, o terceiro é pessoa estranha à relação jurídico-material deduzida e à relação jurídico-processual pendente, porém ligada àquela por uma relação jurídica conexa e dependente na defesa de interesse próprio.

A vedação da intervenção de terceiros, porém, foi atenuada pelo disposto no artigo 7º, § 2º, da Lei n. 9.868/99, ao admitir a intervenção no processo, a partir de despacho do relator, de outros órgãos ou entidades, caso atendidos os pressupostos de relevância da matéria e da representatividade adequada dos postulantes. Trata-se do denominado *amicus curiae*, o qual poderá atuar nos dois sistemas de controle de constitucionalidade: em abstrato e em concreto.

Vale ressaltar, nada obstante, que não se confunde a intervenção de terceiros com a figura do *amicus curiae*, já que este traduz a simples admissão no processo de controle de constitucionalidade abstrato de autoridades, órgãos ou entidades interessados na discussão sobre a validade de determinada norma jurídica, vez que não há aquisição da qualidade de parte, nem sequer acessória, no processo objetivo.

A admissão no processo da figura do *amicus curiae*, nesse sentido, como salientado pelo Ministro Celso de Mello, representa um fator de legitimação social das decisões da Suprema Corte, e tem por finalidade pluralizar o debate constitucional ao possibilitar a "participação formal de órgãos ou entidades que efetivamente representem os interesses gerais da coletividade ou que expressem valores essenciais de grupos ou classes sociais"[6].

A admissão do *amicus curiae* será decidida pelo relator da ação, por meio de decisão irrecorrível, o qual verificará o preenchimento dos requisitos e a conveniência e oportunidade da manifestação. Referida decisão deverá ser referendada pelo tribunal, o qual poderá afastar ou não a intervenção.

Também no controle de constitucionalidade em concreto (difuso) foi incluído dispositivo semelhante, sendo admissível o *amicus curiae* durante a tramitação do incidente de declaração de inconstitucionalidade (Código de Processo Civil, art. 482, § 3).

14. CONTROLE DA CONSTITUCIONALIDADE DAS LEIS MUNICIPAIS

A Constituição brasileira de 1988, em seu artigo 102, I, a, admitiu o controle de constitucionalidade concentrado, em abstrato ou direto, somente de leis ou atos normativos federais ou estaduais, não havendo igual previsão para as leis ou atos municipais.

Em face dessa ausência de previsão constitucional expressa, o Supremo Tribunal Federal não tem conhecido de ações de inconstitucionalidade de leis municipais em face da Constituição Federal, ao fundamento da impossibilidade jurídica do pedido.[7]

Com efeito, tratando-se de lei municipal contrária à Constituição Federal, o questionamento de sua constitucionalidade somente é possível via controle difuso da constitucionalidade. Nesse caso, a questão somente poderia ser examinada pelo Supremo Tribunal Federal pela via incidental, isto é, no julgamento de casos concretos, em sede de recurso extraordinário.

De outro turno, a lei municipal que contrariar a Constituição Estadual poderá ser objeto de ação direta de inconstitucionalidade perante o Tribunal de

6 STF, ADIn n. 2.130. Rel. Min. Celso de Mello.

7 STF, ADIn n. 1.803. Rel. Min. Moreira Alves. DJU de 24.04.1998.

Justiça do Estado (CF, art. 125, § 2º), com a possibilidade de recurso extraordinário ao Supremo Tribunal Federal.

No que se refere à arguição de descumprimento de preceito fundamental, a Lei n. 9.882/99 expressamente admite o exame de controvérsia constitucional fundada em lei municipal.

15. COMUNICAÇÃO AO SENADO FEDERAL

Como mencionado anteriormente, a Constituição Federal dispõe em seu artigo 52, X, que compete privativamente ao Senado Federal "suspender a execução, no todo ou em parte, de lei declarada inconstitucional por decisão definitiva do Supremo Tribunal Federal".

O alcance desse dispositivo acarretou, de início, o surgimento de duas controvérsias, ambas já solucionadas pela jurisprudência do STF. Na primeira delas, o Supremo Tribunal Federal estabeleceu que somente nos processos de controle difuso da constitucionalidade, em que a declaração de inconstitucionalidade de uma lei é proferida de forma incidental (*incidenter tantum*), com efeito *inter partes*, há necessidade de comunicação da decisão ao Senado para que esse órgão providencie a suspensão da executoriedade da lei.

Nesses casos, transitada em julgado, a decisão no caso concreto produz efeitos *ex tunc* e *inter partes*, ou seja, retroativos e alcançando apenas as partes da relação processual.

Ocorre que, na medida em que essa decisão passa pelo crivo do Supremo Tribunal Federal, em sede de recurso extraordinário, o qual mantém a declaração de inconstitucionalidade, deverá haver a comunicação formal ao Senado Federal após o trânsito em julgado.

Destarte, efetuada a comunicação ao Senado e decidindo ele pela suspensão da executoriedade da lei, será levada a resolução à publicação. A partir da publicação da resolução, torna-se suspensa a executoriedade da lei, com a extensão dos efeitos *ex nunc* e *erga omnes*, ou seja, a decisão passa a valer para todos, sem efeitos retroativos. Ressalte-se que a resolução do Senado não invalida, nem revoga a lei declarada inconstitucional pelo Supremo Tribunal Federal, apenas lhe retira a eficácia jurídica, produzindo efeitos em relação a todos a partir daquela data.

De outro lado, nas decisões proferidas pelo STF, a partir do controle direto, concentrado ou em abstrato da constitucionalidade, não há necessidade dessa comunicação, sendo que a decisão do STF, uma vez publicada, já produz efeitos *erga omnes*.

A segunda controvérsia dizia respeito à obrigação ou não de o Senado Federal suspender a executoriedade da lei considerada inconstitucional. Nesse particular, ficou assentado o entendimento de que o Senado Federal não é obrigado a suspender a executoriedade da lei depois de receber a comunicação da decisão definitiva proferida pela via incidental, em razão da independência dos

Poderes Legislativo e Judiciário. Nesse sentido, a decisão do Supremo Tribunal Federal não vincula o Senado, que pode agir com absoluta discricionariedade, podendo optar pela suspensão imediata ou aguardar por outras decisões proferidas no mesmo sentido.

Há parte da doutrina que entende que o Senado poderá, inclusive, retirar parcialmente a eficácia de uma lei que o Supremo Tribunal Federal tenha declarado, em seu todo, inconstitucional.

16. PERTINÊNCIA TEMÁTICA

Muito embora a Constituição Federal de 1988 contemple em seu artigo 103 o rol das pessoas legitimadas a ingressar com representação de inconstitucionalidade no âmbito do controle concentrado, faz-se necessário que essas pessoas constitucionalmente legitimadas (não todas), no momento da propositura da ação, demonstrem a relação existente entre a norma impugnada e o âmbito de atuação da entidade que ingressa com a ação, o que é chamado de "pertinência temática".

Nesse sentido, o Supremo Tribunal Federal tem exigido de algumas dessas pessoas e órgãos relacionados no artigo 103 da Constituição Federal a demonstração de um especial interesse em obter decisão de declaração da inconstitucionalidade da norma impugnada. São tidas como pessoas que precisam demonstrar a denominada "pertinência temática": as Mesas das Assembleias Legislativas, os Governadores de Estado e as Confederações Sindicais ou Entidades de classe de âmbito nacional.

Lado outro, são tidos como autores neutros, considerados com legitimidade ativa universal, pois não precisam demonstrar especial interesse na declaração da inconstitucionalidade da lei ou do ato normativo: o Presidente da República, as Mesas do Senado Federal e da Câmara dos Deputados, o Procurador-Geral da República, o Conselho Federal da Ordem dos Advogados do Brasil e os partidos políticos com representação no Congresso Nacional.

Essa medida visa a evitar que as ações de inconstitucionalidade possam ter a sua finalidade desvirtuada e possam ser utilizadas para a consecução de interesses individuais, o que contrariaria o princípio inspirador da criação do controle concentrado.

Assim, em relação aos autores que não dispõem de legitimidade ativa universal, há necessidade de demonstração da pertinência temática, como reiteradamente vem decidindo o Supremo Tribunal Federal, sendo essa demonstração pressuposto da legitimidade ativa para a ação direta de inconstitucionalidade.[8]

8 ADIn n. 1.151, RTJ, 158:790, ADIn n. 1.519, DJ de 13.12.1996, e ADIn n. 2.027-7, Rel. Min. Octavio Gallotti, DJ de 13.09.1999.

17. NORMAS JURÍDICAS ANTERIORES À CONSTITUIÇÃO DE 1988

As normas infraconstitucionais anteriores à nova Constituição, e que com ela estejam compatíveis, são recepcionadas pelo novo ordenamento, permanecendo válidas e eficazes em face da nova Constituição, o que evita que o Estado seja compelido a elaborar todo um novo arcabouço legal, o que seria operacionalmente impossível.

Nesse sentido, levando em conta que somente houve a recepção das normas infraconstitucionais compatíveis com a atual Constituição, sendo as inconstitucionais revogadas, não há possibilidade de que as normas recepcionadas venham a passar pelo controle em abstrato ou direto da constitucionalidade. Conforme jurisprudência do Supremo Tribunal Federal, ou as normas infraconstitucionais elaboradas na vigência da Carta anterior, são compatíveis com a nova ordem constitucional e, portanto, recepcionadas pela Constituição em vigor, ou são incompatíveis e, por isso, foram revogadas com sua promulgação. O exame judicial da vigência ou não dessas normas infraconstitucionais poderá ser feito somente pela via difusa no julgamento do caso concreto.

Pela mesma razão, havendo a aprovação de nova emenda à Constituição, eventual incompatibilidade entre uma lei e a norma constitucional superveniente não pode ser objeto de controle direto da constitucionalidade. A questão da revogação ou não da lei pela emenda constitucional superveniente poderá ser examinada somente pela via difusa (STF, ADI 718-1, DJU, 18 dez. 1998, p. 49).

Contudo, tratando-se de arguição de descumprimento de preceito fundamental, a Lei n. 9.882/99, em importante inovação, veio expressamente a admitir a propositura de ação por fundamento em controvérsia constitucional sobre a lei anterior à Constituição.

18. DECLARAÇÃO DE INCONSTITUCIONALIDADE DE NORMAS CONSTITUCIONAIS

Tema de interessante discussão e de controvérsia doutrinária reside na possibilidade ou não de se declarar a inconstitucionalidade de normas constitucionais.

Em que pese, todavia, a discussão acadêmica em torno do tema, tem-se atualmente pacificado o entendimento de que somente se deve admitir a possibilidade de declaração de inconstitucionalidade de normas constitucionais quando emanadas do Poder Constituinte Derivado, haja vista a natureza absoluta do Poder Constituinte Originário. Assim as normas elaboradas por esse poder maior são todas da mesma hierarquia, não havendo a possibilidade de revogação de umas pelas outras. Eventuais conflitos entre essas normas deverão ser resolvidos pelos princípios gerais de hermenêutica.

Vale dizer que apenas normas elaboradas pelo Poder Constituinte Derivado em desconformidade com as denominadas "cláusulas pétreas" da Constituição Federal podem ser declaradas inconstitucionais. Tal possibilidade encontra guarida no próprio art. 60, § 4º, da CF, que dispõe que "não será objeto de deliberação a proposta de emenda tendente a abolir: I – a forma federativa de Estado; II – o voto direto, secreto, universal e periódico; III – a separação dos Poderes; IV – os direitos e garantias individuais". Assim, havendo emenda à Constituição tendente a abolir quaisquer daqueles princípios e direitos, deverá ser decretada a sua inconstitucionalidade.

Nesse mesmo sentido, decidiu o Supremo Tribunal Federal ao impedir a cobrança de imposto no mesmo exercício de sua criação, em respeito ao princípio constitucional da anterioridade, um dos direitos individuais considerados como cláusula pétrea pela atual Constituição brasileira (arts. 60, § 4º, IV, e 150, III, b)[9].

19. ESPÉCIES DE DECISÕES PROFERIDAS NO CONTROLE CONCENTRADO DA CONSTITUCIONALIDADE

O Supremo Tribunal Federal, ao julgar uma ação no âmbito do controle concentrado de constitucionalidade, seja uma ADI ou uma ADC, deverá decidir pela constitucionalidade ou não do ato legislativo ou normativo federal ou estadual. Nesse sentido, qualquer que seja a decisão, pela procedência ou não da ação, produzirá eficácia *erga omnes* e efeito vinculante.

Considerado o princípio da supremacia da Constituição, uma lei ou ato normativo que esteja em desacordo com a Constituição Federal não pode prosperar, sendo, portanto, nula, sem qualquer efeito jurídico válido. Nesse caso, a decisão do STF é retroativa, produzindo, em regra, efeito *ex tunc*.

Nada obstante, diversas são as formas de declaração de nulidade de lei que podem ser proclamadas pelo Supremo Tribunal Federal: a) nulidade total; b) nulidade parcial; c) declaração de nulidade sem redução de texto; d) interpretação conforme a Constituição.

19.1. Declaração de Nulidade Total

Dentro dessa modalidade, a lei é declarada inconstitucional em sua integralidade, o que ocorre frequentemente em leis aprovadas com vícios formais, como de iniciativa, de procedimento legislativo ou de repartição de competência. Seria o caso, por exemplo, de um Estado federado promulgar lei versando sobre direito processual. Como a competência para legislar sobre essa matéria é exclusiva da União, deverá a lei ser declarada totalmente inconstitucional pelo STF.

9 Julgamento da ADIn n. 939-DF que versava sobre o IPMF – Imposto Provisório sobre movimentação Financeira, instituído pela Emenda n. 3, de 1993.

19.2. Declaração de Nulidade Parcial

Diante de casos em que apenas um ou alguns determinados dispositivos da lei sejam inconstitucionais, poderá o Supremo Tribunal Federal declarar a nulidade apenas dos dispositivos inconstitucionais, mantendo incólumes os demais.

Parte da doutrina refere-se ao princípio da parcelaridade, que significa que o STF pode julgar parcialmente procedente o pedido de declaração de inconstitucionalidade, expurgando do texto legal apenas uma palavra, uma expressão, diferentemente do que ocorre com o veto presidencial (CF, art. 66, § 2º).

19.3. Declaração de Nulidade sem Redução de Texto (Lei n. 9.868/99, Art. 28, Parágrafo Único)

Em certos casos, o STF pode declarar que o vício de inconstitucionalidade reside não no texto em si, mas em uma determinada aplicação da lei ou em um dado sentido interpretativo. Nesse último caso, o STF indica qual seria a interpretação conforme, por meio da qual não se configura a inconstitucionalidade.

Com efeito, o Supremo Tribunal Federal limita-se a declarar a inconstitucionalidade apenas de determinadas hipóteses de aplicação da lei (v. g., imposição de tributo no mesmo exercício financeiro e correção monetária a situações já consolidadas), reconhecendo a possibilidade de aplicação da lei a outras hipóteses (imposição de tributo no exercício financeiro seguinte ou de novos dispositivos legais sem violação de direitos adquiridos, atos jurídicos perfeitos ou decisões já transitadas em julgado).

19.4. Interpretação Conforme a Constituição (Lei n. 9.868/99, Art. 28, Parágrafo Único)

O Supremo Tribunal Federal poderá valer-se, em certas situações, da interpretação conforme a Constituição no julgamento das ações. Assim, havendo duas ou mais interpretações possíveis de uma lei ou ato normativo, o que é requisito para a interpretação conforme, o STF irá declarar a validade do dispositivo legal, indicando qual das duas interpretações é compatível com a Constituição Federal e deve ser adotada. A *contrario sensu*, considerará inconstitucional a interpretação não compatível com a Constituição.

É também uma forma de decisão sem redução de texto, conforme mencionado acima.

20. EFEITO DAS DECISÕES PROFERIDAS NO CONTROLE CONCENTRADO DE CONSTITUCIONALIDADE

Via de regra, as decisões do STF, em sede de controle concentrado de constitucionalidade, possuem efeito *ex tunc*, retroagindo à origem da norma impugnada. Assim, sendo nula a lei declarada inconstitucional, ela, em tese, não deve produzir nenhum efeito jurídico.

Nada obstante, o Supremo Tribunal Federal, tendo em vista razões de segurança jurídica ou de excepcional interesse social, pode estabelecer mediante 2/3 terços de seus membros, que a decisão produza efeitos *ex nunc* a partir do trânsito em julgado ou de outro momento que venha a ser fixado.

Nesse contexto, em um colegiado de onze membros, como é o caso do STF, 2/3 dos votos, feito o arredondamento para mais, significam o voto de oito ministros. Essa mesma possibilidade de concessão de efeitos *ex tunc* ou *ex nunc* é admitida na hipótese de concessão de medida cautelar.

Além desses efeitos, as decisões do STF, em sede de controle concentrado, como já mencionado, possuem eficácia *erga omnes* (contra todos) e efeito vinculante aos demais órgãos do Poder Judiciário e à administração pública direta e indireta nas esferas federal, estadual e municipal (CF, art. 102, § 2º).

Resta destacar, por fim, que as decisões proferidas em ação direta de inconstitucionalidade e em ação declaratória de constitucionalidade possuem o denominado "efeito dúplice". Conforme previsão inserta no artigo 24 da Lei n. 9.868/99: "proclamada a constitucionalidade, julgar-se-á improcedente a ação direta ou procedente eventual ação declaratória; e, proclamada a inconstitucionalidade, julgar-se-á procedente a ação direta ou improcedente eventual ação declaratória".

A decisão do Supremo Tribunal Federal proferida nessas modalidades de ação, em um sentido ou em outro, sempre produzirá os efeitos acima mencionados.

CAPÍTULO 5

Princípios Fundamentais

1. NOÇÕES GERAIS

A Constituição, além do instrumento político que é, de estruturação e modelação do Estado, constitui um documento essencialmente jurídico, condutor e balizador de todo o ordenamento normativo estatal. Representa a Constituição o vértice do ordenamento jurídico, a Lei Maior à qual todas as outras normas devem se amoldar.

Tratando-se, pois, de um instrumento político e jurídico, a Constituição é formada por diferentes espécies normativas, trazendo em seu texto, além de regras jurídicas concretas, uma diversidade de princípios informadores do Estado brasileiro, alguns deles denominados "princípios fundamentais". Esses princípios expressam os próprios fundamentos do Estado, em sua concepção política e jurídica, representando o alicerce sobre o qual se sustentam as instituições estatais e a própria sociedade.

Presentes essas considerações, pode-se dizer que os princípios fundamentais são as normas informadoras de todo o sistema jurídico e político, as diretrizes básicas do Ordenamento Constitucional brasileiro. São normas que contêm os mais importantes valores que informam a elaboração da Constituição. Os princípios são dotados de normatividade, ou seja, possuem efeito vinculante e constituem normas jurídicas efetivas.

Releva notar que a valorização dos princípios tem sido uma das tendências do atual direito constitucional, o que denota a fundamental importância de sua interpretação e estudo, já que esses princípios contêm os mais importantes valores que informam a elaboração da Constituição.

A importância dos princípios fundamentais vai além de seu caráter de mero instrumento interpretativo das normas positivadas, haja vista que os princípios, alçados à condição de princípios constitucionais, convertem-se em fundamento de toda a ordem jurídica. Constituem, assim, os fundamentos do próprio Estado brasileiro.

A Constituição brasileira de 1988, como dito, traz expressos em seu texto diversos princípios, os quais, configurando normas afeitas aos próprios fundamentos do Estado brasileiro, constituem princípios fundamentais. Esses princípios, mesmo antes de estarem expressos nos primeiros artigos do texto constitucional, já são mencionados no preâmbulo da Constituição.

2. PRINCÍPIOS FUNDAMENTAIS EM ESPÉCIE

A Constituição brasileira inicia-se com o Título I dedicado aos "princípios fundamentais". Esse destaque realça a importância dada às regras informadoras da organização do Estado brasileiro. A valorização dos princípios tem sido uma tendência do atual Direito Constitucional.

Princípios fundamentais são as normas informadoras de todo um sistema normativo, as diretrizes básicas do Ordenamento Constitucional brasileiro. São normas que contêm os mais importantes valores que informaram a elaboração da Constituição e que informam a sua aplicação. Os princípios são dotados de normatividade, ou seja, possuem efeito vinculante e constituem normas jurídicas efetivas.

De acordo com Paulo Bonavides, os princípios constitucionais fundamentais possuem três funções extremamente relevantes na ordem jurídica: (a) fundamentadora: estabelecem as regras básicas, as diretrizes de todo um sistema de normas constitucionais; b) interpretativa: permitem o alcance da verdadeira finalidade da lei no momento de sua aplicação; c) supletiva: realizam a tarefa de integração do ordenamento jurídico.

Nesse sentido, está previsto no artigo 4º da lei de Introdução ao Código Civil: "Quando a lei for omissa, o juiz decidirá o caso de acordo com a analogia, os costumes e os princípios gerais de direito".

Como visto, a Constituição brasileira de 1988 contempla em seu Título I, o qual abrange os artigos 1º ao 4º, os chamados "princípios fundamentais", inserindo no texto desses quatro artigos uma série de princípios informadores do Estado brasileiro, dos quais fazem parte os "fundamentos do Estado" e os objetivos a serem alcançados. São eles: i) republicano, federativo e democrático (art. 1º, *caput*); ii) soberania nacional, cidadania, dignidade da pessoa humana, valores sociais do trabalho e da livre iniciativa e pluralismo político (incisos do art. 1º); iii) separação de poderes (art. 2º); iv) liberdade, justiça social e solidariedade, desenvolvimento nacional, erradicação da pobreza e da marginalização e redução das desigualdades sociais e regionais; igualdade (art. 3º); v) nas suas relações internacionais: independência nacional, prevalência dos direitos humanos, autodeterminação dos povos, não-intervenção, igualdade entre os Estados, defesa da paz, solução pacífica dos conflitos, repúdio ao terrorismo e ao racismo, cooperação entre os povos para o progresso da humanidade, concessão de asilo político (art. 4º).

2.1. Princípio Federativo (CF, Art. 1º, *Caput*)

Esse princípio diz respeito à própria forma de Estado adotada pelo Brasil em sua atual Constituição, que é o Estado federal. Este se caracteriza pela formação de um Estado soberano único a partir da união de diversos outros Estados, os quais mantêm parcela de sua autonomia interna, inclusive no plano legislativo, e delegam à União ou ao Estado Federal o exercício da soberania.

O federalismo permite a coexistência harmoniosa de diferentes Estados ou de diferentes coletividades, havendo regras de respeito mútuo entre os Entes federados que propiciam essa coexistência, como a fixação das competências legislativas, entre outras.

Característica marcante da Federação é a impossibilidade de secessão, ou seja, a impossibilidade de separação de algum Ente federado, de retirada ou de afastamento de algum dos Estados ou Municípios que compõem a Federação. Assim, o Estado federal deve ser preservado em sua integralidade, sendo constitucionalmente vedada (art. 60, § 4º, inciso I) a apreciação de qualquer proposta de emenda constitucional tendente a abolir a forma federativa de Estado. Além disso, o próprio artigo 1º, *caput*, da Constituição Federal, estabelece que a República Federativa do Brasil é formada pela união indissolúvel dos Estados e Municípios e do Distrito Federal, não havendo nenhuma possibilidade constitucional de separação.

Nesse sentido, qualquer tentativa de abolição da Federação ou mesmo de agressão à sua integridade deve ser declarada inconstitucional.

2.2. Princípio Republicano (CF, Art. 1º, *Caput*)

O princípio republicano reporta-se à forma de governo adotada pelo constituinte brasileiro na Constituição de 1988 e ratificada pelo povo por meio de plebiscito realizado em 1993. Optou-se no Brasil, nessas oportunidades, pela forma republicana de governo ou simplesmente pela república.

Trata-se da forma de governo caracterizada pela eleição periódica do Chefe de Estado e pela transitoriedade dos governos, em contraponto à monarquia que é caracterizada pela vitaliciedade e pela hereditariedade. Em um conceito modernamente aceito pela doutrina, pode-se dizer que república é a forma de governo na qual todos os seus poderes derivam, direta ou indiretamente, do povo, sem a prevalência de determinadas classes sobre as demais, sendo o poder estatal exercido por representantes do povo mediante a outorga de mandatos periódicos. Assim, características marcantes da república são a eletividade e a temporariedade.

Embora a República brasileira tenha sua criação (ou recriação) jurídica assentada na Constituição de 1988, o regime republicano no Brasil remonta a 1889, com a proclamação da República pelos militares da época, encabeçados pelo Marechal Deodoro da Fonseca. Assim, com a Constituição de 1891, instituiu-se no Brasil a república como forma de governo, o que foi reproduzido nas Constituições seguintes até a atual.

O desrespeito e a violação ao princípio republicano, segundo a atual Constituição brasileira, podem ter as seguintes consequências: a) a declaração de intervenção federal nos Estados-membros (CF, art. 34, VII); b) a caracterização de crime de responsabilidade (CF, art. 85, *caput*); c) a propositura de ação interventiva perante o Supremo Tribunal Federal pelo Procurador-Geral da República; d) a declaração de inconstitucionalidade de todo e qualquer ato do Poder Público em tese, que venha a violar a forma republicana de governo.

2.3. Princípio Democrático (CF, Art. 1º, *Caput* e Parágrafo Único)

O princípio democrático refere-se ao regime político adotado pelo Estado brasileiro, caracterizado pela titularidade do poder estatal nas mãos do povo, exercido por meio de representação política ou diretamente, com o objetivo precípuo de atender aos interesses e aos anseios populares. Dizia Abraham Lincoln que democracia "é o governo do povo, pelo povo e para o povo".

Para Pinto Ferreira, a democracia repousa no pensamento de que todo poder emana do povo, que o exerce por meio de delegados ou representantes, ou também diretamente. É exatamente o que dispõe a Constituição de 1988 em seu artigo 1º, parágrafo único: "Todo poder emana do povo, que o exerce por meio de seus representantes eleitos ou diretamente, nos termos desta Constituição".

Por esse dispositivo constitucional, tem-se a diferenciação entre democracia direta, em que as decisões são tomadas diretamente pelo povo (plebiscitos, referendos, leis de iniciativa popular), e a democracia indireta ou representativa, em que o poder é exercido por meio de representantes eleitos.

É com esteio no princípio democrático que a Constituição brasileira de 1988 proíbe expressamente (art. 60, § 4º, inc. I) qualquer tentativa de se abolir *o voto direto, secreto, universal e periódico.*

Consectário do princípio democrático é o próprio Estado Democrático de Direito, instituído pela Constituição Federal de 1988. O Estado Democrático de Direito significa a subordinação do Estado à lei e à Constituição, elaborada e promulgada livremente pelo povo.

O Estado Democrático de Direito, pode-se dizer, é um aperfeiçoamento do tradicional conceito de Estado de Direito, o qual consistia no Estado regido pelas leis, o Estado em que a vontade da lei deve prevalecer sobre a vontade dos governantes. Era, na verdade, um contraponto ao Estado absolutista, que se caracterizava pela imposição da vontade do monarca.

2.4. Princípio da Separação de Poderes (CF, Art. 2º)

Embora Aristóteles já tivesse lançado na antiguidade as bases teóricas para a "*tripartição de poderes*" em sua obra "Política", na qual o filósofo já vislumbrava a existência de três funções distintas exercidas pelo poder soberano, esse princípio tem em Montesquieu a sua principal referência.

Tal princípio consiste na divisão funcional do poder político do Estado, com a atribuição de cada função governamental básica a um órgão independente e especializado. Prevê a divisão do poder estatal em três funções básicas: legislativa, executiva e judiciária.

Tem-se, na verdade, que a teoria de Montesquieu, muito embora adotada nas constituições de quase todo mundo, vem sendo aplicada com certa mitigação, já que a separação das funções estatais não segue a natureza absoluta defendida pelo pensador. Assim, na atualidade e na maioria dos Estados nacionais, cada Órgão exerce, além de sua função típica, a qual permanece com um caráter predominante, também as outras duas funções, as quais passam a ser consideradas atípicas, por serem típicas dos outros órgãos.

Dessa forma, o Legislativo, por exemplo, além da função típica que é inerente a esse poder, que consiste na elaboração e votação de leis, exercerá, ainda, uma função atípica de caráter executivo, como é o caso da administração de sua própria estrutura, e uma função atípica de caráter judiciário, como, por exemplo, o julgamento do Presidente da República pelo Senado Federal em caso de crimes de responsabilidade.

3. FUNDAMENTOS DA REPÚBLICA FEDERATIVA DO BRASIL

Na medida em que a Constituição brasileira de 1988 dispôs sobre os chamados "fundamentos do Estado brasileiro", no âmbito do Título I de seu texto (art. 1º), que trata, como vimos, "Dos Princípios Fundamentais", podemos considerá-los, em um sentido lato, também como princípios constitucionais fundamentais. Assim, trataremos a seguir dos princípios da soberania, da cidadania, da dignidade da pessoa humana, dos valores sociais do trabalho e da livre iniciativa e do pluralismo político.

3.1. Princípio da Soberania (CF, Art. 1º, Inciso I)

A soberania constitui um dos atributos do Estado, na medida em que este não existe sem aquela. Vale dizer que não existe Estado que não seja soberano. Ausente a soberania, comprometida está a caracterização do Estado. Esse atributo significa, nesse passo, a supremacia do Estado brasileiro na ordem política interna e a independência na ordem política externa, estando imune às interferências externas.

A violação da soberania estatal constitui um atentado contra o próprio Estado, o qual deverá dispor dos meios necessários e previstos constitucionalmente para a sua preservação, como a diplomacia, as negociações e, em casos extremos, a força militar.

3.2. Princípio da Cidadania (CF, Art. 1º, Inciso II)

Pode-se interpretar o termo empregado na Constituição brasileira em um sentido mais amplo, indicando não só a titularidade dos direitos civis, mas também dos direitos políticos. Assim, a Constituição visa a assegurar ao cidadão tanto o direito ao pleno exercício dos seus direitos civis, quanto dos direitos políticos, aí incluído o direito de votar e de ser votado.

3.3. Princípio da Dignidade da Pessoa Humana (CF, Art. 1º, Inciso III)

A dignidade da pessoa humana, como fundamento do próprio Estado brasileiro, deve ser interpretada como o absoluto respeito aos direitos naturais e legais da pessoa, aí incluídos os direitos e garantias fundamentais. Tal princípio visa a garantir condições dignas de existência a todos os cidadãos, independentemente de sua condição social.

O princípio da dignidade da pessoa humana sobreleva-se à positivação de normas declaratórias e assecuratórias de direitos. Exige uma ação estatal objetiva e positiva que possa materializar os direitos fundamentais formalmente declarados.

Alexandre de Moraes salienta que a "dignidade é um valor espiritual e moral inerente à pessoa, que se manifesta singularmente na autodeterminação consciente e responsável da própria vida e que traz consigo a pretensão ao respeito por parte das demais pessoas, constituindo-se um mínimo invulnerável que todo estatuto jurídico deve assegurar, de modo que, somente excepcionalmente, possam ser feitas limitações ao exercício dos direitos fundamentais, mas sempre sem menosprezar a necessária estima que merecem todas as pessoas enquanto seres humanos".

3.4. Princípio do Valor Social do Trabalho e da Livre Iniciativa (CF, Art. 1º, Inciso IV)

Tanto a livre iniciativa quanto o trabalhador foram identificados na Constituição brasileira como fundamentos da ordem econômica, ambos considerados, lado a lado, indispensáveis ao desenvolvimento do Estado brasileiro.

Pela valorização da livre iniciativa como fundamento do Estado brasileiro, o constituinte revela sua opção pela adoção do modelo capitalista de economia, acentuando que os meios de produção devem estar concentrados, de forma prioritária, nas mãos da iniciativa privada e não nas mãos do Estado. Isso afasta, peremptoriamente, do ponto de vista constitucional, a possibilidade de se transformar o Brasil em um Estado socialista.

Em paralelo, buscando evitar o retorno à espoliação do trabalho pelo capital, vivenciada em épocas de predomínio do modelo liberal de Estado, consagrou o constituinte, no mesmo patamar da livre iniciativa, os valores sociais do trabalho como fundamento do Estado, buscando a Constituição uma harmonização entre capital e trabalho.

3.5. Princípio do Pluralismo Político (CF, Art. 1º, Inciso V)

O pluralismo político importa na garantia de ampla e livre participação popular nos destinos políticos do País, permitindo a livre formação de correntes políticas, ideológicas e filosóficas, de modo a assegurar ampla participação na cena política dos diversos segmentos da opinião pública e da sociedade civil.

Por tal princípio, é vedada qualquer tentativa de adoção no Brasil de sistemas como o de partido único ou o bipartidarismo, o que teria o condão de limitar a manifestação política das diversas correntes ideológicas existentes.

Pela Constituição, não pode haver limites para a criação de partidos políticos no Brasil, o que não significa a ausência de critérios legais para a constituição dessas pessoas jurídicas. Tais critérios encontram-se previstos na legislação infraconstitucional, em especial na lei eleitoral.

4. OBJETIVOS FUNDAMENTAIS DA REPÚBLICA FEDERATIVA DO BRASIL

A atual Constituição brasileira foi a primeira a fixar objetivos para o Estado, em uma clara inspiração na Constituição portuguesa promulgada após a restauração democrática.

Esses objetivos caracterizam-se por metas estabelecidas pelo constituinte e que devem nortear toda a atuação estatal em suas diferentes esferas e poderes.

Deve-se ressaltar que as metas estabelecidas, muito embora em alguns aspectos denotem certa utopia do constituinte, possuem o efeito de nortear os governos na formulação e implementação de políticas públicas.

Deve-se ter presente, nesse particular, que a Constituição, como instrumento maior de regulação do Estado, tem o poder de tão-somente estabelecer regras e criar obrigações para o Estado, cabendo aos governos, que são o elemento representativo do poder dentro do Estado, adotar políticas e ações visando ao atingimento desses objetivos. Vale dizer que a Constituição não resolve, por si só, os problemas sociais, sendo certo que a imperfeição atribuída à nossa Constituição, muitas vezes, está na imperfeição dos governos que se sucedem em nosso País.

Na Constituição brasileira, foram estabelecidos os seguintes objetivos fundamentais:

a) *Construir uma sociedade livre, justa e solidária* - Deve o Estado brasileiro, em todas as suas ações, seja de caráter administrativo, seja legislativo, prestigiar os princípios da liberdade, da justiça e da solidariedade.

b) *Garantir o desenvolvimento nacional* - O desenvolvimento deve ser entendido na mais larga acepção, aí incluídos não só o desenvolvimento econômico, como também o social, cultural, etc. Tal objetivo revela a necessidade de se buscar uma melhor distribuição de renda, a partir de um crescimento econômico mais sólido e sustentável.

c) *Erradicar a pobreza e a marginalização e reduzir as desigualdades sociais e regionais* - Talvez essa represente a meta mais imediata do Estado brasileiro, já que a pobreza é dos maiores males sociais vivenciados pela sociedade contemporânea, em que as desigualdades mostram-se cada vez mais acentuadas. Nesse sentido, é missão constitucional do Estado brasileiro adotar programas específicos que visem à eliminação desse grave problema social. Como exemplos de políticas públicas voltadas para o atingimento dessas metas, temos a criação de programas do tipo "Bolsa Família", "Bolsa Salário", "Fome Zero", entre outras. No que tange à redução das desigualdades sociais e regionais, podemos citar a criação do Ministério da Integração Nacional, cuja estrutura e cujas ações são voltadas primordialmente para esse fim.

d) *Promover o bem de todos, sem preconceitos de qualquer natureza* – Esse objetivo tem fincas no princípio da igualdade e demonstra a preocupação do Estado com a eliminação de qualquer tipo de preconceito. Há, nesse dispositivo, ainda, um nítido manifesto de combate ao racismo e qualquer outra forma de discriminação.

5. PRINCÍPIOS DE REGÊNCIA DA REPÚBLICA FEDERATIVA DO BRASIL EM SUAS RELAÇÕES INTERNACIONAIS

A Constituição brasileira, em seu artigo 4º, fechando o título dedicado aos princípios fundamentais, contempla os princípios que regem a República brasileira nas suas relações internacionais. Tais princípios têm por finalidade estabelecer a postura a ser adotada pelo Estado brasileiro em suas relações com os demais Estados nacionais e quais os preceitos que deverão nortear a atuação estatal fora dos limites de nosso território.

Pode-se dizer, nesse sentido, que diante de uma Ordem Internacional constituída, que pode ser definida como a Ordem jurídica que rege as relações entre os Estados nacionais, buscou o Brasil estabelecer, expressamente, os princípios informadores de seu relacionamento com as nações estrangeiras.

São dez os princípios que regem o Brasil em suas relações internacionais:

I) *Independência nacional* – O Estado brasileiro, em suas relações internacionais, deve, antes de tudo, postar-se como Estado livre e independente, não havendo que se submeter às determinações ou influências, seja de cunho político ou econômico, de qualquer Estado estrangeiro. Tal condição não significa, de outro lado, desrespeito a tratados e convenções internacionais, já que eles são livremente negociados pelos países e a eles pode ou não aderir o Brasil, de acordo com os interesses de nosso Estado.

II) *Prevalência dos direitos humanos* – A partir de tal princípio constitucional, pode-se verificar que os direitos humanos deverão estar sempre em primeiro plano no que concerne às relações internacionais brasileiras. Assim, nas relações do Estado brasileiro com outros Estados ou no âmbito de organismos internacionais, deve o Brasil acentuar a sua postura de defesa incondicional dos direitos humanos. Desse modo, deverá o Brasil sempre posicionar-se contrariamente aos Estados em que os direitos humanos não sejam respeitados. Sobre essa questão, vale salientar que o Brasil, por meio do Decreto n. 678, de 6 de novembro de 1992, promulgou a Convenção Americana sobre Direitos Humanos – Pacto de São José da Costa Rica. Também por meio do Decreto n. 4.463, de 08 de novembro de 2002, promulgou a Declaração de Reconhecimento da Competência Obrigatória da Corte Interamericana em todos os casos relativos à interpretação ou aplicação da Convenção Americana sobre Direitos Humanos. Por último, por meio do Decreto n. 5.174, de 09 de agosto de 2004, estabeleceu-se a Estrutura regimental da Secretaria Especial dos Direitos Humanos.

III) *Autodeterminação dos povos* – Este princípio deriva do direito que cada Estado possui de estabelecer livremente a sua ordem pública interna, sem nenhuma interferência de outros Estados ou de organismos externos. Assim, por autodeterminação dos povos, deve-se entender o direito de cada nação de escolher livremente o regime político que lhe seja mais adequado ou conveniente, tratando-se de uma escolha interna de um ato próprio da soberania de cada Estado, o qual deve ser respeitado, tal como estabelece a Constituição brasileira.

IV) *Não-intervenção* – Pode-se dizer que o princípio da não-intervenção está intimamente ligado aos princípios da autodeterminação dos povos e da soberania. Isso porque, em respeito à autodeterminação de cada nação, o Estado brasileiro deve se abster de intervir em outros Estados, já que a intervenção fere a soberania do Estado no qual se intervém.

V) *Igualdade entre os Estados* – Todos os Estados têm direito ao mesmo tratamento perante a comunidade internacional, devendo haver a aplicação do princípio da igualdade entre os Estados, ainda que, por vezes, não se perceba isso na prática das relações políticas internacionais, haja vista a existência de situações em que os interesses de determinados Estados sobrepõem-se aos de outros.

VI) *Defesa da paz* – Este princípio guarda estreita relação com o princípio da solução pacífica das controvérsias, consagrado já no preâmbulo da Constituição brasileira e já comentado. Pela conjugação desses dois princípios, pode-se dizer que, além de buscar a solução pacífica de seus próprios conflitos, deverá o Brasil sempre prestigiar os atos e as decisões que visem à manutenção da paz mundial, inclusive no que concerne às posições manifestadas como membro do Conselho de Segurança da ONU, seja na condição de membro transitório, seja como membro permanente, o que o País vem almejando nos últimos tempos.

VII) *Solução pacífica dos conflitos* – Tratamos desse princípio ao comentarmos o preâmbulo da Constituição.

VIII) *Repúdio ao terrorismo e ao racismo* – No dizer de Cretella Júnior, "denomina-se terrorismo o conjunto de atos da mais extrema violência cometidos por organizações que pretendem criar climas de insegurança ou desestabilizar governos ou partidos que estão no poder". O Estado brasileiro optou por manifestar constitucionalmente o seu repúdio a essa forma ilegal e ilegítima de atuação de certos grupos clandestinamente organizados e que visam à desestabilização de governos por meio do uso da violência desmedida. Assim, qualquer ato de terrorismo, como os que o mundo presenciou no dia 11 de setembro de 2001, nos Estados Unidos da América, deve ser repudiado veementemente pelo Brasil. Da mesma forma, qualquer grupo que tenha o terrorismo como atividade, como as Forças Armadas Revolucionárias da Colômbia - FARC, não deverá ser reconhecido pelo Brasil como legítimo interlocutor de seu Estado. Por meio do Decreto n. 5.639, de 26 de dezembro de 2005, o Brasil promulgou a Convenção Interamericana contra o Terrorismo.

O Brasil também repudiará, em suas relações internacionais, qualquer ato que denote prática de racismo, entendido este como a ideologia que defende a superioridade de um grupo étnico sobre outro. Nesse sentido, não poderá o Brasil manter relações com Estados que pratiquem atos de racismo de forma institucional, como era o caso, *v.g.*, da Alemanha nazista e da África do Sul na época do *apartheid*. Ressalte-se, ainda, que o racismo é considerado crime inafiançável no Brasil, conforme previsto no artigo 5º, inciso XLII, da Constituição Federal.

IX) *Cooperação entre os povos para o progresso da humanidade* - A cooperação entre os povos consiste na atuação integrada dos Estados, buscando o desenvolvimento e o progresso comum.

X) *Concessão de asilo político* - Asilo político consiste no acolhimento de estrangeiro por parte de um Estado que não o seu, em virtude de perseguição por ele sofrida e praticada por seu próprio país ou por terceiro. Por força desse princípio constitucional, o Brasil deverá sempre avaliar a possibilidade de concessão de asilo político a quem esteja sendo perseguido, em seu país, por motivo político.

Por fim, o parágrafo único do artigo 4º da Constituição brasileira estabelece que "A República Federativa do Brasil buscará a integração econômica, política, social e cultural dos povos da América Latina, visando à formação de uma comunidade latino-americana de nações".

Esse dispositivo constitucional demonstra a clara intenção do Estado brasileiro de buscar a integração dos povos da América Latina, sendo que essa integração passa por diferentes aspectos, como a valorização e o fortalecimento dos mercados locais, como é o caso do Mercosul, o estabelecimento de políticas de intercâmbio social e cultural, bem como a criação de organismos supranacionais que tenham como propósito a mencionada integração.

Evidentemente, essa integração somente será possível à medida que os demais Estados também a tenham entre os seus objetivos. Nada obstante, ao Brasil caberá buscar a aproximação de seus vizinhos e demais nações latino-americanas com o objetivo de se estabelecerem políticas de integração, não podendo o Brasil adotar políticas que o levem ao isolamento político em relação aos demais Estados latino-americanos.

CAPÍTULO 6

Organização do Estado

1. NOÇÕES GERAIS

A organização do Estado constitui ponto essencial de toda Constituição, visto que uma das funções precípuas da Constituição é justamente a de estruturar e organizar política e juridicamente o Estado. A organização do Estado, nesse sentido, compreende o conjunto de normas, materialmente constitucionais, que tratam da organização interna do país, de sua divisão em esferas descentralizadas de poder, da organização e das competências dos Entes federativos, da organização e funcionamento da Administração Pública, dos princípios que regem a Administração, dentre outras normas voltadas à organização estatal.

Na Constituição brasileira, a organização do Estado encontra-se disciplinada nos artigos 18 a 43.

2. ESTADO FEDERAL

A Federação consiste em uma forma de Estado composto ou complexo e pressupõe a união de diversos Estados para a formação de um único Estado soberano, que é o Estado Federal. O Estado Federal é, pois, formado pela união de diversos entes que delegam a sua soberania ao Estado Federal, o qual passa a ser o detentor dessa soberania.

A Federação representa a co-existência autônoma e harmônica dos diversos Entes Federados, sem qualquer tipo subordinação entre eles. Vale dizer que na formação do Estado Federal há um pacto entre os diversos membros para a constituição do Estado, o qual é denominado pacto federativo.

Muito embora cada Federação, atualmente, tenha as suas próprias características, todas elas, para que assim sejam classificadas, possuem alguns traços comuns, sem os quais o Estado se afastaria do conceito e dos elementos básicos da Federação. Estas características comuns podem assim ser elencadas:

(1) a existência de pelo menos duas ordens jurídicas distintas, a central e a periférica;
(2) autonomia das unidades federadas, revelada pela repartição constitucional de competências;
(3) rigidez da Constituição Federal;
(4) indissolubilidade do pacto federativo;

(5) possibilidade de manifestação de vontade das unidades parciais, de maneira isonômica, por meio de representantes no Senado Federal;
(6) a existência de um órgão guardião da Constituição;
(7) possibilidade de intervenção federal nos Estados para a manutenção do pacto federativo.

3. A FEDERAÇÃO BRASILEIRA

A federação é o principal elemento da organização do Estado brasileiro. Traduz a forma de Estado adotada pelo País por meio de sua Constituição, mas nem sempre foi assim.

Após a independência em 1822, marco do nascimento do Estado brasileiro como nação livre, o Brasil adotou a forma de Estado unitário, cujo poder centralizava-se em uma única esfera decisória que era o poder central. Não se admitia no Brasil dessa época nenhuma forma de descentralização que dotasse as então províncias de autonomia político-administrativa.

A própria Constituição, em seu preâmbulo, rechaçava a existência de qualquer forma federação. Isso tudo com o claro objetivo de se consolidar a independência recém conquistada e de se manter a unidade nacional.

O Estado unitário perdurou até o fim da monarquia em 1889, sendo que a primeira Constituição republicana, de 1891, inspirada no modelo norte-americano, criou a Federação brasileira, formada pela união das antigas províncias, transformadas em Estados federados.

Atualmente, a Constituição brasileira consagra a Federação no artigo 1º, ao proclamar que "A República Federativa do Brasil, formada pela união indissolúvel dos Estados e Municípios e do Distrito Federal constitui-se em Estado Democrático de Direito ...."

4. ORGANIZAÇÃO POLÍTICO-ADMINISTRATIVA

O artigo 18 da Constituição brasileira estabelece que "A organização político administrativa da República Federativa do Brasil compreende a União, Os Estados, o Distrito Federal e os Municípios, todos autônomos, nos termos desta Constituição".

O Estado brasileiro, como dito, adotou em sua Constituição a forma federativa, ou Federação, como forma de organização do Estado. Na Federação, como visto anteriormente, há a descentralização do poder em duas esferas de poder político, sendo que no Brasil são três esferas (União, Estados membros e Distrito Federal e Municípios).

O capítulo I, do título III que trata da organização político-administrativa destaca diversos pontos relevantes à organização do Estado brasileiro. Em primeiro lugar, o § 1º, do artigo 18 destaca que Brasília é a Capital Federal. Cabe ressaltar que não é o Distrito Federal a capital, sendo ele o Ente federativo que engloba a Capital que é Brasília. Assim, resta diferenciada a Capital Federal do País, da circunscrição territorial representada na federação pelo Distrito Federal.

Há ainda disposições sobre os Territórios Federais, destacando que a criação, transformação em Estado ou reintegração ao Estado de origem serão regulados em lei complementar.

Há previsão (§ 3º), ainda, de que os Estados poderão incorporar-se entre si, subdividir-se ou desmembrar-se para se anexarem a outros, ou formarem novos Estados ou Territórios Federais, tudo dependendo de aprovação da população diretamente interessada, através de plebiscito, e do Congresso Nacional, por lei complementar.

Quanto aos Municípios, o § 4º estabelece que dependem de lei estadual a criação, a incorporação, a fusão e o desmembramento, dentro do período determinado por lei complementar federal, e dependerão de consulta prévia, mediante plebiscito, às populações do municípios envolvidos, após a divulgação dos Estudos de Viabilidade Municipal, apresentados e publicados na forma da lei.

Por fim, estabelece a vedação à União, aos Estados, ao Distrito Federal e aos Municípios (art. 19), para "I - estabelecer cultos religiosos ou igrejas, subvencioná-los, embaraçar-lhes o funcionamento ou manter com eles ou seus representantes relações de dependência ou aliança, ressalvada, na forma da lei, a colaboração de interesse público; II - recusar fé aos documentos públicos; III - criar distinções entre brasileiros ou preferências entre si".

5. CAPITAL FEDERAL

A Capital Federal, assim estabelecida por força de norma constitucional, tem como função precípua servir de sede para o poder central do Estado, o qual compreende o Poder Executivo, o Poder Legislativo e o Poder Judiciário. Nesse sentido, na Capital se instalam os principais órgãos representativos desses poderes, como a Presidência da República e os seus Ministérios, o Congresso Nacional, e o Supremo Tribunal Federal, além dos demais tribunais superiores.

Vale ressaltar, que a determinação do território destinado à Capital Federal, no planalto central, remonta à Constituição republicana de 1891.

O Distrito Federal, onde se localiza Brasília, é considerado pela atual Constituição como Ente federativo autônomo em virtude da presença da tríplice capacidade de auto-organização (através de Lei Orgânica e leis distritais); auto-governo (eleição do governador, vice e componentes da Câmara Legislativa); e auto-administração (capacidade legislativa, administrativa e tributária, sem qualquer ingerência da União).

Ao Distrito Federal é vedado dividir-se em municípios (art. 32, *caput*), sendo reservado a esse Ente, porém, todas as competências legislativas municipais, além das estaduais, com exceção da regra do art. 22, XVII (organização judiciária, do Ministério Público, Defensoria Pública e suas respectivas organizações administrativas).

6. ENTES FEDERATIVOS

Os entes federativos são as pessoas públicas, de direito público interno, que compõem a Federação. No Brasil, os Entes federativos são a União, os Estados-membros, o Distrito Federal e os Municípios.

7. UNIÃO

A União é o Ente Federativo detentor do poder central dentro do Estado federal, sendo dotada de personalidade jurídica própria e constituída sob a forma de pessoa jurídica de direito público interno. Cabe à União exercer as atribuições da soberania do Estado brasileiro, representando o Estado brasileiro no plano internacional. Nesse sentido, a União possui dupla personalidade, uma interna e outra internacional.

Deve-se ter presente que a União não se confunde com a Federação, sendo que estas expressam realidades jurídicas e políticas distintas. A Federação é pessoa jurídica de direito público internacional, formada pela união de todos os Entes federativos, dentre os quais a União.

A União, por sua vez, a partir do pacto federativo, constitui unidade autônoma que participa da Federação. É um componente da Federação, nada obstante possuir a prerrogativa de representar o Estado Federal internacionalmente.

7.1. Bens da União

Os bens da União são todos aqueles existentes no território brasileiro e que o constituinte colocou sob o domínio e responsabilidade diretos da União, sendo que o pressuposto desse domínio é a defesa do território nacional.

Tais bens encontram-se expressamente mencionados no artigo 20, da Constituição Federal. São eles:

I – os que atualmente lhe pertencem e os que lhe vierem a ser atribuídos;

II – as terras devolutas indispensáveis à defesa das fronteiras, das fortificações e construções militares, das vias federais de comunicação e à preservação ambiental, definidas em lei;

III – os lagos, rios e quaisquer correntes de água em terrenos de seu domínio ou que banhem mais de um Estado, sirvam de limites com outros países ou se estendam a território estrangeiro ou dele provenham, bem como os terrenos marginais e as praias fluviais;

IV – as ilhas fluviais e lacustres nas zonas limítrofes com outros países; as praias marítimas; as ilhas oceânicas e as costeiras, excluídas, destas, as que contenham a sede de Municípios, exceto aquelas áreas afetadas ao serviço público e a unidade ambiental federal, e as referidas no art. 26, II;

V - os recursos naturais da plataforma continental e da zona econômica exclusiva;

VI - o mar territorial;

VII - os terrenos de marinha e seus acrescidos;

VIII - os potenciais de energia hidráulica;

IX - os recursos minerais, inclusive os do subsolo;

X - as cavidades naturais subterrâneas e os sítios arqueológicos e pré-históricos;

XI - as terras tradicionalmente ocupadas pelos índios.

Vale salientar, que de acordo com o § 2º, do artigo 20, a faixa de até cento e cinqüenta quilômetros de largura, ao longo das fronteiras terrestres, designada como faixa de fronteira, é considerada fundamental para a defesa do território nacional, e sua ocupação e utilização serão reguladas em lei.

8. ESTADOS FEDERADOS

Os Estados Federados ou Estados-Membros são pessoas jurídicas de direito público interno, dotados de autonomia político-administrativa e caracterizados pelas capacidades de auto-organização, autogoverno e auto-administração.

Os Estados Federados no Brasil nasceram com o início da República, por meio do Decreto nº 1, de 15 de novembro de 1889, momento em que as antigas províncias ganharam autonomia e foram transformadas em Estados Federados. Posteriormente ganharam relevância constitucional com a Constituição de 1891.

Os Estados Federados, assim como os demais entes federativos, são dotados de autonomia, podendo exercer todas as competências que lhe são atribuídas pela Constituição, livres de interferências da União.

8.1. Auto-organização dos Estados Federados

Os Estados-Membros, conforme previsão constante do art. 25, *caput*, se organizam e se regem por suas respectivas constituições e pelas leis que vierem a ser elaboradas, respeitados os princípios estabelecidos na Constituição Federal.

Com efeito, a capacidade de auto-organização indica que os Estados Federados possuem liberdade para elaborar suas próprias Constituições, tendo autonomia para se organizarem internamente. Nada obstante, tratando-se de membros da Federação, devem respeito aos princípios proclamados na Constituição Federal, que são os princípios constitucionais sensíveis, os princípios constitucionais extensíveis e os princípios constitucionais estabelecidos.

Nesse sentido, certas normas constantes da Constituição Federal devem ser reproduzidas nas Constituições dos Estados Federados.

8.1.1. Princípios constitucionais sensíveis

Os princípios constitucionais sensíveis da ordem federativa são aqueles de observância obrigatória por parte dos Estados Federados, sob pena de se legitimar uma intervenção federal. Tais princípios estão enumerados no artigo 34, inciso VII, da CF e são os seguintes:

a) forma republicana, sistema representativo e regime democrático;
b) direitos da pessoa humana;
c) autonomia municipal;
d) prestação de contas da Administração Pública Direta e Indireta;
e) aplicação do mínimo exigido da receita resultante de impostos estaduais, compreendida a proveniente de transferências, na manutenção e desenvolvimento do ensino e nas ações e serviços públicos de saúde.

Diante da violação a esses princípios o Procurador-Geral da Republica poderá manejar representação interventiva perante o Supremo Tribunal Federal para se obter a declaração de inconstitucionalidade do ato violador e a conseqüente intervenção federal, caso a declaração de inconstitucionalidade não tenha eficácia por si só.

8.1.2. Princípios constitucionais extensíveis

Os princípios constitucionais extensíveis são as regras de organização que a Constituição estendeu aos estados-membros, também de observância obrigatória no exercício de sua capacidade de auto-organização.

A Constituição atual, segundo José Afonso da Silva, praticamente eliminou tais princípios, restando apenas a norma insculpida no artigo 93, inciso V que dispõe que "o subsídio dos Ministros dos Tribunais Superiores corresponderá a noventa e cinco por cento do subsídio mensal fixado para os Ministros do Supremo Tribunal Federal e os subsídios dos demais magistrados serão fixados em lei e escalonados, em nível federal e estadual, conforme as respectivas categorias da estrutura judiciária nacional, não podendo a diferença entre uma e outra ser superior a dez por cento ou inferior a cinco por cento, nem exceder a noventa e cinco por cento do subsídio mensal dos Ministros dos Tribunais Superiores, obedecido, em qualquer caso, o disposto nos arts. 37, XI, e 39, § 4º)".

8.1.3. Princípios constitucionais estabelecidos

Os princípios constitucionais estabelecidos foram inseridos de forma esparsa no Texto Constitucional e também servem de limite ao exercício da capacidade de auto-organização dos estados.

Segundo classificação adotada pela doutrina esses princípios são divididos em *limitações expressas (mandatórias e vedatórias), limitações implícitas e limitações decorrentes.*

As *limitações expressas* constituem normas que impõem aos estados a adoção de determinados princípios (*regras mandatórias - ex: arts. 37 a 41, 125)* ou vedam a adoção de determinados atos e procedimentos (*regras vedatórias - ex: arts. 19, 150 e 152).*

As *limitações implícitas* são aquelas que muito embora não estejam expressas no Texto Constitucional, podem ser deduzidas a partir de dispositivos constantes da Constituição. Como exemplo citamos os arts. 21, 22 e 30 da CF.

As *limitações decorrentes* são aquelas que têm origem nos princípios atinentes ao sistema constitucional adotado. Consistem em limitações naturalmente decorrentes dos princípios consagrados na Constituição Federal, como, por exemplo, o princípio federativo, do Estado Democrático de Direito, dentre outros.

8.2. Autogoverno dos Estados Federados

A capacidade de autogoverno dos Estados Federados consiste na existência de regras específicas para a estruturação dos poderes do Estado Federado. A Constituição Federal, nesse sentido, prevê expressamente a existência dos Poderes legislativo (art. 27), Executivo (art. 28) e Judiciário (art. 125) estaduais.

Nesse sentido, os Estados Federados têm autonomia para elegerem seus governantes de forma independente, não havendo qualquer sujeição ao poder central.

8.3. Auto-Administração dos Estados Federados

A capacidade de auto-administração dos Estados Federados consiste na existência de regras de competências legislativas e não-legislativas ou administrativas desses Entes federativos (CF, arts. 18 e 25 a 28). Assim, para exercer essas competências os Estados Federados possuem autonomia para desenvolver e administrar com base nas competências constitucionalmente atribuídas.

8.4. Poder Executivo dos Estados Federados

O Poder Executivo estadual é exercido pelo Governador de Estado, juntamente com o Vice-Governador, e com o auxílio dos Secretários de Estado, sendo que Governador e Vice-Governador são eleitos pelo sistema majoritário para mandato de quatro anos, sendo possível a sua reeleição, aplicando-se o disposto no artigo 77, da CF. Os subsídios do Governador, Vice-Governador e dos Secretários de Estado serão fixados por lei de iniciativa da Assembléia Legislativa (CF, art. 28, § 2º).

8.5. Poder Legislativo dos Estados Federados

O artigo 27 da CF estabelece as regras para a composição dos Poderes Legislativos estaduais, determinando: sua unicameralidade; sua denominação (Assembléia Legislativa); a duração do mandato dos deputados (4 anos); a aplicação das regras constitucionais sobre sistema eleitoral, inviolabilidade, imunidades, remuneração, perda do mandato, licença, impedimentos e incorporação às forças armadas.

O Poder Legislativo é exercido pelos deputados estaduais que compõem as Assembléias Legislativas e que são eleitos pelo sistema proporcional, para mandato de quatro anos. O subsídio dos deputados estaduais será fixado por lei de iniciativa da Mesa da Assembléia Legislativa, que deverá ser aprovada por maioria simples, sujeitando-se à sanção ou veto do governador. Estão os subsídios condicionados, ainda, ao teto máximo de 75% do estabelecido, em espécie, aos deputados federais.

O número de deputados, na Assembléia Legislativa (art. 27), corresponderá ao triplo da representação do Estado na Câmara dos Deputados (8 a 70, conforme art. 45, § 1º, da CF) que é fixada por lei complementar. Excepcionalmente, se atingido o número de 36 deputados estaduais, serão acrescidos de tantos, quantos forem os deputados federais acima de 12. (36 + nº de deputados federais – 12).

8.6. Poder Judiciário dos Estados Federados

O Poder Judiciário dos Estados será organizado pelos próprios Estados Federados, sendo a competência dos tribunais estaduais definidas pelas Constituições dos Estados. A Lei de Organização Judiciária é de iniciativa do Tribunal de Justiça, conforme artigo 125, da CF. O chefe do Judiciário estadual é o Presidente do Tribunal de Justiça.

8.7. Incorporação, Subdivisão e Desmembramento

O artigo 18, § 3º da CF, traz a previsão expressa de que os Estados poderão incorporar-se entre si, subdividir-se ou desmembrar-se para se anexarem a outros, ou formarem novos Estados ou Territórios Federais, mediante a aprovação da população diretamente interessada, através de plebiscito, e do Congresso Nacional, por lei complementar.

A incorporação ocorre quando dois ou mais Estados se unem para formar um novo Estado. A subdivisão ocorre a partir da fragmentação de um Estado, a qual dá origem a dois ou mais Estados ou territórios Federais, sendo que o Estado primitivo deixa de existir.

O desmembramento, por sua vez, ocorre quando uma parte de um Estado separa-se dando origem a outro Estado, sendo que o Estado original continua a existir. Exemplo disso foi a criação do Estado do Tocantins a partir do desmembramento de parte do Estado de Goiás.

De acordo com a norma constitucional, são duas as condições básicas para a formação de um novo Estado, em qualquer das hipóteses acima: 1) aprovação da população diretamente interessada, através de plebiscito; 2) aprovação do Congresso Nacional, através de lei complementar.

8.8. Bens dos Estados Federados

Conforme estabelece o artigo 26, da Constituição Federal, incluem-se entre os bens dos Estados:

I – as águas superficiais ou subterrâneas, fluentes, emergentes e em depósito, ressalvadas, neste caso, na forma da lei, as decorrentes de obras da União;

II - as áreas, nas ilhas oceânicas e costeiras, que estiverem no seu domínio, excluídas aquelas sob domínio da União, Municípios ou terceiros;

III - as ilhas fluviais e lacustres não pertencentes à União;

IV - as terras devolutas não compreendidas dentre as da União.

8.9. Regiões Metropolitanas, Aglomerações Urbanas e Microrregiões

O artigo 25, § 3º, da CF estabelece que os Estados Federados poderão instituir regiões metropolitanas, aglomerações urbanas e microrregiões, o que se dará através de lei complementar estadual, através do agrupamento de Municípios limítrofes, para integrar a organização, o planejamento e a execução de funções públicas de interesse comum. Vale ressaltar, que referidas regiões não são dotadas de personalidade própria, não configurando nem pessoa política, nem pessoa administrativa, o que afasta a idéia de governo ou administração própria.

Segundo José Afonso da Silva, "Região metropolitana constitui-se de um conjunto de Municípios cujas sedes se unem com certa continuidade urbana em torno de um Município-pólo. Microrregiões formam-se de grupos de Municípios limítrofes com certa homogeneidade e problemas administrativos comuns, cujas sedes não sejam unidas por continuidade urbana. Aglomerados urbanos carece de conceituação, mas, de logo, se percebe que se trata de áreas urbanas, sem um pólo de atração urbana, quer tais áreas sejam das cidades sedes dos Municípios, como na baixada santista (em São Paulo), ou não".

9. MUNICÍPIOS

Municípios são pessoas jurídicas de direito público, dotados de autonomia político-administrativa e que, como os Estados Federados, são caracterizados pelas capacidades de auto-organização, de autogoverno e de auto-administração.

9.1. Auto-organização dos Municípios

A auto-organização dos Municípios se dá por meio de sua Lei Orgânica Municipal, que é a Constituição do Município, bem como das leis municipais.

9.2. Autogoverno dos Municípios

O autogoverno dos Municípios se dá mediante a eleição direta do Prefeito, Vice-Prefeito e Vereadores.

9.3. Auto-Administração dos Municípios

A auto-administração dos Municípios refere-se ao exercício de suas competências legislativas, administrativas e tributárias, conferidas pela Constituição Federal.

9.4. Criação de Novos Municípios

O artigo 18, § 4º, da CF, estabelece que depende de lei estadual a criação, a incorporação, a fusão e o desmembramento de Municípios, dentro do período determinado por lei complementar federal, e dependerá de consulta prévia, mediante plebiscito, às populações dos Municípios envolvidos, após a divulgação dos Estudos de Viabilidade Municipal, apresentados e publicados na forma da lei.

De se observar que a Constituição prevê quatro condições básicas para a criação de um novo Município: 1) lei estadual de criação; 2) esteja compreendido dentro do período determinado por lei complementar; 3) consulta prévia às populações dos Municípios envolvidos, mediante plebiscito; 4) divulgação dos Estudos de Viabilidade Municipal.

Recentemente, em 18.12.2008, foi promulgada a Emenda Constitucional nº 57/2008, acrescentando o artigo 96 ao Ato das Disposições Constitucionais Transitórias, com a seguinte redação: "Ficam convalidados os atos de criação, fusão, incorporação e desmembramento de Municípios, cuja lei tenha sido publicada até 31 de dezembro de 2006, atendidos os requisitos estabelecidos na legislação do respectivo Estado à época de sua criação".

9.5. Poder Executivo dos Municípios

O Poder Executivo municipal é exercido pelo prefeito, juntamente com o vice-prefeito e com o auxílio dos secretários municipais, sendo que prefeito e vice-prefeito são eleitos pelo sistema majoritário para mandato de quatro anos, sendo possível a sua reeleição, aplicando-se o disposto no art. 77, da CF, para os Municípios que possuam mais de duzentos mil eleitores.

9.6. Poder Legislativo dos Municípios

O Poder Legislativo municipal é exercido pelos vereadores que compõem as Câmaras Municipais, sendo eles eleitos pelo sistema proporcional para mandato de quatro anos. O número de vereadores é fixado proporcionalmente ao número de habitantes do Município, na forma do art. 29, IV, "a" a "c".

De acordo com o artigo 29, VI, a lei orgânica municipal deverá contemplar, dentre outras questões, que o subsídio dos vereadores será fixado pelas respectivas Câmaras Municipais em cada legislatura para a subseqüente, observado o que dispõe a Constituição Federal e observados os critérios estabelecidos na respectiva lei orgânica. As alíneas 'a' a 'f', do inciso VI, estabelecem limites máximos a serem observados para a fixação dos subsídios dos vereadores.

O inciso VII, por sua vez, estabelece que o total da despesa com a remuneração dos vereadores não poderá ultrapassar o montante de 5% (cinco por cento) da receita do Município.

Também o artigo 29-A, estabelece limites para a despesa total do Poder Legislativo Municipal, incluídos os subsídios dos vereadores e excluídos os gastos com inativos, sendo que esta despesa não poderá ultrapassar os seguintes percentuais, relativos ao somatório da receita tributária e das transferências previstas no § 5º do artigo 153 e nos artigos 158 e 159, efetivamente realizado no exercício anterior: I – 8% para Municípios com população de até 100.000 habitantes; II – 7% para Municípios com população entre 100.001 e 300.000 habitantes; III – 6% para Municípios com população entre 300.001 e 500.000 habitantes; e IV – 5% para Municípios com população acima de 500.000 habitantes.

O § 1º, do art. 29-A, estabelece que a Câmara Municipal não gastará mais de 70% de sua receita com folha de pagamento, incluído o gasto com o subsídio de seus vereadores.

10. DISTRITO FEDERAL

O Distrito Federal é pessoa jurídica de direito público que funciona como sede da Capital Federal que é Brasília. Ao Distrito Federal são reservadas as competências legislativas, tanto dos Estados federados, quanto dos Municípios. Rege-se por Lei Orgânica que lhe garante a capacidade de auto-organização, também possuindo as capacidades de autogoverno e auto-administração.

O Poder Executivo é exercido pelo governador distrital juntamente com o vice-governador e com o auxílio dos secretários distritais, sendo que governador e vice-governador são eleitos pelo sistema majoritário para mandato de quatro anos, sendo possível a sua reeleição, aplicando-se o disposto no art. 77, da CF.

O Poder Legislativo distrital é exercido pelos deputados distritais que compõem a Câmara Legislativa e que são eleitos pelo sistema proporcional, para mandato de quatro anos.

Vale salientar, que é vedada a divisão do Distrito Federal em Municípios, conforme dispõe o artigo 32, da Constituição Federal.

No tocante à autonomia do Distrito Federal, cumpre ressaltar que ela é parcialmente tutelada pela União, sendo que o artigo 32, § 4º, declara inexistir polícias civil, militar e corpo de bombeiros militar, pertencentes ao Distrito Federal. Essas instituições, embora estejam subordinadas ao governador do Distrito Federal (art. 144, § 6º), são organizadas e mantidas diretamente pela União, sendo que a sua utilização pelo Distrito Federal deverá ser regulada por lei federal.

Cumpre observar, também, que o Poder Judiciário, o Ministério Público e a Defensoria Pública do Distrito Federal serão organizados e mantidos pela União, conforme artigos 21, XIII e XIV, e 22, XVII.

11. TERRITÓRIOS FEDERAIS

Os Territórios Federais constituem Entes federados dotados de personalidade jurídica própria sem, contudo, possuírem autonomia política, tratando-se de mera descentralização administrativo-territorial da União.

Vale destacar que não mais existem Territórios no Brasil, sendo que os últimos três existentes: Roraima, Amapá e Fernando de Noronha foram transformados ou extintos pela Constituição de 1988. O Território de Roraima foi transformado em Estado, de acordo com o art. 14, *caput*, do ADCT. O Território do Amapá também foi transformado em Estado, de acordo com o art. 14, *caput*, do ADCT. Já o Território de Fernando de Noronha foi extinto, sendo a sua área reincorporada ao Estado de Pernambuco, de acordo com o art. 15, do ADCT.

11.1. Criação de Novos Territórios

Apesar de os últimos Territórios terem sido transformados em Estados (Roraima e Amapá) ou extinto (Fernando de Noronha), é perfeitamente possível a criação de novos Territórios, sendo que o processo de criação deverá observar o disposto no artigo 18, §§ 2º e 3º, ou seja: 1) lei complementar federal; 2) realização de plebiscito; 3) a criação deverá partir do desmembramento do território dos atuais Estados Federados, mediante aprovação da população diretamente interessada.

12. INTERVENÇÃO

A intervenção é o ato pelo qual um Ente Federado (União ou Estados Federados) intervém em outro (Estados Federados, Distrito Federal e Municípios), suprimindo temporariamente a autonomia do Ente que sofre a intervenção e ssumindo a administração e o controle das instituições executivas locais ou regionais, dentro das hipóteses taxativamente previstas na Constituição.

A intervenção tem por finalidade a manutenção da unidade nacional, a preservação da soberania do Estado Federal e das autonomias dos Estados Federados, Distrito Federal e Municípios, bem como o restabelecimento da ordem, em função de alguma situação de anormalidade que ponha em risco a sociedade e as instituições democráticas.

12.1. Hipóteses de Intervenção

Considerando que o Brasil constitui-se em uma federação, na qual os Entes Federados são dotados de total autonomia político-administrativa, a regra constitucional é a da não intervenção, conforme previsto no artigo 34, da CF que dispõe: "A União não intervirá nos Estados nem no Distrito Federal, exceto para:.."

Observe-se que regra geral é a da não-intervenção, sendo que as hipóteses de intervenção são exceções. Assim, tratando-se de exceções, as hipóteses de intervenção devem ser interpretadas restritivamente, consubstanciando-se em rol taxativo. Esse rol encontra-se explicitado no artigo 34 e compreende as seguintes hipóteses:

I – manter a integridade nacional;

II – repelir invasão estrangeira ou de uma unidade da Federação em outra;

III – pôr termo a grave cometimento da ordem pública;

IV – garantir o livre exercício de qualquer dos Poderes nas unidades da Federação;

V – reorganizar as finanças da unidade da Federação que: a) suspender o pagamento da dívida fundada por mais de dois anos consecutivos, salvo motivo de força maior; b) deixar de entregar aos Municípios receita tributárias fixadas nesta Constituição, dentro dos prazos estabelecidos em lei;

VI – prover a execução da lei federal, ordem ou decisão judicial;

VII – assegurar a observância dos seguintes princípios constitucionais: a) forma republicana, sistema representativo e regime democrático; b) direitos da pessoa humana; c) autonomia municipal; d) prestação de contas da administração pública direta e indireta; e) aplicação do mínimo exigido da receita resultante de impostos estaduais, compreendida a proveniente de transferências, na manutenção e desenvolvimento do ensino e nas ações e serviços públicos de saúde.

Da mesma forma, os Estados não intervirão em seus Municípios, nem a União nos Municípios localizados em Território Federal, exceto quando:

I – deixar de ser paga, sem motivo de força maior, por dois anos consecutivos a dívida fundada;

II – não forem prestadas contas devidas, na forma da lei;

III – não tiver sido aplicado o mínimo exigido da receita municipal na manutenção e desenvolvimento do ensino e nas ações e serviços de saúde;

IV – o Tribunal de Justiça der provimento a representação para assegurar a observância de princípios indicados na Constituição Estadual, ou para prover a execução de lei, ordem ou de decisão judicial.

12.2. Condições para Decretação da Intervenção

O artigo 36 da Constituição Federal estabelece as condições para a decretação da intervenção, sendo que esta dependerá:

I – no caso do art. 34, IV (*garantir o livre exercício de qualquer dos Poderes nas unidades da Federação)*, de solicitação do Poder Legislativo ou do Poder Executivo coacto ou impedido, ou de requisição do Supremo Tribunal Federal, se a coação for exercida contra o Poder Judiciário;

II – no caso de desobediência a ordem ou decisão judiciária, de requisição do Supremo Tribunal Federal, do Superior Tribunal de Justiça ou do Tribunal Superior Eleitoral;

III – de provimento, pelo Supremo Tribunal Federal, de representação do Procurador-Geral da República, na hipótese, do art. 34, VII (*assegurar a observância dos seguintes princípios constitucionais: a) forma republicana, sistema representativo e regime democrático; b) direitos da pessoa humana; c) autonomia municipal; d) prestação de contas da administração pública direta e indireta; e) aplicação do mínimo exigido da receita resultante de impostos estaduais, compreendida a proveniente de transferências, na manutenção e desenvolvimento do ensino e nas ações e serviços públicos de saúde),* e no caso de recusa à execução de lei federal.

Ademais, de acordo com o § 1º, do artigo 36, o decreto de intervenção deverá especificar a amplitude, o prazo e as condições de execução, sendo que, se couber, nomeará o interventor, e será submetido à apreciação do Congresso Nacional ou da Assembléia Legislativa do Estado, no prazo de vinte e quatro horas.

Caso o Congresso Nacional ou a Assembléia Legislativa dos Estados não estejam funcionando, far-se-á convocação extraordinária, no mesmo prazo de vinte e quatro horas (art. 36, § 2).

Nos casos do artigo 34, VI (*prover a execução da lei federal, ordem ou decisão judicia*) e VII (*assegurar a observância dos seguintes princípios constitucionais: a) forma republicana, sistema representativo e regime democrático; b) direitos da pessoa humana; c) autonomia municipal; d) prestação de contas da administração pública direta e indireta; e) aplicação do mínimo exigido da receita resultante de impostos estaduais, compreendida a proveniente de transferências, na manutenção e desenvolvimento do ensino e nas ações e serviços públicos de saúde*) ou do art. 35, IV (*o Tribunal de Justiça der provimento a representação para assegurar a observância de princípios indicados na Constituição Estadual, ou para prover a execução de lei, ordem ou de decisão judicial*), é dispensada a apreciação pelo Congresso Nacional ou pela Assembléia Legislativa, e o decreto limitar-se-á a suspender a execução do ato impugnado, se essa medida bastar ao restabelecimento da ordem (CF, art. 36, § 3º).

Por fim, uma vez cessados os motivos da intervenção, as autoridades afastadas de seus cargos a estes voltarão, salvo impedimento legal.

13. REPARTIÇÃO DE COMPETÊNCIAS ENTRE OS ENTES FEDERADOS

Por competência dos Entes Federados entende-se o grau de centralização ou descentralização política de um Estado, medido pela quantidade e qualidade de atribuições concedidas às Unidades Federativas pela Constituição. No dizer de José Afonso da Silva, a competência "é a faculdade juridicamente atribuída a uma entidade".

Com efeito, em uma Federação, na qual o poder central encontra-se sob a égide da União e que os Estados Federados, o Distrito Federal e os Municípios possuem ampla autonomia político-administrativa, faz-se necessária a repartição de competências administrativas e legislativas entre esses diversos Entes federativos, de modo a tornar harmônica a atividade por eles desenvolvidas, evitando-se, com isso, interferências indevidas de um Ente em outro.

Segundo André Ramos Tavares, "A repartição de competências é considerada como um dos elementos essenciais ao federalismo e sua caracterização efetiva. Não havendo hierarquia entre os entes federativos, e para garantir-lhes a autonomia, as Constituições procedem a uma repartição de competências".

Nesse sentido, em uma Federação a repartição de competências é feita por meio das atribuições dadas pela Constituição Federal a cada um dos Entes Federativos.

13.1. Princípio da Predominância de Interesses

Em regra, o princípio geral que rege a repartição de competências é o da predominância de interesses, sendo que: interesse geral e nacional = competência da União; interesse regional = competência dos Estados; interesse local = competência dos Municípios; interesse regional + local = competência do Distrito Federal.

13.2. Critérios de Repartição de Competências

Dois são os critérios adotados pela Constituição Federal na repartição de competências: o critério de repartição horizontal e o critério de repartição vertical.

Pelo critério horizontal, são atribuídas competências exclusivas ou privativas para cada Ente federativo.

Pelo critério vertical, certas competências são dadas para os diversos Entes federativos, estabelecendo-se regras para o seu exercício simultâneo. A partir desses critérios são fixadas as competências comuns, concorrentes e suplementares. Em regra, na repartição vertical de competências compete à União estabelecer normas gerais e aos Estados-membros e ao Distrito Federal exercer a competência suplementar, estabelecendo normas específicas.

No que concerne à natureza das competências, elas são divididas em competências materiais ou administrativas e competências legislativas. Para a fixação das competências, a Constituição brasileira optou por enumerar as competências administrativas e legislativas da União (arts. 21 e 22) e dos Municípios (art. 30), reservando o restante aos Estados (art. 25, §1º), o que é chamado de competência residual.

13.3. Competência Administrativa e Competência Legislativa

A *competência administrativa*, também chamada de material ou não legislativa, consiste no rol de atividades e atos administrativos e de gestão que são de responsabilidade de cada Ente federativo - art. 21, art. 30, III a IX - além de certas competências administrativas que são comuns a todos os Entes Federativos (art. 23).

Já a *competência legislativa* consiste na faculdade atribuída a cada Ente federativo para a elaboração de leis sobre determinados assuntos. Nesse sentido, à União foi atribuída uma ampla competência legislativa (art. 22 e 24). Aos municípios foi reservada a competência para legislar sobre assuntos de interesse local e suplementar à legislação estadual e federal no que couber (art. 30). Aos Estados, por sua vez, foi reservada a competência legislativa remanescente ou residual.

13.4. Classificação da Repartição de Competências

A repartição das competências, no Brasil, pode ser classificada da seguinte forma:

Quanto à forma podem ser:

- *expressas*: consistem nas atribuições específicas feitas expressamente pela Constituição para cada Ente federativo (arts. 21, 22 e 24 - União e art. 30 - Municípios);
- *residuais (reservadas ou remanescentes)*: são reservadas aos Estados federados as competências (administrativas ou legislativas) que não lhe sejam vedadas, isto é, as competências remanescentes que não forem expressamente atribuídas aos demais Entes federativos (art. 25, §1º). Tratando-se de matéria tributária, a competência residual significa que, além dos tributos que foram atribuídos pela Constituição à União, aos Estados e aos Municípios, outros poderão ser instituídos somente pela União (art. 154, I);
- *implícitas, resultantes, inerentes ou decorrentes*: As competências implícitas, resultantes, inerentes ou decorrentes são aquelas que decorrem da própria natureza dos Entes Federativos, embora não expressamente estabelecidas no Texto da Constituição.

Quanto à extensão, as competências administrativas e legislativas podem ser:

- *exclusivas*: são atribuídas a um único Ente federativo, sem possibili dade de delegação e de competência suplementar (art. 21 e 30, I);
- *privativas:* são atribuídas a um único Ente federativo, com a possibilidade de delegação em questões específicas (art. 22, § único) e competência suplementar (art. 24 e parágrafos);
- *comuns, cumulativas ou paralelas*: são atribuídas a todos os Entes federativos sobre determinadas matérias, estando as entidades no mesmo nível hierárquico (art. 23);
- *concorrentes*: são as atribuídas à União, para estabelecer normas gerais sobre determinados assuntos (art. 24, § 1º), podendo os Estados e o DF desdobrar esses princípios gerais, criando normas especiais. A União restringe-se a legislar sobre normas gerais, sendo que aos Estados fica a incumbência da implementação de regras específicas de acordo com suas particularidades. Vale ressaltar que, muito embora o art. 24 não estabeleça a possibilidade de os Municípios legislarem concorrentemente sobre determinadas matérias, essa faculdade é prevista, de forma ampla e genérica, pelo art. 30, II;
- *suplementares:* são aquelas atribuídas aos Estados para desdobrarem as normas gerais estabelecidas pela União, dentro da competência legislativa concorrente, de acordo com suas peculiaridades (art. 24, § 2º). Já a competência supletiva é aquela que, diante da inexistência de legislação federal sobre normas gerais, em maté-

ria de competência concorrente, os Estados possuem faculdade de exercer competência legislativa plena para atender suas peculiaridades (art. 24, § 3º). Nesta hipótese, a superveniência da legislação federal suspende a eficácia da lei estadual no que lhe for contrário (art. 24, § 4º). Foi atribuída pela Constituição aos Municípios a competência para suplementar a legislação federal e estadual no que couber (art. 30, II).

Quanto à origem, as competências podem ser divididas em:

- *originárias*: que são aquelas estabelecidas pela CF, desde logo, a uma Entidade federativa;
- *delegadas*: são atribuições adquiridas em razão do repasse de uma competência originária de um Ente federativo para outro.

13.5. Competências Administrativas da União

As competências administrativas ou materiais da União estão expressamente estabelecidas no art. 21 da Constituição Federal. São elas:

I – manter relações com Estados estrangeiros e participar de organizações internacionais;

II – declarar a guerra e celebrar a paz;

III – assegurar a defesa nacional;

IV – permitir, nos casos previstos em lei complementar, que forças estrangeiras transitem pelo território nacional ou nele permaneçam temporariamente (*este inciso do art. 21 foi regulamentado pela Lei Complementar nº 90/97, a qual dispõe sobre os casos em que Forças Estrangeiras poderão transitar pelo Território Nacional ou nele permanecer temporariamente*);

V – decretar o estado de sítio, o estado de defesa e a intervenção federal;

VI – autorizar e fiscalizar a produção e o comércio de material bélico;

VII – emitir moeda;

VIII – administrar as reservas cambiais do País e fiscalizar as operações de natureza financeira, especialmente as de crédito, câmbio e capitalização, bem como as de seguros e de previdência privada;

IX – elaborar e executar planos nacionais e regionais de ordenação de território e de desenvolvimento econômico e social;

X – manter serviço postal e o correio aéreo nacional;

XI – explorar, diretamente ou mediante autorização, concessão ou permissão, os serviços de telecomunicações, nos termos da lei, que disporá sobre a organização dos serviços, a criação de um órgão regulador e outros aspectos institucionais;

XII – explorar, diretamente ou mediante autorização, concessão ou permissão: a) os serviços de radiodifusão sonora e de sons e imagens; b) os serviços e instalações de energia elétrica e o aproveitamento energético dos cursos de água, em articulação dos os Estados onde se situam os potenciais hidroenergéticos; c) a navegação aérea, aerospacial e a infra-estrutura aeroportuária;

d) os serviços de transporte ferroviário e aquaviário entre portos brasileiros e fronteiras nacionais, ou que transponham os limites de Estado ou Território (*a Lei nº 9.432/97, dispõe sobre a ordenação do transporte aquaviário*); e) os serviços de transporte rodoviário interestadual e internacional de passageiros; f) os portos marítimos, fluviais e lacustres;

XIII – organizar e manter o Poder Judiciário, o Ministério Público e a Defensoria Pública do Distrito Federal e Territórios;

XIV – organizar e manter a polícia civil, a polícia militar e o corpo de bombeiros militar do Distrito Federal e dos Territórios;

XV – organizar e manter os serviços oficiais de estatística, geografia, geologia e cartografia de âmbito nacional;

XVI – exercer a classificação, para efeito indicativo, de diversões públicas e de programas de rádio e televisão;

XVII – conceder anistia;

XVIII – planejar e promover a defesa permanente contra as calamidades públicas, especialmente as secas e inundações;

XIX – instituir sistema nacional de gerenciamento de recursos hídricos e definir critérios de outorga de direitos de seu uso (*a Lei nº 9.433/97, institui a Política Nacional de Recursos Hídricos, cria o Sistema Nacional de Gerenciamento de Recursos Hídricos, e regulamenta referido inciso*);

XX – instituir diretrizes para o desenvolvimento urbano, inclusive habitação, saneamento básico e transportes urbanos;

XXI – estabelecer princípios e diretrizes para o sistema nacional de viação;

XXII – executar os serviços de polícia marítima, aeroportuária e de fronteiras;

XXIII – explorar os serviços e instalações nucleares de qualquer natureza e exercer monopólio estatal sobre a pesquisa, lavra, o enriquecimento e reprocessamento, a industrialização e o comércio de minérios nucleares e seus derivados, atendidos os seguintes princípios e condições: a) toda atividade nuclear em território nacional somente será admitida para fins pacíficos e mediante aprovação do Congresso Nacional; b) sob regime de permissão, são autorizadas a comercialização e a utilização de radioisótopos para a pesquisa e usos médicos, agrícolas e industriais; c) sob regime de permissão, são autorizadas a produção, comercialização e utilização de radioisótopos de meia-vida igual ou inferior a duas horas; d) a responsabilidade civil por danos nucleares independe da existência de culpa;

XXIV – organizar, manter e executar a inspeção do trabalho;

XXV – estabelecer as áreas e as condições para o exercício da atividade de garimpagem, em forma associativa.

13.6. Competências Administrativas Comuns

De acordo com o art. 23 da Constituição Federal é competência comum da União, dos Estados, do Distrito Federal e dos Municípios:

I - zelar pela guarda da Constituição, das leis e das instituições democráticas e conservar o patrimônio público;

II - cuidar da saúde e assistência pública, da proteção e garantia das pessoas portadoras de deficiência;

III - proteger os documentos, as obras e outros bens de valor histórico, artístico e cultural, os monumentos, as paisagens naturais notáveis e os sítios arqueológicos;

IV - impedir a evasão, a destruição e a descaracterização de obras de arte e de outros bens de valor histórico, artístico e cultural;

V - proporcionar os meios de acesso à cultura, à educação e á ciência;

VI - proteger o meio ambiente e combater a poluição em qualquer de suas formas;

VII - preservar as florestas, a fauna e a flora;

VIII - fomentar a produção agropecuária e organizar o abastecimento alimentar;

IX - promover programas de construção de moradias e a melhoria das condições habitacionais e de saneamento básico;

X - combater as causas da pobreza e os fatores de marginalização, promovendo a integração social dos setores desfavorecidos;

XI - registrar, acompanhar e fiscalizar as concessões de direitos de pesquisa e exploração de recursos hídricos e minerais em seus territórios;

XII - estabelecer e implantar política de educação para a segurança do trânsito.

De acordo com o parágrafo único do art. 23, leis complementares fixarão normas para a cooperação entre a União e os Estados, o Distrito Federal e os Municípios, tendo em vista o equilíbrio do desenvolvimento e do bem-estar em âmbito nacional (o parágrafo único tem a redação dada pela Emenda Constitucional nº 53/2006).

13.7. Competências Legislativas Privativas da União

De acordo com o art. 22 da Constituição Federal compete privativamente à União legislar sobre:

I - direito civil, comercial, penal, processual, eleitoral, agrário, marítimo, aeronáutico, espacial e do trabalho;

II - desapropriação;

III - requisições civis e militares, em caso de iminente perigo e em tempo de guerra;

IV - águas, energia, informática, telecomunicações e radiodifusão;

V - serviço postal;

VI - sistema monetário e de medidas, títulos e garantias dos metais;

VII - política de crédito, câmbio, seguros e transferência de valores;

VIII - comércio exterior e interestadual;

IX - diretrizes da política nacional de transportes;

X – regime dos portos, navegação lacustre, fluvial, marítima, aérea e aerospacial;

XI – trânsito e transporte;

XII – jazidas, minas, outros recursos minerais e metalurgia;

XIII – nacionalidade, cidadania e naturalização;

XIV – populações indígenas;

XV – emigração e imigração, entrada, extradição e expulsão de estrangeiros;

XVI – organização do sistema nacional de emprego e condições para o exercício de profissões;

XVII – organização judiciária, do Ministério Público e da Defensoria Pública do Distrito Federal e dos Territórios, bem como organização administrativa destes;

XVIII – sistema estatístico, sistema cartográfico e de geologia nacionais;

XIX – sistemas de poupança, captação e garantia da poupança popular;

XX – sistemas de consórcios e sorteios;

XXI – normas gerais de organização, efetivos, material bélico, garantias, convocações, e mobilização das polícias militares e corpos de bombeiros militares;

XXII – competência da polícia federal e das polícias rodoviária e ferroviária federais;

XXIII – seguridade social;

XXIV – diretrizes e bases da educação nacional;

XXV – registros públicos;

XXVI – atividades nucleares de qualquer natureza;

XXVII – normas gerais de licitação e contratação, em toda as modalidades, para as administrações públicas diretas, autárquicas e fundacionais da União, Estados, Distrito Federal e Municípios, obedecido o disposto no art. 37, XXI, e para as empresas públicas e sociedades de economia mista, nos termos do art. 173, § 1º, III;

XXVIII – defesa territorial, defesa aerospacial, defesa marítima, defesa civil e mobilização nacional;

XXIX – propaganda comercial.

Vale ressaltar que, de acordo com o parágrafo único, do art. 22, lei complementar poderá autorizar os Estados a legislar sobre questões específicas das matérias relacionadas nesse artigo. Assim, embora seja de competência privativa da União, os Estados poderão legislar sobre as matérias acima enumeradas, desde que haja lei complementar que autorize. Trata-se da competência delegada, o que se dá através de lei complementar.

13.8. Competências Legislativas Concorrentes

De acordo com o art. 24 da Constituição Federal compete à União, aos Estados e ao Distrito Federal legislar concorrentemente sobre:

I – direito tributário, financeiro, penitenciário, econômico e urbanístico;

II - orçamento;

III - juntas comerciais;

IV - custas dos serviços forenses;

V - produção e consumo;

VI - florestas, caça, pesca, fauna, conservação da natureza, defesa do solo e dos recursos naturais, proteção do meio ambiente e controle da poluição;

VII - proteção ao patrimônio histórico, cultural, artístico, turístico e paisagístico;

VIII - responsabilidade por dano ao meio ambiente, ao consumidor, a bens e direitos de valor artístico, estético, histórico, turístico e paisagístico;

IX - educação, cultura, ensino e desporto;

X - criação, funcionamento e processo do juizado de pequenas causas;

XI - procedimentos em matéria processual;

XII - previdência social, proteção e defesa da saúde;

XIII - assistência jurídica e defensoria pública;

XIV - proteção e integração social das pessoas portadoras de deficiência;

XV - proteção à infância e à juventude;

XVI - organização, garantias, direitos e deveres das polícias civis.

Sobre a competência legislativa concorrente cabem os seguintes esclarecimentos, expressos nos §§ 1º a 4º do art. 24:

- No âmbito da legislação concorrente, a competência da União limitar-se-á a estabelecer normas gerais (§ 1º);
- A competência da União para legislar sobre normas gerais não exclui a competência suplementar dos Estados (§ 2º);
- Inexistindo lei federal sobre normas gerais, os Estados exercerão a competência legislativa plena, para atender a suas peculiaridades (§ 3º). Vale dizer que, diante da omissão da União na elaboração de lei federal que trate de normas gerais, poderão os Estados editá-las.;
- A superveniência de lei federal sobre normas gerais suspende a eficácia da lei estadual, no que lhe for contrário (§ 4º).

13.9. Competências Administrativas dos Estados

Conforme estabelece o § 1º, do art. 25, da CF, são reservadas aos Estados as competências que não lhe forem vedadas pela Constituição. Trata-se da chamada competência residual, remanescente ou reservada, que significa que são reservadas aos Estados as competências que remanescerem, após a enumeração das competências dos demais Entes federativos, ou seja, as competências que não sejam da União, do Distrito Federal ou dos Municípios. Além disso, destacam-se as competências comuns tratadas no art. 23.

O § 2º do mesmo artigo, por sua vez, dispõe que cabe aos Estados explorar diretamente, ou mediante concessão, os serviços locais de gás canalizado, na forma da lei, vedada a edição de medida provisória para a sua regulamentação.

13.10. Competências Legislativas dos Estados

No que se refere às competências legislativas dos Estados, podemos assim defini-las:

Expressa: compreende a capacidade de auto-organização dos Estados, os quais serão regidos por suas próprias Constituições, elaboradas com observância dos princípios estabelecidos na Constituição Federal.

Residual, remanescente ou reservada: toda competência que não for vedada está reservada aos Estados. Vale dizer que o que não for de competência expressa dos demais Entes e não houver vedação caberá aos Estados (CF, art. 25, § 1º).

Delegada: a União poderá autorizar os Estados a legislar sobre questões específicas em relação às matérias de sua competência privativa, previstas no art. 22 e incisos (parágrafo único, do art. 22). Essa delegação deverá ocorrer por meio de lei complementar.

Concorrente: trata-se do caso em que a competência para legislar se dá de forma concorrente entre a União, os Estados e o Distrito Federal, sendo que à União cabe legislar sobre normas gerais e aos Estados sobre normas específicas. Em caso de omissão da União, poderão os Estados legislar também sobre normas gerais (CF, art. 24).

Suplementar: Essa competência se dá no âmbito da competência concorrente, sendo que a competência da União para legislar sobre normas gerais não exclui a competência suplementar dos Estados (CF, art. 24, § 2º).

13.11. Competências Administrativas dos Municípios

A Constituição Federal, em seu art. 30, estabelece tanto as competências legislativas, quanto as administrativas dos Municípios, sendo que estas últimas encontram-se nos incisos III a IX:

III – instituir e arrecadar os tributos de sua competência, bem como aplicar suas rendas, sem prejuízo da obrigatoriedade de prestar contas e publicar balancetes nos prazos fixados em lei (*Cabe salientar que em relação à instituição de tributo, esta deve ser feita através de lei, o que caracteriza uma competência legislativa*);

IV – criar, organizar e suprimir distritos, observada a legislação estadual;

V – organizar e prestar, diretamente ou sob o regime de concessão ou permissão, os serviços públicos de interesse local, incluído o de transporte coletivo, que tem caráter essencial;

VI – manter, com a cooperação técnica e financeira da União e do Estado, programas de educação infantil e de ensino fundamental;

VII – prestar, com a cooperação técnica e financeira da União e do Estado, serviços de atendimento à saúde da população;

VIII - promover, no que couber, adequado ordenamento territorial, mediante planejamento e controle do uso, do parcelamento e da ocupação do solo urbano;

IX - promover a proteção do patrimônio histórico-cultural local, observada a legislação e a ação fiscalizadora federal e estadual.

Além dessas competências específicas, destacam-se as competências comuns enumeradas no art. 23, da CF.

13.12. Competências Legislativas dos Municípios

Segundo o art. 30 da Constituição Federal compete aos Municípios:

I - legislar sobre assuntos de interesse local;

II - suplementar a legislação federal e a estadual no que couber.

Além dessas competências, deve-se destacar a competência legislativa tributária, prevista no inciso III, do mesmo artigo.

Por fim, compete aos Municípios a elaboração de sua Lei Orgânica (CF, art. 29), observados os princípios estabelecidos na Constituição Federal. Essa competência decorre da capacidade de auto-organização dos Municípios.

13.13. Competências Administrativas do Distrito Federal

O Distrito Federal possui as competências administrativas comuns a todos os Entes Federativos, previstas no art. 23, da Constituição Federal.

13.14. Competências Legislativas do Distrito Federal

Conforme dispõe o art. 32, § 1º, da Constituição Federal, ao Distrito Federal são atribuídas as competências legislativas reservadas aos Estados e Municípios. Além disso, dentre as competências legislativas do Distrito Federal incluem-se as competências concorrentes versadas no art. 24.

Ademais, compete ao Distrito Federal a elaboração de sua Lei Orgânica, atendidos os princípios estabelecidos na Constituição Federal.

CAPÍTULO 7

Administração Pública

1. NOÇÕES GERAIS - CONCEITO

A Administração Pública é o conjunto de entidades destinadas a desenvolver e executar os serviços públicos, de modo a atingir os objetivos governamentais.

Segundo Odete Medauar, sob o ângulo organizacional, "Administração Pública representa o conjunto de órgãos e entes estatais que produzem serviços, bens e utilidades para a população, coadjuvando as instituições políticas de cúpula no exercício das funções de governo".

A Administração Pública, nesse sentido, compreende todo o aparato estatal destinado a implementar as decisões políticas e a colocar em funcionamento os serviços destinados à produção dos bens e serviços de que necessita a população no seu dia-a-dia, como, por exemplo, a saúde pública, a coleta de lixo, a segurança pública etc.

A Constituição brasileira estabelece os princípios basilares da Administração Pública, traçando a base de atuação da Administração, razão pela qual não só a Administração Pública está fortemente condicionada pela Constituição Federal, mas também todo o Direito Administrativo.

2. ORGANIZAÇÃO DA ADMINISTRAÇÃO PÚBLICA NO BRASIL

A Administração Pública em um Estado Federal possui grande complexidade, uma vez que a função administrativa é imputada aos diversos Entes federativos, os quais são dotados de autonomia política e administrativa. Assim, cada um dos Entes Políticos (União, Estados, Distrito Federal e Municípios) é dotado de estrutura administrativa própria, independente das demais.

Pode-se dizer, com isso, que na organização administrativa brasileira há uma divisão vertical decorrente da própria forma federativa do Estado, o que não significa hierarquia entre os diferentes níveis.

Nesse sentido, existe no Brasil a Administração Federal (da União), as Administrações Estaduais (Dos Estados Federados), a Administração do Distrito Federal e as Administrações Municipais (dos Municípios).

A Constituição brasileira regula a Administração Pública em seu artigo 37, o qual estabelece os princípios e regras gerais aplicáveis à Administração Pública direta e indireta em seus diferentes níveis, denotando a existência de várias administrações: a federal, as estaduais, a distrital e as municipais.

Vale salientar que a Administração Pública, no desempenho de suas atividades, pode trabalhar com maior ou menor grau de desconcentração e de descentralização administrativa, de acordo com o nível de transferência de atribuições de um órgão central para órgãos periféricos ou para outros Entes personalizados.

3. ADMINISTRAÇÃO PÚBLICA DIRETA E INDIRETA

Considerando a possibilidade de descentralização da Administração Pública, esta pode ser dividida em Administração direta, que é aquela formada por um conjunto de órgãos subordinados diretamente ao Poder Executivo, de cada esfera governamental (ministérios, secretarias etc.), e Administração indireta, que é aquela formada pela descentralização da Administração central ou direta, a partir da criação de entidades personalizadas destinadas à prestação de serviços públicos ou exploração de atividade econômica (autarquias, empresas públicas e sociedades de economia mista), entidades estas vinculadas a cada um dos Poderes Executivos das esferas governamentais a que pertencem. Há ainda a Administração fundacional, formada pelas fundações de natureza pública.

O artigo 37, XIX, estabelece que somente por lei específica poderá ser criada autarquia e autorizada a instituição de empresas públicas, de sociedades de economia mista e de fundações, cabendo à lei, neste último caso, definir as áreas de sua atuação.

3.1. Regime Jurídico das Entidades da Administração Indireta

A Administração Pública indireta, como dito, é constituída por entidades detentoras de personalidade jurídica própria, sendo, por isso, autônomas em relação ao Poder Central.

Nada obstante essa autonomia comum a todas essas entidades, há regimes jurídicos distintos em relação às diversas espécies. A autarquia é pessoa jurídica de direito público. As fundações podem ser de direito público ou privado. Já as empresas públicas e as sociedades de economia mista são pessoas jurídicas de direito privado.

4. PRINCÍPIOS DA ADMINISTRAÇÃO PÚBLICA

A Administração Pública direta e indireta, segundo disposto no *caput* do art. 37, da CF, obedecerá aos princípios da legalidade, da impessoalidade, da moralidade, da publicidade e da eficiência.

4.1. Princípio da Legalidade da Administração

Como já visto, o princípio da legalidade inserto no art. 5º, II, importa em que "ninguém será obrigado a fazer ou deixar de fazer alguma coisa senão em virtude de lei". No tocante à Administração, contudo, o princípio da legalidade significa que a Administração está estritamente vinculada aos comandos legais. Vale dizer que, enquanto o particular pode fazer tudo o que a lei não veda, a Administração somente poderá fazer o que a lei determina ou autoriza.

4.2. Princípio da Impessoalidade

Também conhecido como princípio da finalidade administrativa, significa que os atos da Administração Pública devem ser praticados de acordo com a sua finalidade legal, de forma impessoal. Vale dizer que o Administrador ou agente do Estado é mero executor do ato, servindo como veículo de manifestação da vontade estatal, sendo que o agente público não pratica o ato em seu nome, mas sim da entidade pública, em nome da qual atuou.

Em outro tom, o princípio da impessoalidade impede que a Administração Pública desenvolva a sua atividade e pratique seus atos de maneira a beneficiar pessoas determinadas, uma vez que os atos da Administração não podem se prender a interesses pessoais, mas devem ter em vista o interesse coletivo.

4.3. Princípio da Moralidade

O princípio da moralidade significa que não basta ao Administrador ou ao agente público agir no cumprimento estrito da lei, em obediência ao princípio da legalidade; deve ele, no exercício de sua função, respeitar os princípios da ética e da moral, agindo com razoabilidade e justiça.

Para Maria Sylvia Zanella Di Pietro, "Não é preciso penetrar na intenção do agente, porque do próprio objeto resulta a imoralidade. Isto ocorre quando o conteúdo de determinado ato contrariar o senso comum de honestidade, retidão, equilíbrio, justiça, respeito à dignidade do ser humano, à boa fé, ao trabalho, à ética das instituições. A moralidade exige proporcionalidade entre os meios e os fins a atingir; entre os sacrifícios impostos à coletividade e os benefícios por ela auferidos; entre as vantagens usufruídas pelas autoridades públicas e os encargos impostos à maioria dos cidadãos".

4.4. Princípio da Publicidade

Pelo princípio da publicidade, todos os atos públicos devem ser divulgados e levados ao conhecimento do público em geral, por meio da publicação no Diário Oficial ou por editais a serem afixados nos locais apropriados. Busca-se, com isso, evitar que processos e atos administrativos sejam praticados e julgados de forma sigilosa, sem o conhecimento das partes interessadas, o que propiciaria a ocorrência de atos e decisões arbitrárias.

4.5. Princípio da Eficiência

Trata-se de princípio inserido na Constituição Federal pela Emenda Constitucional n. 19/98 que promoveu a chamada reforma administrativa. A partir desse princípio, exige-se que o Administrador Público atue com eficiência, isto é, que seus atos e a sua atividade produzam os efeitos esperados pela sociedade. Com efeito, deve a Administração pugnar sempre pela maior eficiência de seus atos, a partir da redução da burocracia, da utilização mais racional dos recursos, do combate ao desperdício, da transparência, da neutralidade, entre outros critérios de razoabilidade, de modo a se buscar o maior benefício social possível.

4.6. Princípio da Responsabilidade do Estado

Conforme dispõe o parágrafo 6º, do artigo 37, "As pessoas jurídicas de direito público e as de direito privado prestadoras de serviços públicos responderão pelos danos que seus agentes, nessa qualidade, causarem a terceiros, assegurado o direito de regresso contra o responsável nos casos de dolo e culpa".

Esse dispositivo veio a consagrar a responsabilidade objetiva do Estado, o que significa a responsabilização sem a necessidade de comprovação de dolo ou culpa do agente que tenha causado o dano.

O dolo e a culpa somente deverão ser apurados na ação regressiva do Estado contra o seu agente, em nada importando a sua existência para a indenização do dano sofrido pelo terceiro.

CAPÍTULO 8

Organização dos Poderes

1. NOÇÕES GERAIS – CONCEITO

Um dos pilares do constitucionalismo clássico e que inspirou a moderna concepção de Estado é a separação dos poderes. Assim, muito embora o poder de soberania do Estado seja considerado uno, existe uma divisão de suas funções básicas, e cada uma dessas funções é atribuída a órgãos estatais independentes e especializados.

Nesse sentido, por organização dos poderes entende-se o conjunto de normas constitucionais que estabelecem a divisão funcional do poder político do Estado com a atribuição de cada função governamental básica a um órgão independente e especializado. Vale dizer que a organização dos poderes consiste no estabelecimento de normas que visem a disciplinar a separação de poderes do Estado.

2. FUNDAMENTOS DO SISTEMA DE SEPARAÇÃO DE PODERES

Como dito, a separação de poderes constitui um dos pilares do constitucionalismo clássico, e o seu fundamento se encontra na necessidade de se evitar a concentração de poderes nas mãos de uma só pessoa, o que fatalmente geraria, como ocorreu no período do Estado absolutista, toda sorte de situações de abuso de poder e de atuação arbitrária por parte do Estado.

Assim, pode-se dizer que o fundamento basilar do sistema de separação de poderes está na limitação do poder estatal, na medida em que este poder, uma vez dividido, passa a contar com limites anteriormente inexistentes. Vale dizer que o poder do Estado, dividido em três, deixa de ser absoluto, haja vista que cada parte desse poder (tripartição do poder) passa a servir de controle das outras partes. Cada poder, na concepção atual, controla os demais poderes (teoria dos freios e contrapesos).

3. ATIVIDADES BÁSICAS DO ESTADO

São três as atividades básicas do Estado, tradicionalmente reconhecidas na quase totalidade das constituições modernas:

a) Função legislativa: consiste na elaboração das leis do Estado, a serem impostas a todos indistintamente, inclusive ao próprio Governo;
b) Função executiva: consiste na administração do Estado, segundo as leis elaboradas pelo Legislativo;
c) Função judiciária: consiste na atividade jurisdicional do Estado, isto é, na aplicação da lei ao caso concreto, buscando a solução de situações litigiosas dentro da sociedade.

4. PRESSUPOSTOS PARA A DIVISÃO DE PODERES

A divisão dos poderes ou divisão das funções básicas do Estado pressupõe a concorrência de dois elementos, que são:

a) *especialização funcional*, que significa que cada um dos poderes deve estar vocacionado e apto ao desempenho da função que lhe foi atribuída;
b) *independência orgânica*, que significa que cada poder desempenha a sua função de forma independente dos demais.

5. FUNÇÕES TÍPICAS E ATÍPICAS DO ESTADO

Embora as funções básicas do Estado sejam divididas e atribuídas a órgãos especializados e independentes, que são os Poderes Legislativo, Executivo e Judiciário, cada um deles desempenha, além de sua função típica, que é aquela exercida com preponderância, também o que se chama função *atípica,* a qual representa uma função exercida de forma secundária.

Nesse sentido, a função típica de um Poder é atípica dos outros, sendo que o aspecto da tipicidade se dá com a preponderância do exercício de uma determinada atividade. Assim, por exemplo, o Poder Legislativo tem a função principal de elaborar as leis, que é a sua função típica, mas também administra seus órgãos e seu pessoal, situação em que exerce uma atividade típica do Executivo. Pode o Legislativo, ainda, julgar seus membros ou o Presidente da República no caso de crime de responsabilidade, situações em que estará exercendo uma função típica do Poder Judiciário.

Da mesma forma, a função típica do Poder Executivo é a administração da máquina estatal, mas compete ao Presidente da República a edição de medidas provisórias, sendo esta uma função atípica do Poder Executivo, já que a elaboração de normas é função típica do Poder Legislativo.

6. SISTEMA DE FREIOS E CONTRAPESOS

Embora os Poderes do Estado sejam independentes entre si, não se pode negar a necessidade de que haja uma permanente interação entre esses poderes com o objetivo de se buscar o necessário equilíbrio entre eles, visando à realização da finalidade do Estado, que é o bem coletivo. A essa interação entre os poderes denominou-se "sistema de freios e contrapesos", que representa a busca do equilíbrio entre eles, de modo a se evitarem situações de abuso no desempenho das funções de cada um.

Como exemplo desse sistema podemos citar que ao Poder Legislativo cabe, como função típica, a edição de leis, estabelecendo-se, no entanto, um processo para sua elaboração em que o Executivo tem participação importante: ou pela iniciativa das leis ou pela sanção ou, ainda, pelo veto do Presidente da República. Por outro lado, a iniciativa legislativa do Executivo é contrabalançada pela prerrogativa do Congresso em poder apresentar alterações ao projeto por meio de emendas e até rejeitá-lo. Por sua vez, o Presidente da República tem o poder de veto, que pode ser aplicado a projetos de iniciativa dos deputados e senadores, como em relação às emendas aprovadas a projetos de sua iniciativa. Em contrapartida, o Congresso Nacional, pelo voto da maioria absoluta de seus membros, tem o poder de rejeitar o veto, restando para o Presidente do Senado promulgar a lei, nos casos em que o Presidente da República não o fizer no prazo previsto.

De outro lado, não podendo o Presidente da República interferir na atividade legislativa, para obter aprovação rápida de seus projetos, faculta-lhe a Constituição determinar prazo para sua apreciação, conforme preveem os parágrafos do art. 64, da Constituição Federal.

De igual modo, os tribunais não podem interferir no Poder Legislativo, mas são autorizados a declarar a inconstitucionalidade das leis. O Presidente da República não pode interferir na atividade jurisdicional, em compensação os ministros dos tribunais superiores são por ele nomeados, dependendo, ainda, do controle do Senado Federal, que deve aprovar a indicação.

São essas algumas manifestações do mecanismo de freios e contrapesos, característica da harmonia entre os poderes no Estado brasileiro.

7. PODER LEGISLATIVO

O Poder legislativo é, por excelência, o poder de representação da sociedade, uma vez que ali se encontram os representantes legítima e diretamente eleitos para representar a sociedade junto ao parlamento. É, do ponto de vista da teoria democrática, a voz da sociedade perante os órgãos de poder do Estado, nada obstante o romantismo dessa afirmativa.

O Poder Legislativo tem como função principal ou típica a elaboração de leis, que são normas gerais e abstratas a serem observadas por toda a sociedade. Além dessa sua função principal, merece destaque a competência que possui, consoante estabelece o artigo 49, X, da CF, para fiscalizar e controlar os atos do Poder Executivo.

As atribuições e competências específicas do Congresso Nacional estão enumeradas nos artigos 48, 49 e 50 da Constituição Federal.

7.1. Organização

Na esfera Federal, o Poder Legislativo é exercido pelo Congresso Nacional, o qual possui uma composição bicameral, ou seja, é composto por duas Casas Legislativas: o Senado Federal e a Câmara dos Deputados.

O Senado Federal representa a participação dos Estados Federados no Legislativo Federal, sendo composto por representantes das vinte e sete Unidades Federativas (vinte e seis Estados mais o Distrito Federal).

A Câmara dos Deputados traduz a participação popular no Legislativo Federal, sendo constituído por representantes do povo, proporcionalmente à população de cada Estado da Federação.

A direção do Congresso Nacional compete à sua Mesa, presidida pelo Presidente do Senado Federal e composta pelos cargos de primeiro vice-presidente, segundo vice-presidente, primeiro secretário, segundo secretário, terceiro secretário e quarto secretário, ocupados alternadamente por membros da Câmara dos Deputados e do Senado Federal. As competências do Congresso Nacional encontram-se disciplinadas nos artigos 48 e 49 da CF.

Nas esferas estadual, municipal e do Distrito Federal adota-se o sistema unicameral, com a existência de uma única Casa Legislativa. Nos Estados, o Poder Legislativo é exercido pela Assembleia Legislativa; no Distrito Federal, pela Câmara Legislativa; e nos Municípios, pela Câmara Municipal.

7.2. Congresso Nacional

Segundo classificação defendida por José Afonso da Silva, as atribuições do Congresso Nacional podem ser divididas em cinco grupos: I - Legislativa; II - Fiscalização e Controle; III - Julgamento de crimes de responsabilidade; IV - Constituinte; V - Deliberativa.

I - *Legislativa*. Trata-se da principal atribuição do Congresso Nacional, que é a função de legislar, de criar as leis, elaborando, discutindo e aprovando os projetos de leis apresentados, dependendo a entrada em vigor das leis, da sanção do Presidente da República quando se tratar de competência legislativa da União (CF, art. 48);

II - *Fiscalização e controle*. Compete ao Congresso Nacional fiscalizar e controlar os atos do Poder Executivo, incluídos o da Administração indireta (CF, art. 49, X). Essa fiscalização poderá ser realizada de diversas formas e compreende: a) encaminhamento de pedidos de informação escritos aos ministros de Estado ou titulares de órgãos diretamente subordinados à Presidência da República, encaminhados pelas Mesas respectivas (CF, art. 50, § 2º); b) convocação de ministros para esclarecimentos sobre assuntos relativos à sua pasta (CF, art. 50, § 1º); c) instalação de Comissões Parlamentares de Inquérito - CPI, com poderes amplos de investigação (convocação de autoridades, quebra de sigilo fiscal e bancário, entre outros), para apuração de fato certo e por prazo determinado, remetendo as conclusões ao Ministério Público para as providências atinentes à responsabilização civil e criminal dos envolvidos (CF, art. 58, § 3º); e d) controle externo exercido com o auxílio do Tribunal de Contas da União, pelo qual são fiscalizados todos os órgãos públicos, no que pertine à aplicação dos recursos públicos e à regularidade das contratações efetuadas, bem como à ação de fiscalização contábil, financeira, orçamentária, operacional e patrimonial da União e das entidades da administração direta e indireta (CF, art. 70 e 71). Há também a previsão de Comissão Mista Permanente de Orçamento (CF, arts. 166, § 1º, e 72);

III – *Julgamento de crimes de responsabilidade.* Constitui atribuição específica do Congresso Nacional o julgamento do Presidente da República e de outras autoridades federais pela prática de crimes de responsabilidade, sendo de competência exclusiva da Câmara dos Deputados a autorização de instauração do processo, no caso de crimes comuns e de responsabilidade (CF, art. 51, I). Ao Senado Federal compete processar e julgar referidas autoridades por crimes de responsabilidade (CF, art. 52, I e II);

IV – *Constituinte.* Além de suas funções legislativas ordinárias, cabe ao Congresso Nacional funcionar como Poder Constituinte Derivado, no sentido de apreciar e aprovar emendas à Constituição (CF, art. 60), o que se dará a partir do funcionamento das duas Casas;

V – *Deliberativa.* Determinadas atribuições são de competência exclusiva do Congresso Nacional, não sujeitas à sanção ou ao veto do Presidente da República (CF, arts. 49, 51 e 52). Essas deliberações são feitas por resolução ou decreto legislativo.

7.3. Câmara dos Deputados

A Câmara dos Deputados, cuja composição encontra-se disciplinada no artigo 45, da CF, é composta por representantes do povo brasileiro, eleitos pelo sistema proporcional, sendo assegurado a cada Estado e ao Distrito Federal o mínimo de oito e o máximo de setenta deputados. Estabelece-se, ainda, o número fixo de quatro deputados para cada Território, o que não ocorre atualmente, em vista da inexistência de territórios federais.

O número total de deputados e a representação proporcional de cada Estado e do Distrito Federal são fixados por lei complementar, de acordo com a população de cada Estado, respeitando-se sempre o número mínimo e o máximo de representantes por Estado.

Atualmente, a Lei Complementar n. 78/93 estabelece o número máximo de quinhentos e treze representantes, cabendo ao Instituto Brasileiro de Geografia e Estatística – IBGE, no ano anterior ao das eleições, fornecer a atualização demográfica das unidades da Federação, para que o Tribunal Superior Eleitoral possa fixar o número de cargos em disputa em cada Estado e no Distrito Federal. O mandato do deputado federal é de quatro anos.

7.3.1. Atribuições privativas da Câmara dos Deputados

Além das atribuições que são comuns às duas Casas Legislativas, como ocorre com o processo ordinário de elaboração e aprovação de leis que depende da aprovação de ambas, certas atribuições são privativas de cada Casa. Nesse sentido, entre as atribuições privativas da Câmara dos Deputados estão as seguintes (CF, art. 51):

- autorizar, por dois terços de seus membros, a instauração de processo contra o Presidente e Vice-Presidente da República e os ministros de Estado;
- proceder à tomada de contas do Presidente da República, quando não apresentada ao Congresso Nacional dentro de 60 dias após a abertura da sessão legislativa;
- elaborar seu regimento interno;
- dispor sobre sua organização, funcionamento, polícia, criação, transformação ou extinção dos cargos, empregos, funções de seus serviços, e a iniciativa de lei para fixação da respectiva remuneração, observados os parâmetros estabelecidos na lei de diretrizes orçamentárias;
- eleger membros, no caso dois, do Conselho da República, órgão consultivo do Presidente da República, nos termos do art. 89, VII, da CF.

7.4. Senado Federal

O Senado Federal é composto de oitenta e um senadores, sendo três senadores eleitos por cada Estado da Federação mais o Distrito Federal, conforme artigo 46, § 1º. Os senadores são eleitos pelo sistema majoritário, para um mandato de oito anos, sendo que a renovação do Senado se dá de quatro em quatro anos, alternadamente, por um e dois terços.

7.4.1. Atribuições Privativas do Senado Federal

Conforme disposto no artigo 52, da CF, compete privativamente ao Senado Federal:

- processar e julgar o Presidente e o Vice-Presidente da República nos crimes de responsabilidade, bem como os ministros de Estado e os comandantes da Marinha, do Exército e da Aeronáutica nos crimes da mesma natureza conexos com aqueles;
- processar e julgar os ministros do Supremo Tribunal Federal, os membros do Conselho Nacional de Justiça e do Conselho Nacional de Ministério Público, o Procurador-Geral da República e o Advogado-Geral da União nos crimes de responsabilidade;
- aprovar previamente, por voto secreto, após arguição pública, a escolha de magistrados nos casos estabelecidos pela Constituição, ministros de TCU indicados pelo Presidente da República, governador de Territórios, presidente e diretor do Banco Central, Procurador-Geral da República e titulares de outros cargos que a lei determinar;
- aprovar previamente, por voto secreto, após arguição em sessão secreta, a escolha de chefes de missão diplomática de caráter permanente;
- autorizar operações externas de natureza financeira, de interesse da União, dos Estados, do Distrito Federal, dos Territórios e dos Municípios;

- fixar, por proposta do Presidente da República, limites globais para o montante da dívida consolidada da União, dos Estados, do Distrito Federal e dos Municípios;
- dispor sobre limites globais e condições para as operações de crédito externo e interno da União, dos Estados, do Distrito Federal e dos Municípios, de suas autarquias e demais entidades controladas pelo poder Público Federal;
- dispor sobre limites e condições para a concessão de garantia da União em operações de crédito externo e interno;
- estabelecer limites globais e condições para o montante da dívida mobiliária dos Estados, do Distrito Federal e dos Municípios;
- suspender a execução, no todo ou em parte, de lei declarada inconstitucional por decisão definitiva do STF;
- aprovar, por maioria absoluta e por voto secreto, a exoneração, de ofício, do Procurador-Geral da República antes do término de seu mandato;
- elaborar seu regimento interno;
- dispor sobre sua organização, funcionamento, polícia, criação, transformação ou extinção de cargos, empregos e funções de seus serviços, e a iniciativa de lei para a fixação da respectiva remuneração, observados os parâmetros estabelecidos na lei de diretrizes orçamentárias;
- eleger membros do Conselho da República, nos termos do artigo 89, VII, da CF;
- avaliar periodicamente a funcionalidade do Sistema Tributário Nacional, em sua estrutura e seus componentes, e o desempenho das administrações tributárias da União, dos Estados, do Distrito Federal e dos Municípios.

7.5. Legislatura

Legislatura é o período legislativo que corresponde ao mandato dos deputados federais. No Brasil, a legislatura é fixada em quatro anos, conforme artigo 44, parágrafo-único da Constituição, sendo dividida em quatro sessões legislativas ordinárias que vão de 2 de fevereiro a 22 de dezembro de cada ano. Cada sessão legislativa ordinária, por sua vez, é dividida em dois períodos legislativos, o primeiro de 2 de fevereiro a 17 de julho e o segundo de 1º de agosto a 22 de dezembro (CF, art. 57).

7.6. Recesso Parlamentar

Recesso parlamentar é o espaço de tempo compreendido entre os períodos legislativos, ocasião em que o Congresso deixa de funcionar, salvo convocação extraordinária.

De acordo com o artigo 57, *caput*, da CF, o recesso parlamentar vai de 23 de dezembro a 1º de fevereiro. Referido dispositivo tem a redação dada pela Emenda Constitucional nº 50/2006.

7.7. Sessão Legislativa

Sessão legislativa é o período de tempo em que as Casas Parlamentares desenvolvem seus trabalhos, ou seja, é o espaço de tempo em que ocorrem as reuniões parlamentares. De acordo com o artigo 57 da Constituição Federal "O Congresso Nacional reunir-se-á, anualmente, na Capital Federal, de 02 de fevereiro a 17 de julho e de 1º de agosto a 22 de dezembro".

Já o § 2º do artigo 57, estabelece que a sessão legislativa não será interrompida sem a aprovação do projeto de lei de diretrizes orçamentárias. Vale dizer que somente com a aprovação do referido projeto encerra-se a sessão legislativa e tem início o recesso parlamentar.

As sessões legislativas são divididas em sessões ordinárias, extraordinárias e preparatórias. Além dessas, há previsão da realização de sessão conjunta das Casas Parlamentares.

7.7.1. Sessão Legislativa Ordinária

As sessões ordinárias são aquelas realizadas em dias úteis, dentro do horário do expediente parlamentar fixado no regimento interno de cada Casa. Como já mencionado as sessões legislativas ordinárias vão de 02 de fevereiro a 22 de dezembro de cada ano.

As sessões legislativas ordinárias correspondem às reuniões das Casas Parlamentares em que são efetivamente desenvolvidas as suas funções legislativas.

7.7.2. Sessão Legislativa Extraordinária

As sessões extraordinárias são aquelas convocadas em situações excepcionais, fora do funcionamento parlamentar normal.

7.7.2.1. Convocação Extraordinária do Congresso

A convocação extraordinária do Congresso Nacional somente ocorrerá nas hipóteses expressamente previstas na Constituição Federal, a saber:

I – Por convocação do Presidente do Senado Federal, em caso de decretação de estado de defesa ou de intervenção federal, de pedido de autorização para a decretação de estado de sítio e para o compromisso e a posse do Presidente e do Vice-Presidente da República (CF, art. 57, § 6º, I);

II – Por convocação do Presidente da República, pelos Presidentes da Câmara dos Deputados e do Senado Federal ou a requerimento da maioria dos membros de ambas as Casas, em caso de urgência ou interesse público relevante, em todas as hipóteses deste inciso com a aprovação da maioria absoluta de cada uma das Casas do Congresso Nacional (CF, art. 57, § 6º, I).

7.7.3. Sessão Legislativa Preparatória

As sessões preparatórias ocorrem no inicio de cada legislatura, com o objetivo de organizar o Congresso e suas Casas. São convocadas para a posse de seus membros e eleição das respectivas Mesas (CF, art. 57, § 4º).

7.7.4. Sessão Conjunta

De acordo com o § 3º do art. 57, da Constituição Federal, além de outros casos previstos na própria Constituição, a Câmara dos Deputados e o Senado Federal reunir-se-ão em sessão conjunta para:

I - inaugurar a sessão legislativa;

II - elaborar o regimento comum e regular a criação de serviços comuns às duas Casas;

III - receber o compromisso do Presidente e do Vice-Presidente da República;

IV - conhecer do veto e sobre ele deliberar.

7.8. Mesas Diretoras

As Mesas Diretoras são os órgãos de direção do Congresso Nacional e das respectivas Casas Legislativas, a Câmara dos Deputados e o Senado Federal. Compete aos próprios membros das referidas Casas a eleição das mesas, devendo-se observar uma representação proporcional dos partidos que compõem as Casas.

A Constituição veda a reeleição para igual cargo da Mesa Diretora dentro da mesma legislatura (CF, arts. 57, §§ 4º e 5º, e 58, § 1º).

O cargo de Presidente da Mesa do Congresso ou de qualquer das Casas Parlamentares possui grande relevância em razão da competência atribuída a esses cargos. Nesse sentido, compete ao Presidente da Mesa a direção dos trabalhos, a elaboração da pauta das sessões, a condução das votações, a proclamação do resultado das votações, o exercício do poder de polícia durante as sessões.

Além dessas atribuições comuns aos Presidentes das Mesas, compete ao Presidente da Câmara dos Deputados assumir a Presidência da República, em casos de impedimento do Presidente e do Vice-Presidente da República ou de vacância dos respectivos cargos (CF, art. 80).

7.9. Comissões

As Comissões são órgãos colegiados constituídos de um número menor de parlamentares em cada Casa, com finalidades específicas e divididas por áreas de atuação (assuntos econômicos, orçamento, meio ambiente etc.), para análise de assuntos determinados. Existem para dar maior dinamismo e racionalizar os trabalhos das Casas. Assim, os atos legislativos, antes de serem submetidos à votação pelo plenário, devem ser analisados, discutidos e votados nas comissões, que são órgãos mais especializados e que, em razão disso, podem opinar de maneira mais abalizada acerca das questões a serem submetidas ao plenário.

Também as Comissões devem pugnar para que a sua composição respeite a proporcionalidade dos partidos nas Casas legislativas. Assim, para a formação das comissões deve-se assegurar a representação proporcional dos partidos ou dos blocos parlamentares que compõem a respectiva Casa (CF, art. 58, § 1º).

No âmbito das Casas Parlamentares, existem diversos tipos de comissões, com diferentes naturezas e atribuições, das quais podemos citar:

a) *Comissão permanente*: São instituídas em razão da matéria e existem em todas as legislaturas (CF, art. 58), como é o caso das Comissões de Constituição e Justiça e de Orçamento;
b) *Comissão temporária ou especial*: São instituídas de forma temporária em razão de algum assunto específico e com uma determinada finalidade, extinguindo-se após a conclusão dos trabalhos, pelo decurso do prazo ou pelo término da legislatura (CF, art. 58);
c) *Comissão mista*: São composta por membros das duas Casas Parlamentares. A Constituição prevê uma Comissão Mista de Orçamento (CF, art. 166, § 1º);
d) *Comissão representativa*: São instituídas para a representação do Congresso Nacional, no período de recesso parlamentar, com atribuições definidas no regimento comum (CF, art. 58, § 4º);
e) *Comissão Parlamentar de Inquérito*: São instituídas para apuração de fato determinado e com prazo certo de duração.

7.9.1. Comissão Parlamentar de Inquérito

A Comissão Parlamentar de Inquérito - CPI é uma comissão instituída no âmbito de uma Casa Legislativa, ou em conjunto, para a apuração de fato determinado e com prazo certo de duração. Tal comissão é dotada de poderes de investigação próprios das autoridades judiciais, sendo que, ao final das apurações, as conclusões são remetidas ao Ministério Público para que sejam adotadas as medidas pertinentes, no sentido de se promover a responsabilização civil e criminal dos infratores (CF, art. 58, § 3º).

Trata-se de importante mecanismo de que dispõe o Poder Legislativo para a fiscalização dos atos dos demais poderes e de seus próprios membros, haja vista a amplitude dos poderes de investigação.

São requisitos para a instauração de uma CPI o requerimento de pelo menos um terço dos membros da respectiva Casa Legislativa, o tempo de duração dos trabalhos da comissão e a descrição do fato determinado que se visa apurar.

Em relação aos poderes de uma CPI, a própria Constituição estabelece que ela tem poderes de investigação próprios das autoridades judiciais, além de outros previstos nos regimentos internos das respectivas Casas. No desempenho de sua missão, podem essas comissões, conforme jurisprudência do Supremo Tribunal Federal: colher depoimentos, ouvir indiciados, inquirir testemunhas, notificando-as a comparecer perante elas e a depor; requisitar documentos e buscar todos os meios de prova legalmente admitidos; quanto aos dados, informações e documentos, mesmo que resguardados por sigilo legal, desde que observadas as cautelas legais, podem as CPIs requisitá-los, o que significa o poder de quebrar o sigilo fiscal, bancário e telefônico das pessoas sob investigação, determinando, inclusive a busca e apreensão de documentos.

Nada obstante a amplitude dos poderes investigativos de uma CPI, eles não são ilimitados, devendo ser exercidos em consonância com as demais normas constitucionais, sobretudo em relação aos direitos e garantias fundamentais do cidadão. Nesse sentido, podemos destacar os seguintes limites, extraídos da jurisprudência do Supremo Tribunal Federal:

- "*não podem formular acusações e nem punir delitos* (RDA 129/205, Rel. Min. Paulo Brossard), *nem desrespeitar privilégios contra a autoincriminação que assiste a qualquer indiciado ou testemunha* (RDA 196/197, Rel. Min. Celso de Melo
- HC 79.244-DF, Rel. Min. Sepúlveda Pertence), *nem decretar a prisão de qualquer pessoa, exceto nas hipóteses de flagrância* (RDA 196/195, Rel. Min. Celso de Mello - RDA 199/205, Rel . Min. Paulo Brossard)" (STF, MS 23.452-RJ, Rel . Min. Celso de Mello, DJ, 8 jun. 1999, Informativo STF, nº 151);
- não pode praticar "*atos cuja efetivação a Constituição atribui, com absoluta exclusividade, aos membros do Poder Judiciário*" (Informativo STF, nº 158). Vale dizer que uma CPI, em que pese os seus amplos poderes, não pode determinar o que a Constituição Federal reservou exclusivamente aos juízes;
- Toda decisão de uma CPI, assim como as decisões judiciais (CF, art. 93, IX), deve ser devidamente fundamentada, com a descrição específica da diligência a ser realizada, estando sujeita ao controle do Poder Judiciário (Informativo STF, nº 158).

Vale ressaltar, que somente fatos determinados, objetivos e concretos podem ser objeto de investigação por CPIs, não sendo admitidas CPIs com a finalidade de se promover verdadeira devassa em setores da Administração, sem um objeto definido. Quanto ao prazo certo, este pode ser objeto de sucessivas prorrogações, dentro da mesma legislatura.

7.10. Estatuto dos Congressistas

O Estatuto dos Congressistas consiste em um conjunto de prerrogativas, direitos, imunidades e incompatibilidades, estabelecidos pela própria Constituição Federal (CF, arts. 53 a 56), para assegurar aos deputados e senadores a necessária liberdade e independência no exercício de suas funções parlamentares.

7.10.1. Prerrogativas Parlamentares

Prerrogativas parlamentares são os direitos especialmente concedidos aos deputados federais e senadores pela Constituição, na condição de representantes da sociedade no Poder Legislativo Federal e enquanto no exercício do mandato legislativo, para que possam desempenhar a sua atividade parlamentar de forma livre e independente, protegidos de qualquer tipo de pressão que possa prejudicar ou inibir o exercício de sua função política.

Vale ressaltar, que tais prerrogativas são conferidas como uma garantia ao exercício da função parlamentar, em razão de um mandato parlamentar obtido da sociedade, não possuindo nenhuma conotação pessoal. Assim, encerrado ou cassado o mandato, deixa a pessoa de possuir tais prerrogativas. Em outras palavras as prerrogativas são dirigidas ao cargo parlamentar e não à pessoa.

Com o advento da Emenda Constitucional nº 35/2001, as regras sobre imunidade parlamentar sofreram importantes alterações, especialmente no que se refere à licença prévia da Casa parlamentar para que o parlamentar pudesse ser processado, a qual deixou de existir.

No âmbito das prerrogativas parlamentares estão inseridas as imunidades parlamentares, sendo que a doutrina costuma dividir essas imunidades em dois tipos: a) imunidade material, real ou substantiva; b) imunidade formal, processual ou adjetiva.

A Constituição brasileira, como dito, estabelece uma série de prerrogativas a deputados e senadores, enquanto no exercício do mandato, que se encontram descritas no art. 53, da CF:

- *Imunidade material, real ou substantiva* – inviolabilidade por opiniões e votos (CF, art. 53, *caput*);
- *Imunidade formal ou processual* – restrição à prisão de parlamentares e à instauração de processos contra estes (CF, art. 53, §§ 3º e 5º);
- *Foro por prerrogativa de função* (CF, art. 53, § 1º);
- *Sigilo da fonte* (CF, art. 53, § 6º);
- *Isenção do serviço militar* (CF, art. 53, § 7º). deputados e senadores, mesmo militares e ainda que em tempo de guerra, somente poderão ser incorporados às forças armadas com prévia licença da Casa Legislativa que integram.

7.10.1.1. Imunidade Material

A imunidade material, prevista no *caput* do artigo 53, estabelece que os deputados e senadores são invioláveis, civil e penalmente, por quaisquer de suas opiniões, palavras e votos, desde que proferidas em razão de sua atividade parlamentar.

Com efeito, a imunidade material, que está ligada à inviolabilidade do parlamentar, significa que este não poderá ser condenado, nem civil nem criminalmente, em razão de suas opiniões, palavras e votos, tendo em vista que o ato por ele praticado, nessas circunstâncias, não caracteriza qualquer tipo penal, nem sequer lhe sujeita a ações de natureza civil ou administrativa, em razão da imunidade constitucional.

Assim, não respondem os deputados e senadores por crimes contra a honra (calúnia, injúria e difamação), em razão de suas denúncias, nem tampouco podem ser acionados na esfera cível em ações de indenização, uma vez que a imunidade constitucional alcança tanto a responsabilidade penal quanto a civil. Mesmo as manifestações ocorridas fora do Parlamento estão abrangidas pela imunidade, desde que compatíveis com o exercício do mandato legislativo (Informativo STF, nº 169). Trata-se de uma imunidade de caráter absoluto.

Pode-se dizer que a imunidade material representa a imunidade parlamentar típica, indispensável nos regimes democráticos, uma vez que dá a necessária liberdade ao parlamentar para o exercício de suas funções, garantindo que ele não poderá ser perseguido, nem prejudicado em razão de suas manifestações da tribuna.

7.10.1.2. Imunidade Formal ou Processual

A imunidade formal ou processual está relacionada às regras constitucionais específicas relacionadas à prisão e à instauração de processos contra parlamentares.

Os parlamentares adquirem a imunidade formal a partir da diplomação pela Justiça eleitoral, antes mesmo de tomarem posse do cargo. Nesse sentido, conforme dispõe o artigo 53, § 2º, da Constituição, "desde a expedição do diploma, os membros do Congresso Nacional não poderão ser presos, salvo em flagrante de crime inafiançável. Nesse caso, os autos serão remetidos dentro de vinte e quatro horas à Casa respectiva, para que, pelo voto da maioria de seus membros, resolva sobre a prisão".

7.10.1.2.1. Prisão de Parlamentar

Como regra geral, os parlamentares não poderão ser presos, seja a prisão de natureza penal, seja de natureza civil. A única hipótese admitida de prisão de um deputado ou senador será em caso de flagrante de crime inafiançável.

Observe-se que para a prisão de um parlamentar devem concorrer duas condições: 1) a prisão deve ser em flagrante; 2) o crime imputado ao parlamentar deve ser inafiançável.

Com efeito, um parlamentar poderá ser preso por tráfico de entorpecentes, desde que em flagrante, mas não por furto, uma vez que este não constitui crime inafiançável.

Cumpre observar que, no caso de prisão de um parlamentar, mesmo estando presentes as condições acima, os autos deverão ser remetidos no prazo de vinte e quatro horas à Casa respectiva, para que, pelo voto da maioria de seus membros, resolva sobre a prisão. Vale dizer, que a aprovação pela Casa parlamentar é condição indispensável para a manutenção da prisão em flagrante.

7.10.1.2.2. Processo Contra Parlamentar

Até o advento da Emenda Constitucional nº 35/2001 era necessária licença prévia da Casa Legislativa respectiva para que um deputado ou senador fosse processado pelo Supremo Tribunal Federal, o que não mais ocorre. Com isso, recebida a denúncia pelo STF, por crime ocorrido após a diplomação, será cientificada a Casa respectiva que, por iniciativa de partido político nela representado e pelo voto da maioria absoluta de seus membros, poderá, até a decisão final, sustar o andamento da ação.

O pedido de sustação será apreciado pela Casa respectiva no prazo improrrogável de quarenta e cinco dias do seu recebimento pela Mesa Diretora. A alteração promovida no Texto Constitucional com a Emenda nº 35/2001 representou avanço no que se refere a esse tipo de imunidade, visto que pela sistemática anterior, o processamento de qualquer parlamentar dependia de licença prévia da Casa a que pertencia, licença esta raramente concedida, o que gerava impunidade. Essa imunidade só se aplica às matérias penais, tratando-se de uma hipótese de imunidade penal relativa, que abrange todos os crimes, com exceção dos crimes contra a honra, para os quais prevalece a imunidade absoluta.

Vale destacar, por fim, que não há imunidade em relação a crimes praticados antes da diplomação, conforme entendimento do Supremo Tribunal Federal, não podendo a Casa parlamentar respectiva sustar o andamento da aludida ação, ao contrário do que ocorre no caso de crime praticado durante o exercício do mandato.

7.10.1.3. Foro por Prerrogativa de Função (Foro Privilegiado)

Conforme disposto no artigo 53, § 1º, os deputados e senadores, desde a expedição do diploma, serão submetidos a julgamento perante o Supremo Tribunal Federal, pela prática de qualquer tipo de crime. É o que se denomina foro por prerrogativa de função.

7.10.1.4. Sigilo da Fonte em Relação à Função Parlamentar

De acordo com o artigo 53, § 6º, da Constituição, deputados e senadores não serão obrigados a testemunhar sobre informações recebidas ou prestadas em razão do exercício do mandato, nem sobre as pessoas que lhes confiaram ou deles receberam informações.

7.10.1.5. Suspensão das Imunidades Parlamentares

A Constituição Federal, em seu artigo 53, § 4º, estabelece que as imunidades de deputados e senadores subsistirão durante o estado de sítio, só podendo ser suspensas mediante o voto de dois terços dos membros da Casa respectiva nos casos de atos praticados pelo parlamentar fora do recinto do Congresso Nacional, que sejam incompatíveis com a execução da medida.

7.10.2. Prerrogativas dos Parlamentares Estaduais, Distritais e Municipais

Segundo o artigo 27, § 1º, da Constituição, aos deputados estaduais, aí compreendidos os deputados distritais (CF, art. 32, § 3º), serão aplicadas as mesmas regras previstas na Constituição sobre sistema eleitoral, inviolabilidade, imunidades, remuneração, perda de mandato, licença, impedimentos e incorporação às forças armadas.

Quanto aos parlamentares municipais (vereadores), de acordo com o artigo 29, VIII, da Constituição Federal, a lei orgânica do Município deverá contemplar, dentre outras regras, preceito relativo a inviolabilidade dos vereadores por suas opiniões, palavras e votos no exercício do mandato e na circunscrição do Município.

Com efeito, ao vereador somente será concedida a imunidade material e dentro da circunscrição do Município, não lhe sendo atribuída a imunidade formal ou processual, conforme entendimento já manifestado pelo Supremo Tribunal Federal.

7.10.3. Impedimentos uu Incompatibilidades Parlamentares

A Constituição Federal, para garantir a independência necessária ao exercício do mandato parlamentar, além de estabelecer uma série de prerrogativas aos deputados e senadores, impõe alguns impedimentos, descritos no artigo 54. Isso ocorre em razão de que certos atos e funções são incompatíveis com a atuação parlamentar, na medida em que parlamentares não podem se aproveitar do cargo que ocupam para a obtenção de vantagens pessoais.

José Afonso da Silva classifica esses impedimentos da seguinte forma:

a) *Incompatibilidades funcionais* (CF, art. 54, I, b, e II, b). Desde a diplomação: aceitar ou exercer cargo, função ou emprego remunerado, inclusive os que sejam demissíveis *ad nutum*, em pessoas jurídicas de direito público, autarquia, empresas públicas, sociedades de economia mista ou empresas concessionárias de serviço público (art. 54, I, b). Desde a posse: ocupar cargo ou função de que sejam demissíveis *ad nutum* naquelas mesmas entidades (art. 54, II, b), ressalvado o de ministro, de governador de Território, de secretário de Estado, do Distrito Federal, de Território, de Prefeitura de Capital ou chefe de missão diplomática temporária (art. 56);

b) *Incompatibilidades negociais* (CF, art. 54, I, a). Desde a diplomação: firmar ou manter contrato com pessoa jurídica de direito público, autarquia, empresa pública, sociedade de economia mista ou empresa concessionária de serviço público, salvo quando o contrato obedecer a cláusulas uniformes. Por contratos de cláusulas uniformes entende-se os contratos de adesão, em que as cláusulas não são passíveis de discussão;

c) *Incompatibilidades políticas* (CF, art. 54, II, d). Os parlamentares não podem ser titular de mais de um cargo ou mandato público eletivo;

d) *Incompatibilidades profissionais* (CF, art. 54, II, a e c). Desde a posse: Os Parlamentares não podem ser proprietários, controladores ou diretores de empresa que goze de favor decorrente de contrato com pessoa jurídica de direito público, ou nela exercerem função remunerada (art. 54, II, a). Também não podem patrocinar causa em que seja interessada pessoa jurídica de direito público, autarquia, empresa pública, sociedade de economia mista ou empresa concessionária de serviço público (art. 54, II, c).

7.10.4. Impedimentos dos Parlamentares Estaduais, Distritais e Municipais

A Constituição estabelece em seu artigo 27, § 1º, que se aplica aos deputados estaduais, e aos distritais (CF, art. 32, § 3º), as mesmas regras sobre inviolabilidade, imunidades, remuneração, perda de mandato, licença, impedimentos e incorporação às forças armadas, previstas para deputados federais e senadores.

Em relação aos vereadores, a lei orgânica do Município deverá conter dispositivo que trate das proibições e incompatibilidades, as quais deverão ser similares, no que couber, às previstas para os parlamentares das demais esferas de poder (CF, art. 29, IX).

7.10.5. Perda do Mandato Parlamentar

As hipóteses de perda do mandato parlamentar encontram-se expressamente previstas na Constituição Federal, em seu artigo 55, sendo que por se tratar de norma restritiva de direitos, deve ser interpretada de forma estrita, significando que o rol estabelecido na Constituição é taxativo.

São as seguintes as hipóteses de perda do mandato pelo deputado ou senador:

"*I - que infringir qualquer das proibições estabelecidas no artigo anterior;*

II - cujo procedimento for declarado incompatível com o decoro parlamentar;

III - que deixar de comparecer, em cada sessão legislativa, à terça parte das sessões ordinárias da Casa a que pertencer, salvo licença ou missão por esta autorizada;

IV - que perder ou tiver suspensos os direitos políticos;

V - quando o decretar a Justiça Eleitoral, nos casos previstos nesta Constituição;

VI – que sofrer condenação criminal em sentença transitada em julgado."

Nos casos previstos nos incisos I, II e VI, a perda do mandato será decidida pela Casa a que pertencer o parlamentar, por voto secreto e maioria absoluta, mediante a provocação da respectiva Mesa ou de partido político representado no Congresso Nacional, assegurada a ampla defesa (CF, art. 55, § 2º).

Nos casos previstos nos incisos III a V, a perda será declarada pela Mesa da Casa respectiva, de ofício ou mediante provocação de qualquer de seus membros, ou de partido político representado no Congresso Nacional, assegurada a ampla defesa.

7.10.6. Renúncia ao Mandato Parlamentar

A renúncia do parlamentar ao mandato quando submetido a processo que tenha por objetivo ou possa levar a perda do mandato, conforme preceitua o artigo 55, da CF, terá seus efeitos suspensos até as deliberações finais de que tratam os §§ 2º e 3º do mesmo artigo. O § 4º, do artigo 55, que trouxe esta previsão, foi acrescido pela ECR nº 6/94.

Com efeito, a renúncia de parlamentar ao mandato na tentativa de evitar a sua cassação, por meio de processo já em curso, terá seus efeitos suspensos e, no caso de aprovada a cassação, a renúncia não terá qualquer efeito, não evitando a cassação.

Vale destacar, que somente geram inelegibilidades a cassação por infringência às vedações do artigo 54 ou de atentado ao decoro parlamentar, observado, ainda, o disposto na lei de inelegibilidades.

7.10.7. Afastamento do Parlamentar

A Constituição Federal, em seu artigo 56, incisos I e II, contemplou expressamente as hipóteses em que o congressista poderá afastar-se do cargo sem, contudo, perder o mandato. Assim, não perderá o mandato o deputado ou senador:

- investido no cargo de Ministro de Estado, Governador de Território, Secretário de Estado, do Distrito Federal, de Território, de Prefeitura de Capital ou chefe de missão diplomática temporária;
- licenciado pela respectiva Casa por motivo de doença, ou para tratar, sem remuneração, de interesse particular, desde que, neste caso, o afastamento não ultrapasse cento e vinte dias por sessão legislativa.

Ressalte-se que, na primeira hipótese, o deputado ou senador poderá optar pela remuneração relativa ao mandato do qual se afastou, conforme artigo 56, § 3º, da CF.

7.10.8. Suplência Parlamentar

Conforme dispõe o artigo 56, § 1º, da CF, o suplente de deputado ou senador será convocado nos casos de vaga, de investidura em funções previstas neste artigo ou de licença superior a cento e vinte dias.

Ocorrendo a vaga sem que haja suplente para preenchê-la, far-se-á eleição para preenchimento se faltarem mais de quinze meses para o término do mandato (CF, art. 56, § 2º)

7.11. Fiscalização Contábil, Financeira e Orçamentária

De acordo com o artigo 70 da Constituição Federal, a fiscalização contábil, financeira, orçamentária, operacional e patrimonial da União e das entidades da Administração direta e indireta será exercida pelo Congresso Nacional.

De um modo geral, num Estado Democrático de Direito, nenhum ato estatal está livre do império da lei. Todos os atos praticados pelos agentes estatais devem estar em sintonia com a regra legal e devem, por isso, sujeitar-se ao controle e fiscalização.

A fiscalização de que trata a Constituição, nada obstante, vai além da legalidade dos atos, alcançando o respeito a outros princípios igualmente consagrados no Texto Constitucional, como o da impessoalidade, da publicidade, da eficiência, entre outros, tudo como forma de se buscar uma Administração Pública eficiente e que alcance os objetivos sociais do próprio Estado.

7.11.1. Modalidades de Fiscalização

Conforme destaca Uadi Lammêgo Bulos, há quatro modalidades distintas de fiscalização (CF, art. 70, *caput*):

"- *fiscalização da legalidade* – vincula o administrador público ao império da lei, verificando a validade formal e material dos atos administrativos em face da Constituição e do ordenamento infraconstitucional;

- *fiscalização financeira* – controla a aplicação das subvenções, a renúncia de receitas, as despesas e as questões contábeis;
- *fiscalização da legitimidade* – as finanças públicas devem ser geridas conforme os objetivos politicamente aceitos pela Nação, a qual cumpre ser informada sobre o modo de gestão da coisa pública; e
- *fiscalização da economicidade* – às finanças públicas cumpre perseguir o princípio do custo/benefício. Logo, a despesa deve adequar-se à receita, de modo que os tributos pagos pela população tenham destino útil. Noutras palavras, deve-se diminuir o gasto e aumentar o lucro, em nome da eficiência administrativa (CF, art. 37, *caput*)".

7.11.2. Formas de Controle

Basicamente, são duas as formas de controle das finanças públicas e da atividade da Administração Pública: o controle externo e o controle interno.

- *Controle externo* – é exercido por órgão diverso do controlado, de modo a se dotar de maior independência a função de controle. Segundo a Constituição Federal, no plano federal, o controle externo é de competência do Congresso Nacional que o exercerá com o auxílio do Tribunal de Contas da União (CF, art. 71, *caput*)

- *Controle interno* – é exercido *interna corporis*, dentro da esfera dos Poderes Executivo, Legislativo e Judiciário, possuindo a natureza administrativa.

7.11.3. Dever de Prestar Contas

De acordo com o disposto no parágrafo-único, do artigo 70, da Constituição Federal, com redação dada pela Emenda Constitucional nº 19/98, "Prestará contas qualquer pessoa física ou jurídica, pública ou privada, que utilize, arrecade, guarde, gerencie ou administre dinheiros, bens e valores públicos ou pelos quais a União responda, ou que, em nome desta, assuma obrigações de natureza pecuniária".

7.11.4. Tribunal de Contas da União

O Tribunal de Contas da União, conforme disposto no artigo 71, da Constituição Federal, constitui-se em órgão auxiliar do Congresso Nacional no exercício do controle externo no País, o qual compreende a fiscalização contábil, financeira, orçamentária, operacional e patrimonial da União e das entidades da administração direta e indireta, quanto à legalidade, legitimidade, economicidade, aplicação das subvenções e renúncia de receitas (CF, art. 70).

Entre as principais competências do Tribunal de Contas da União (CF, art. 70) destacam-se:

- a apreciação das contas anualmente prestadas pelo Presidente da República;
- julgar as contas dos administradores e demais responsáveis por dinheiros, bens e valores públicos da administração direta e indireta, incluídas as Fundações instituídas e mantidas pelo Poder Público Federal;
- apreciar, para fins de registro, a legalidade dos atos de admissão de pessoal, a qualquer título, na administração direta e indireta;
- fiscalizar a aplicação de quaisquer recursos repassados pelo União a Estado, ao Distrito Federal ou a Município.

Trata-se de Instituição de grande importância para o Estado brasileiro, na medida em que desempenha uma função primordial de fiscalização e controle dos gastos públicos e das contratações realizadas pelo Poder Público, funcionando como verdadeiro guardião do Erário.

7.11.4.1. Composição

O Tribunal de Contas da União, com sede em Brasília, é composto por nove Ministros, os quais possuem as mesmas garantias, prerrogativas, impedimentos, vencimentos e vantagens dos Ministros do Superior Tribunal de Justiça (CF, art. 73, § 3º).

O Tribunal possui quadro próprio e jurisdição em todo o território nacional (CF, art. 73). Os §§ 1º e 2º, do artigo 73, estabelecem os requisitos e a forma de nomeação dos Ministros do Tribunal.

A nomeação é feita dentre brasileiros, natos ou naturalizados, com mais de 35 e menos de 65 anos de idade, exigindo-se, ainda, que a pessoa possua idoneidade moral e reputação ilibada; notórios conhecimentos jurídicos, contábeis, econômicos e financeiros ou de Administração Pública; mais de 10 anos de exercício de função ou de efetiva atividade profissional que exija os conhecimentos mencionados (CF, art. 73, § 1º, incisos I a IV).

A escolha dos Ministros é feita da seguinte forma:

- um terço é escolhido pelo Presidente da República, devendo ser aprovada pelo Senado Federal, por maioria simples. Dos três Ministros cuja escolha cabe ao Presidente da República, um é escolhido livremente e dois alternadamente dentre auditores e membros do Ministério Público junto ao Tribunal, indicados em lista tríplice, segundo critérios de antiguidade e merecimento, sendo que a escolha caberá ao Presidente da República
- dois terços são escolhidos pelo Congresso Nacional, em conformidade com o regimento interno. Normalmente, há uma divisão dessas seis indicações entre o Senado Federal e a Câmara dos Deputados.

Além dos Ministros, o Tribunal de Contas da União conta com três auditores, nomeados após aprovação em concurso público de provas e títulos, os quais funcionam como substitutos dos Ministros em seus afastamentos e impedimentos. Esses auditores, quando em substituição, terão as mesmas garantias e impedimentos do titular e, quando no exercício das demais atribuições da judicatura, as de juiz de Tribunal Regional Federal (CF, art. 73, § 4º).

7.11.4.2. Ministério Público Junto aos Tribunais de Contas

Os tribunais de contas, tanto da União, quanto dos Estados, Distrito Federal e Municípios, possuem em sua estrutura, um Ministério Público especializado. No Tribunal de Contas da União o Ministério Público é composto por sete membros, nomeados pelo Presidente da República após aprovação em concurso público de provas e títulos, os quais são denominados procuradores. Referidos procuradores possuem as mesmas prerrogativas e vedações dos integrantes do Ministério Público da União (CF, art 130), muito embora não haja qualquer ligação entre as duas instituições, sendo o Ministério Público junto ao TCU uma carreira própria do Tribunal.

O Ministério Público junto aos tribunais de contas, além de exercerem a função de *custo legis*, são responsáveis pela defesa dos interesses do Erário, manifestando-se sobre a maioria dos processos a serem apreciados pelo tribunal, inclusive com a interposição dos recursos cabíveis.

7.11.4.3. Tribunais de contas dos Estados, Distrito Federal e Municípios

De acordo com o artigo 75 da Constituição Federal, as normas estabelecidas em relação ao Tribunal de Contas da União aplicam-se, no que couber, à organização, composição e fiscalização dos Tribunais de Contas dos Estados e do Distrito Federal, bem como dos Tribunais e Conselhos de Contas dos Municípios, sendo que as Constituições estaduais disporão sobre os Tribunais de Contas respectivos, que serão integrados por sete conselheiros (CF, art. 75, parágrafo único).

Muito embora a Constituição vede expressamente a criação de Tribunais, Conselhos e órgãos de Contas Municipais (CF, art. 31, § 4º), os Municípios que já possuíam anteriormente órgãos dessa natureza puderam mantê-los, como é o caso do Município de São Paulo e do Rio de Janeiro.

Nos demais Municípios, o controle externo da Câmara Municipal será exercido com o auxílio dos Tribunais de Contas dos Estados (CF, art. 31, § 2º).

8. PODER EXECUTIVO

O Poder Executivo é o Poder responsável pela execução das políticas públicas, pela execução das obras e serviços essenciais à sociedade, pela cobrança de tributos e administração das finanças públicas; enfim, pela execução das normas elaboradas pelo Poder Legislativo.

Pode-se dizer que o Poder Executivo tem como função típica e essencial administrar o Estado em conformidade com as leis elaboradas pelo Poder Legislativo, sendo que, na esfera federal, esse poder é exercido pelo Presidente da República com o auxílio dos ministros de Estado.

8.1. Organização

A Constituição brasileira adotou como forma de governo a República, e como sistema de governo o presidencialismo, decisão essa ratificada pela população em plebiscito realizado em 1993, cinco anos depois da promulgação da Carta Constitucional.

Dessa forma, o Poder Executivo no País encontra-se estruturado sob um sistema presidencial, sendo comandado por um Presidente da República, que acumula as funções de chefe de Estado e de chefe de Governo, e que conta com o auxílio dos ministros de Estado por ele nomeados no exercício da Administração Pública (CF, art. 76).

8.2. Presidente da República

A Constituição Federal, em seu art. 84, relaciona as atribuições do Presidente da República, dentre as quais podemos destacar:

- nomear e exonerar os ministros de Estado;

- exercer, com o auxílio dos Ministros de Estado, a direção superior da administração federal;
- iniciar o processo legislativo, na forma e nos casos previstos na Constituição;
- sancionar, promulgar e fazer publicar as leis, bem como expedir decretos e regulamentos para sua fiel execução;
- vetar projetos de lei, total ou parcialmente;
- manter relações com Estados estrangeiros;
- celebrar tratados, convenções e atos internacionais, sujeitos a referendo do Congresso Nacional;
- decretar o estado de defesa e o estado de sítio;
- decretar e executar a intervenção federal;
- conceder indulto e comutar penas, com audiência, se necessário, dos órgãos instituídos em lei;
- exercer o comando supremo das Forças Armadas;
- nomear, após aprovação pelo Senado Federal, os ministros do Supremo Tribunal Federal e dos Tribunais Superiores, os governadores de Territórios, o Procurador-Geral da República, o presidente e os diretores do Banco Central e outros servidores, quando determinado em lei;
- nomear, observado o disposto no art. 73, os ministros do Tribunal de Contas da União;
- nomear os magistrados, nos casos previstos na Constituição, e o Advogado-Geral da União;
- nomear membros do Conselho da República, nos termos do art. 89, VII;
- convocar e presidir o Conselho da República e o Conselho de Defesa Nacional;
- declarar guerra, no caso de agressão estrangeira, autorizado pelo Congresso Nacional ou referendado por ele, quando ocorrida no intervalo das sessões legislativas, e, nas mesmas condições, decretar, total ou parcialmente, a mobilização nacional;
- celebrar a paz, autorizado ou com o referendo do Congresso Nacional;
- editar medidas provisórias com força de lei, nos termos do art. 62.

8.2.1. Sucessão

O sucessor direto e imediato do Presidente da República é o Vice-Presidente, que substituirá o titular em suas ausências e impedimentos. No caso de impedimento ou vacância de ambos os cargos, a Constituição estabelece a seguinte ordem de sucessão: Presidente da Câmara dos Deputados, Presidente do Senado Federal e Presidente do Supremo Tribunal Federal (CF, art. 80).

8.2.2. Eleições

As eleições para Presidente e Vice-Presidente da República, como todas as eleições para cargos eletivos no País (CF, art. 14), são realizadas de forma direta, sendo o sufrágio universal, pelo voto direto e secreto, com igual valor para todos. Referidas eleições serão realizadas em dois turnos de votação, caso nenhum candidato alcance a maioria absoluta na primeira votação, situação em que os dois candidatos mais votados disputarão o segundo turno, sendo eleito aquele que obtiver maior votação.

Existe uma única hipótese em que o Presidente da República será eleito pelo voto indireto. Trata-se do caso previsto no art. 81, § 1º, da CF, que contempla a possibilidade de ocorrer a vacância simultânea dos cargos de Presidente e de Vice-Presidente, nos últimos dois anos do mandato presidencial. Entendeu o constituinte que, nesta situação, não seria conveniente a convocação de uma nova eleição direta apenas para cobrir o pequeno período restante do mandato anterior, considerando os altos custos envolvidos. Neste caso, a eleição do novo Presidente ficará a cargo do Congresso Nacional.

Caso a vacância dos cargos de Presidente e de Vice se der antes de completados dois anos de mandato, realizar-se-á eleições diretas. Em ambos os casos os eleitos deverão completar o período de seus antecessores.

O mandato do Presidente e do Vice é de quatro anos (CF, art. 82), sendo possível a reeleição para um único período subsequente (art. 14, § 5º).

Vale destacar que, na eleição para Presidente e Vice-Presidente da República, exige-se dos candidatos a condição de brasileiro nato (CF, art. 12, § 3º) e a idade mínima de trinta e cinco anos, além dos demais requisitos de elegibilidade.

8.2.3. Perda do Cargo

As hipóteses de perda do cargo de Presidente da República e de Vice-Presidente são as seguintes:

1) em caso de condenação por parte do Senado Federal, por 2/3 de seus membros, em processo de *impeachment*, pela prática de crime de responsabilidade, após admitida a acusação pela Câmara dos Deputados para a abertura do processo (CF, arts. 51, I, 52, I e parágrafo único, e 86);
2) em caso de condenação proferida pelo Supremo Tribunal Federal pela prática de crime comum (CF, art. 102, I, b), após admitida a acusação pela Câmara dos Deputados, por 2/3 dos seus membros, para a abertura do processo (CF, art. 51, I, e 86);
3) No caso de declaração de vacância do cargo por não tomarem posse dos cargos para os quais foram eleitos no prazo de dez dias (CF, art. 78, parágrafo único; 4) em caso de ausência do País por período superior a quinze dias sem licença do Congresso Nacional (CF, art. 83).

8.2.4. Crimes de Responsabilidade

A Constituição brasileira, em seu artigo 85, define crimes de responsabilidades como os atos praticados pelo Presidente da República que atentem contra a Constituição e, especialmente, contra: "I - a existência da União; II - o livre exercício do Poder Legislativo, do Poder Judiciário, do Ministério Público e dos Poderes Constitucionais das unidades da Federação; III - o exercício dos direitos políticos, individuais e sociais; IV - a segurança interna do País; V - a probidade na administração; VI - a lei orçamentária; VII - o cumprimento das leis e das decisões judiciais".

De acordo com o parágrafo único do citado dispositivo, os crimes de responsabilidade serão definidos em lei especial, que estabelecerá as normas de processo e julgamento. Atualmente, a Lei n. 1.079/50 estabelece o procedimento para julgamento dos crimes de responsabilidade cometidos pelo Presidente da República, Vice-Presidente, ministros de Estado e do Supremo Tribunal Federal e pelo Procurador-Geral da República, sendo que essa lei foi recepcionada, em sua maior parte, pela atual Constituição com as devidas adaptações. Vale observar que, além do Presidente da República, outras autoridades também são passíveis de ser processadas por crimes de responsabilidade.

Quanto ao procedimento para a instauração de processo por crimes de responsabilidade, a lei estabelece que qualquer cidadão pode apresentar denúncia, competindo à Câmara dos Deputados o juízo de admissibilidade da acusação, exigindo-se um quorum qualificado de 2/3 dos votos dos seus membros para autorizar a instauração do processo de *impeachment* (CF, arts. 52, I, e 86). De se ressaltar que, uma vez admitida a acusação pela Câmara dos Deputados e instaurado o processo pelo Senado Federal, o Presidente da República ficará suspenso de suas funções pelo prazo de cento e oitenta dias (CF, art. 86, §§ 1º, II e 2º).

O processo e o julgamento do mérito da acusação cabem ao Senado Federal, sob a presidência do Presidente do Supremo Tribunal Federal, sendo exigível para a procedência da ação o quorum qualificado de 2/3 dos votos dos senadores (CF, arts. 52, I, e 86).

8.2.4.1. Sanções Previstas para os Crimes de Responsabilidade

Duas sanções são previstas na Constituição para os condenados por crime de responsabilidade:

1) a perda do cargo;

2) a inabilitação por oito anos para o exercício de função pública.

Ressalte-se que a renúncia da autoridade processada, após a instauração da sessão de julgamento, não importa na extinção do processo de *impeachment*, conforme entendimento do Supremo Tribunal Federal.

8.2.5. Imunidade do Presidente da República

Segundo estabelece o § 3º, do art. 86, da Constituição, o Presidente da República, na vigência do seu mandato, não estará sujeito à prisão, nas infrações comuns, enquanto não sobrevier sentença condenatória. Também não poderá ser responsabilizado por atos estranhos ao exercício de suas funções (CF, art. 86, § 4º).

Nada obstante essas prerrogativas, o Presidente da República poderá vir a ser processado criminalmente pelo Supremo Tribunal Federal por crimes cometidos em razão do exercício de sua funções (CF, art. 102, I, b), sendo indispensável a autorização da Câmara dos Deputados, por 2/3 dos seus membros.

8.3. Vice-Presidente da República

Ao Vice-Presidente da República cabe a substituição do Presidente no caso de impedimento e a sucessão no caso de vacância do cargo (CF, art. 79). Incumbe-lhe também auxiliar o Presidente em missões especiais, quando convocado; exercer as atribuições que lhe forem conferidas por lei complementar (art. 79, parágrafo único); e compor o Conselho da República (art. 89, I) e o Conselho de Defesa Nacional (art. 91, I).

8.4. Ministros de Estado

Os ministros de Estado são auxiliares do Presidente da República na direção superior da Administração Federal (CF, arts. 76 e 84, I). Constituem cargos de livre nomeação e exoneração pelo Presidente.

Compete aos ministros (CF, art. 87, parágrafo único):

I – exercer a orientação, coordenação e supervisão dos órgãos e entidades da administração federal, a direção da parte da administração federal na área de sua competência e referendar os atos e decretos assinados pelo Presidente da República;

II – expedir instruções para a execução das leis, decretos e regulamentos;

III – apresentar ao Presidente da República relatório anual de sua gestão no Ministério;

IV – praticar os atos pertinentes às atribuições que lhe foram outorgadas ou delegadas pelo Presidente da República.

9. PODER JUDICIÁRIO

Ao Poder Judiciário compete, como função típica, o exercício da atividade jurisdicional do Estado, que se caracteriza pela aplicação do direito aos casos concretos que lhe são submetidos, com vistas à solução dos conflitos de interesse surgidos no âmbito da sociedade. Como a jurisdição é um monopólio estatal, não sendo admitida a justiça privada, trata-se de um poder/dever do Estado.

9.1. Organização

A estrutura do Poder Judiciário brasileiro é complexa, tendo em vista, sobretudo, a natureza federativa do Estado e a existência de justiças especializadas, além dos juizados especiais.

A Constituição brasileira trata do Poder Judiciário nos artigos 92 a 126, nos quais estão estabelecidas questões como a estrutura do Judiciário nacional, as competências de cada órgão jurisdicional, as garantias do Poder Judiciário, as garantias e impedimentos dos magistrados, entre outras questões afeitas a esse Poder.

Com efeito, o Poder Judiciário no Brasil estrutura-se basicamente a partir de uma divisão em duas esferas jurisdicionais independentes, que são as Justiças dos Estados e a Justiça da União. A partir dessa divisão maior, referidas Justiças se subdividem em Justiças comuns e Justiças especializadas, havendo ainda a previsão de juizados especiais tanto no âmbito das Justiças Estaduais como no da Justiça Federal.

9.2. Órgãos

A Justiça da União é composta pelos seguintes órgãos jurisdicionais:

- Justiça Federal (CF, arts. 106 a 110), que é considerada a Justiça comum da União e à qual se vinculam os tribunais do júri federais e os juizados especiais federais;
- Justiça do Trabalho (arts. 111 a 117);
- Justiça Eleitoral (arts. 118 a 121) e;
- Justiça Militar (arts. 122 a 124).

As Justiças dos Estados, por sua vez, são compostas pelos seguintes órgãos:

- Justiças Estaduais comuns ou ordinárias (arts. 125 a 126), às quais se vinculam os tribunais do júri e os juizados especiais; e
- Justiças Militares estaduais (art. 125 § 3º).

9.3. Supremo Tribunal Federal

O Supremo Tribunal Federal é o órgão de cúpula do Poder Judiciário brasileiro e possui como função precípua a "guarda da Constituição".

Para tanto, é de sua competência a missão de proferir a palavra final sobre questões de natureza constitucional, velando pelo respeito e pela supremacia da Constituição em todo o território nacional. Nesse sentido, o Supremo exerce com exclusividade o controle de constitucionalidade concentrado das leis e atos normativos federais e estaduais.

Afora essa relevante função de guardião da Constituição, possui o Supremo Tribunal Federal uma série de outras atribuições, estabelecidas no art. 102 da Constituição, das quais podemos destacar a competência para julgar:

1) a ação direta de inconstitucionalidade de lei ou ato normativo federal ou estadual e a ação declaratória de constitucionalidade de lei ou ato normativo federal;

2) nas infrações penais comuns, o Presidente da República, o Vice-Presidente, os membros do Congresso Nacional, seus próprios ministros e o Procurador-Geral da República;
3) nas infrações penais comuns e nos crimes de responsabilidade, os ministros de Estado e os comandantes da Marinha, do Exército e da Aeronáutica, ressalvado o disposto no art. 52, I, os membros dos Tribunais Superiores, os do Tribunal de Contas da União e os chefes de missão diplomática de caráter permanente;
4) o *habeas corpus*, sendo paciente qualquer das pessoas referidas acima; o mandado de segurança e o *habeas data* contra atos do Presidente da República, das Mesas da Câmara dos Deputados e do Senado Federal, do Tribunal de Contas da União, do Procurador-Geral da República e do próprio Supremo Tribunal Federal;
5) o litígio entre Estado estrangeiro ou organismo internacional e a União, o Estado, o Distrito Federal ou o Território;
6) as causas e os conflitos entre a União e os Estados, a União e o Distrito Federal, ou entre uns e outros, inclusive as respectivas entidades da administração indireta;
7) a extradição solicitada por Estado estrangeiro;
8) o habeas corpus, quando o coator for o Tribunal Superior ou quando o coator ou paciente for autoridade ou funcionário cujos atos estejam sujeitos diretamente à jurisdição do Supremo Tribunal Federal, ou se trate de crime sujeito à mesma jurisdição em uma única instância.

Além das competências originárias, compete ainda ao Supremo Tribunal Federal julgar em recurso ordinário:

a) o *habeas corpus*, o mandado de segurança, o *habeas data* e o mandado de injunção decididos em única instância pelos Tribunais Superiores, se denegatória a decisão;
b) o crime político.

E mediante recurso extraordinário, as causas decididas em única ou última instância, quando a decisão recorrida:

a) contrariar dispositivo da Constituição;
b) declarar a inconstitucionalidade de tratado ou lei federal;
c) julgar válida lei ou ato de governo local contestado em face da Constituição;
d) julgar válida lei local contestada em face de lei federal.

Também compete ao STF o julgamento da arguição de descumprimento de preceito fundamental decorrente da Constituição.

Uma nova competência do Supremo Tribunal Federal inserida no Texto Constitucional pela Emenda Constitucional n. 45/2004 é a de editar súmulas vinculantes (CF, art. 103-A).

9.3.1. Súmula Vinculante

A súmula vinculante consiste no enunciado do Supremo Tribunal Federal, decorrente de reiteradas decisões no mesmo sentido acerca de matéria constitucional. Nesses casos, poderá o STF editar súmulas com efeito vinculante, a qual passará a obrigar a todos os demais órgãos do Poder Judiciário a decidirem naquele sentido. Além dos órgãos do Judiciário as súmulas, a partir de sua publicação, terão efeito vinculante também em relação à administração pública direta e indireta, nas esferas federal, estadual e municipal.

Referidas súmulas terão força de lei, como generalidade e abstração, para se imporem em todos os casos nos quais ocorram as situações de fato nelas descritas. Referido dispositivo foi regulamentado pela Lei nº 11.417/2006.

A súmula vinculante, inserida no Texto Constitucional pela Emenda nº 45/2004, apresenta-se como um instrumento que busca dar maior eficiência ao Judiciário, uma vez que o Supremo Tribunal Federal poderá criar regras aplicáveis a todos os juízes sobre como atuar em casos recorrentes na justiça brasileira. A medida objetiva fazer com que os processos julgados obedeçam a um padrão de decisão definido pela instância superior, o que funcionará, em tese, para diminuir a morosidade da Justiça.

Embora o conceito de súmula já existisse no direito brasileiro, o novo mecanismo tem como novidade o efeito vinculante, que obriga os juízes de instâncias inferiores a seguirem as diretrizes do STF em determinadas questões.

Vale ressaltar que apenas as súmulas do Supremo Tribunal Federal terão efeito vinculante, sendo que os demais tribunais poderão continuar editando súmulas que servirão apenas para registrar a tendência jurisprudencial da Corte, sem vincular os demais órgãos jurisdicionais.

Para que a súmula do STF se torne vinculante, há necessidade de aprovação por parte de oito dos 11 ministros da Corte. O § 3º, do art. 103-A, estabelece que caberá reclamação ao Supremo Tribunal Federal caso algum ato administrativo ou decisão judicial contrarie a súmula vinculante, sendo que, caso seja julgada procedente, a decisão anulará o ato administrativo ou cassará a decisão judicial reclamada.

9.3.2. Composição

O Supremo Tribunal Federal é composto de onze Ministros nomeados pelo Presidente da República, após aprovação da escolha pela maioria absoluta do Senado Federal, dentre cidadãos com mais de trinta e cinco e menos de sessenta e cinco anos de idade, de notável saber jurídico e reputação ilibada.

9.4. Quinto Constitucional

O "quinto" constitui uma inovação da atual Constituição brasileira e significa que, na composição dos Tribunais Regionais Federais, dos Tribunais dos Estados, e do Distrito Federal e Territórios, um quinto das vagas será destinada aos membros do Ministério Público, com mais de dez anos de carreira, e aos advogados de notório saber jurídico e de reputação ilibada, com mais de dez anos de efetiva atividade profissional (CF, art. 94).

Além dos tribunais acima citados, também o Tribunal Superior do Trabalho e os Tribunais Regionais do Trabalho terão nas suas composições um quinto dos membros entre advogados e membros do Ministério Público (CF, arts. 111-A, I e 115, I).

No caso do Superior Tribunal de Justiça, este terá um terço de suas vagas destinadas a advogados e membros do Ministério Público, em partes iguais (CF, art. 104, parágrafo único, II).

9.5. Conselho Nacional de Justiça

O Conselho Nacional de Justiça é órgão integrante do Poder Judiciário e tem como função principal o controle da atuação administrativa e financeira dos órgãos desse Poder, bem como do cumprimento dos deveres funcionais dos juízes. O CNJ foi criado pela Emenda Constitucional nº 45/2004, que inseriu o art. 103-B no Texto Constitucional.

Sua composição está disciplinada no art. 103-B, sendo que a presidência do órgão compete ao Ministro do Supremo Tribunal Federal indicado para compor o Conselho.

Suas principais competências estão estabelecidas no artigo 103-B da Constituição e regulamentadas em seu próprio regimento interno. São elas:

a) zelar pela autonomia do Poder Judiciário e pelo cumprimento do Estatuto da Magistratura, expedindo atos normativos e recomendações;
b) definir o planejamento estratégico, os planos de metas e os programas de avaliação institucional do Poder Judiciário;
c) receber reclamações contra membros ou órgãos do Judiciário, inclusive contra seus serviços auxiliares, serventias e órgãos prestadores de serviços notariais e de registro que atuem por delegação do poder público ou oficializados;
d) julgar processos disciplinares, assegurada ampla defesa, podendo determinar a remoção, a disponibilidade ou a aposentadoria com subsídios ou proventos proporcionais ao tempo de serviço, e aplicar outras sanções administrativas;
e) elaborar e publicar semestralmente relatório estatístico sobre movimentação processual e outros indicadores pertinentes à atividade jurisdicional em todo o país.

9.6. Superior Tribunal de Justiça

O Superior Tribunal de Justiça, com sede no Distrito Federal e competência sobre todo o território nacional (CF, art. 92, § 2º), constitui uma inovação da Constituição de 1988 sobre a estrutura judiciária brasileira, criado com a finalidade de julgar as questões federais das chamadas *Justiças comuns* (Justiça Federal e Justiças Estaduais), assegurando a supremacia da legislação federal em todo o território nacional, bem como a uniformidade de interpretação do direito entre os tribunais nacionais.

O Superior Tribunal de Justiça, cuja composição e competências estão disciplinadas nos arts. 104 a 105, da Constituição, exerce as atribuições de guarda e de uniformização da interpretação da Lei Federal ao julgar, em sede de recurso especial, as questões federais de competência das Justiças estaduais e da Justiça Federal.

Além dessa competência recursal (art. 105, incisos II e III), compete ao Superior Tribunal de Justiça, dentre outras atribuições estabelecidas no art. 105:

I – processar e julgar originariamente: 1) nos crimes comuns, os Governadores dos Estados e do Distrito Federal, e, nestes e nos de responsabilidade, os desembargadores dos Tribunais de Justiça dos Estados e do Distrito Federal, os membros dos Tribunais de Contas dos Estados e do Distrito Federal, os dos Tribunais Regionais Federais, dos Tribunais Regionais Eleitorais e do Trabalho, os membros dos Conselhos ou Tribunais de Contas dos Municípios e os do Ministério Público da União que oficiem perante tribunais; 2) os mandados de segurança e dos *habeas data* contra ato de Ministro de Estado, dos Comandantes da Marinha, do Exército e da Aeronáutica ou do próprio Tribunal; 3) o *habeas corpus* quando o coator ou paciente for qualquer das pessoas mencionadas no item 1 acima (alínea a, do inciso I, do art. 105), ou quando o coator for tribunal sujeito à sua jurisdição, Ministro de Estado ou Comandante da Marinha, do Exército e da Aeronáutica, ressalvada a competência da Justiça Eleitoral; 4) a homologação de sentenças estrangeiras e a concessão de *exequatur* às cartas rogatórias.

9.7. Justiça da União

A Justiça da União é aquela organizada e mantida diretamente pela União, sendo que das seis Justiças, a que se refere a Constituição, quatro pertencem à União, tendo, portanto, um caráter federal e sendo chamada de Justiça da União em contraposição à Justiça dos estados.

Fazem parte da Justiça da União: a Justiça Federal (comum), a Justiça do Trabalho, a Justiça Eleitoral e a Justiça Militar.

9.7.1. Justiça Federal

A Justiça Federal, conhecida como a Justiça comum da União, é composta pelos juízes federais de primeiro grau e pelos tribunais regionais federais, estando referida Justiça disciplinada nos artigos 106 a 110, da Constituição Federal.

A Justiça Federal de primeiro grau é representada pelos juízes federais que se localizam em todos os Estados e no Distrito Federal. Trata-se de juízos monocráticos ao lado dos quais funciona também o tribunal do júri, sendo um em cada Estado.

Para efeito da organização da Justiça Federal de primeiro grau, o território brasileiro é dividido em seções judiciárias (uma no Distrito Federal e uma correspondendo a cada Estado, com sede na respectiva capital *"e varas localizadas segundo o estabelecido em lei"*. As seções judiciárias são agrupadas em regiões, que são cinco e correspondem a cada um dos tribunais regionais federais.

A Justiça Federal tem por competência julgar as causas em que houver interesse da União suas autarquias e empresas públicas, com exceção das de falência, acidentes do trabalho e as sujeitas à Justiça Eleitoral e à Justiça do Trabalho.

9.7.2. Justiça do Trabalho

A Justiça do trabalho constitui-se em órgão especializado do Poder Judiciário e integra a Justiça da União. Foi criada para a solução de conflitos decorrentes das relações de trabalho, tendo por competência processar e julgar todas as ações oriundas das relações de trabalho, abrangidos todos os entes da administração pública direta e indireta, além dos dissídios coletivos que são os conflitos coletivos decorrentes das relações de trabalho, envolvendo interesses de toda uma categoria de trabalhadores.

São órgãos da Justiça do Trabalho: o Tribunal Superior do Trabalho, os tribunais regionais do trabalho e as varas do trabalho. A divisão judiciária no âmbito da Justiça do Trabalho é feita em regiões. A Constituição determina que haverá pelo menos um tribunal regional do trabalho no Distrito Federal e um em cada Estado federado (CF, art. 112).

Nas comarcas em que não há vara do trabalho e que não estejam incluídas na base territorial de nenhuma delas, a competência originária trabalhista pertence ao próprio juiz de direito estadual (CF, art. 112 - CLT, arts. 668-669), com recursos cabíveis aos tribunais regionais do trabalho.

9.7.3. Justiça Eleitoral

A Justiça Eleitoral, disciplinada nos artigos 118 a 121 da Constituição Federal, é composta pelo Tribunal Superior Eleitoral, pelos tribunais regionais eleitorais, pelas juntas eleitorais e pelos juízes eleitorais.

O Tribunal Superior Eleitoral tem competência originária e recursal, sendo esta para os recursos de decisões proferidas pelos tribunais regionais. Há um tribunal regional em cada Estado federado (sede na capital e competência em todo o Estado) e um no Distrito Federal. Também estes tribunais possuem competência originária e recursal, referindo-se esta aos processos já julgados pelos juízes e juntas eleitorais.

Os juízes eleitorais são os próprios juízes de direito estaduais vitalícios (CF, art. 121), que exercerão jurisdição nas zonas eleitorais (unidade da divisão judiciária eleitoral) e têm competência eleitoral civil e penal, além de importantes encargos administrativos referentes às eleições.

As juntas eleitorais compõem-se de um juiz eleitoral e mais dois a quatro cidadãos de notória idoneidade, sendo estes nomeados pelo presidente do tribunal regional e têm atribuições e competência limitadas à zona eleitoral, de natureza predominantemente administrativa, referente às eleições para as quais tiverem sido constituídas.

Os componentes da Justiça Eleitoral não são vitalícios, sendo que todos, com exceção dos membros das juntas, são nomeados por dois anos, podendo ser reconduzidos apenas uma vez (CF, art. 121, § 2º).

9.7.4. Justiça Militar

A Justiça Militar (CF, arts. 122 a 124) é o órgão jurisdicional destinado à solução de conflitos relacionados à vida militar, tendo por competência julgar os crimes militares definidos em lei (CF, art. 124, parágrafo único). Os crimes militares são tipificados no Código Penal Militar.

Compõem a Justiça Militar da União: o Superior Tribunal Militar e os Conselhos de Justiça Militar, estes em primeiro grau de jurisdição. Tais órgãos são dotados de competência exclusivamente penal.

9.8. Justiça dos Estados

Os Estado federados, em razão de sua autonomia política, administrativa e jurisdicional, possuem o seu próprio Poder Judiciário, competindo a cada Unidade federativa a organização de sua estrutura, observados os princípios estabelecidos na Constituição Federal.

A organização das Justiças dos Estados, nesse sentido, pauta-se fundamentalmente pelas regras estabelecidas na Constituição Federal (arts. 93 a 100, 125 e 126), devendo ser observadas, ainda, a regras constantes da Lei Orgânica da Magistratura Nacional, pelo futuro Estatuto da Magistratura (CF, art. 93) e pelas Constituições do Estados.

Para fins de organização das Justiças estaduais de primeiro grau, o território dos Estados é dividido em comarcas, sendo que cada comarca abrange um ou mais municípios e distritos. Comarca é o foro em que o juiz de primeiro grau exerce a sua competência territorial, podendo em cada comarca haver um ou mais juízos, ou seja, uma ou mais varas da Justiça Estadual, especializadas ou não, além de um tribunal do júri. A organização interna das Justiças estaduais terá previsão nas respectivas leis estaduais, sendo que o órgão de cúpula das Justiças estaduais é o Tribunal de Justiça.

As Justiças estaduais podem compreender, ainda, dependendo de sua previsão nas Constituições estaduais e regulamentação em lei específica, uma Justiça Militar Estadual, cuja competência refere-se aos crimes militares de que sejam acusados os integrantes da Polícia Militar ou do Corpo de Bombeiros Militar.

Também fazem parte das Justiças estaduais, os juizados especiais, cíveis e criminais, cuja atuação e competência é determinada por Lei Federal específica, Lei nº 9.099/95.

A competência da Justiça Estadual comum é de natureza residual, ou seja, o que não for de competência da Justiça da União (federal, trabalhista, eleitoral e militar) e nem da Justiça Militar Estadual, será de competência da Justiça comum dos Estados.

10. MINISTÉRIO PÚBLICO

O Ministério Público, disciplinado pelos artigos 127 a 130 da Constituição Federal, é instituição permanente, essencial à função jurisdicional do Estado, incumbida da defesa da ordem jurídica, do regime democrático e dos interesses sociais e individuais indisponíveis (CF, art. 127).

O Ministério Público, a partir da Constituição de 1988, teve a sua missão e a sua importância significativamente ampliadas, representando importante conquista da sociedade que passou a dispor de importante instrumento, na defesa de seus interesses coletivos contra abusos do poder político e econômico e dos próprios agentes do Estado.

Com efeito, para se assegurar o respeito e a manutenção dos direitos individuais e coletivos garantidos pela Constituição brasileira, não basta a isenção e imparcialidade do Poder Judiciário, uma vez que este é inerte e age apenas mediante provocação. Há necessidade de um órgão independente, sem vinculação a qualquer dos poderes constituídos, que possa se movimentar e agir na defesa dos interesses coletivos e individuais indisponíveis, buscando junto ao Judiciário a garantia desses interesses.

Os membros do Ministério Público, em nível federal, são chamados de Procuradores da República e, em nível estadual, de Promotores e de Procuradores de Justiça.

10.1. Natureza Jurídica

Na atual Constituição brasileira, o Ministério Público foi inserido no capítulo denominado "Das funções essenciais à justiça", dentro do título destinado à "Organização dos Poderes". Nesse sentido, o Ministério Público não está inserido na estrutura de nenhum dos poderes, tratando-se de órgão independente, com autonomia financeira e administrativa (CF, art. 127, § 2º).

Essa forma de organização, que mantém a instituição desvinculada dos demais Poderes constituídos, funciona como importante mecanismo para a preservação de sua independência, tendo em vista que a sua atuação, em inúmeros casos, implica em contrariedade direta ao Poder Público.

10.2. Órgãos do Ministério Público

De acordo com o art. 128, da CF, o Ministério Público abrange:

I – o Ministério Público da União, que compreende: a) o Ministério Público Federal; b) o Ministério Público do Trabalho; c) o Ministério Público Militar; d) o Ministério Público do Distrito Federal e Territórios;

II – os Ministérios Públicos dos Estados

10.3. Princípios de Regência

A Constituição brasileira prevê, em seu art. 127, § 1º, três princípios de regência para o Ministério Público: o princípio da unidade, o princípio da indivisibilidade, e o princípio da independência funcional.

10.3.1. Princípio da Unidade

Pelo princípio da unidade, os membros do Ministério Público integram um só órgão, sob uma mesma direção que é a do Procurador-Geral da República, na esfera federal e do Procurador-Geral de Justiça, na esfera estadual. Tal princípio equivale ao princípio da unidade da jurisdição.

10.3.2. Princípio da Indivisibilidade

O princípio da indivisibilidade significa que os membros do Ministério Público atuam em nome de toda a instituição, sendo que as divisões internas são de caráter meramente administrativo, como forma de otimizar a atuação da entidade.

10.3.3. Princípio da Independência Funcional

Os membros do Ministério Público, em razão da independência da Instituição, não estão vinculados a qualquer dos Poderes constituídos, não podendo sofrer interferência em sua atividade de qualquer autoridade ou órgão público. De outro lado, pelo princípio da independência funcional, sequer a Instituição que integram, através de seus órgãos de administração superior, pode interferir na atuação dos promotores e procuradores, não estando estes sujeitos às convicções e ordens superiores da Instituição. Com efeito, não há hierarquia funcional, mas somente de ordem administrativa.

Nesse sentido, os membros do Ministério Público devem pautar a sua atuação pela observância da lei e por sua própria consciência.

10.4. Atribuições

A Constituição brasileira enumera as funções institucionais do Ministério Público, de forma não taxativa, no art. 129. São elas:

I – promover, privativamente, a ação penal pública, na forma da lei;

II – zelar pelo efetivo respeito dos Poderes Públicos e dos serviços de relevância pública aos direitos assegurados na Constituição, promovendo as medidas necessárias à sua garantia;

III - promover o inquérito civil e a ação civil pública, para a proteção do patrimônio público e social, do meio ambiente e de outros interesses difusos e coletivos;

IV - promover a ação de inconstitucionalidade ou representação para fins de intervenção da União e dos Estados, nos casos previstos na Constituição;

V - defender judicialmente os direitos e interesses das populações indígenas;

VI - expedir notificações nos procedimentos administrativos de sua competência, requisitando informações e documentos para instruí-los, na forma da lei complementar respectiva;

VII - exercer o controle externo da atividade policial, na forma da lei complementar;

VIII - requisitar diligências investigatórias e a instauração de inquérito policial, indicando os fundamentos jurídicos de suas manifestações processuais;

IX - exercer outras funções que lhe forem conferidas, desde que compatíveis com a sua finalidade, sendo-lhe vedada a representação judicial e a consultoria jurídica de entidades públicas.

10.5. Garantias Constitucionais

A Constituição Federal, em seu artigo 128, § 5º, I, estabelece as seguintes garantias para os membros do Ministério Público, que são basicamente as mesmas garantias constitucionais dos magistrados:

I) *vitaliciedade*. Significa que os membros do Ministério Público não podem ser destituídos de seu cargo por mera decisão administrativa, sendo necessário para tanto uma condenação com sentença judicial transitada em julgado. A vitaliciedade só será adquirida após dois anos de exercício;

II) *inamovibilidade*. Essa garantia impede que os membros do Ministério Público sejam removidos do cargo que ocupam de forma compulsória, salvo motivo de interesse público, mediante decisão do órgão colegiado competente, pelo voto da maioria absoluta de seus membros, assegurada a ampla defesa. Essa garantia visa impedir que os promotores e procuradores estejam sujeitos a pressões políticas ou sejam vítimas de perseguições em razão do exercício de suas funções;

III) *irredutibilidade de subsídio*. Implica que os salários dos membros do Ministério Público não podem ser reduzidos, devendo ser fixados na forma do art. 39, § 4º, e ressalvado o disposto nos arts. 37, X e XI, 150, II, 153, III, e 153, § 2º, I.

10.6. Vedações

De acordo com o art. 128, § 5º, II, da Constituição, aos membros do Ministério Público é vedado:

a) receber, a qualquer título e sob qualquer pretexto, honorários, percentagens ou custas processuais;
b) exercer a advocacia;
c) participar de sociedade comercial, na forma da lei;
d) exercer, ainda que em disponibilidade, qualquer outra função pública, salvo uma de magistério;
e) receber, a qualquer título ou pretexto, auxílios ou contribuições de pessoas físicas, entidades públicas ou privadas, ressalvadas as exceções previstas em lei.

O § 6º prevê, ainda, a aplicação aos membros do Ministério Público do disposto no art. 95, parágrafo único, V, que trata da quarentena para o exercício da advocacia.

10.7. Conselho Nacional do Ministério Público

O Conselho Nacional do Ministério Público, tal como o Conselho Nacional de Justiça, foi criado pela Emenda Constitucional nº 45/2004, que inseriu o art. 130-A no Texto Constitucional. Trata-se de órgão de natureza administrativa que tem por finalidade exercer o controle externo da Instituição.

O Conselho é composto por quatorze membros (CF, art. 130-A), presidido pelo Procurador-Geral da República, com representantes de todos os ramos do Ministério Público Federal, três representantes dos Ministérios Públicos Estaduais, juízes de direito, advogados e integrantes da própria sociedade.

Suas principais competências estão estabelecidas, no artigo 130-A, § 2º, da Constituição, destacando-se o controle da atuação administrativa e financeira do Ministério Público e do cumprimento dos deveres funcionais de seus membros, além da fiscalização administrativa dos atos dos Ministérios Públicos de todo o País.

11. ADVOCACIA PÚBLICA

A Advocacia Pública constitui o conjunto de instituições e órgãos criados com a finalidade de representar e defender os interesses do Estado, em suas diferentes esferas, no âmbito administrativo e judicial.

11.1. Advocacia-Geral da União

A Advocacia-Geral da União, segundo definição constante do art. 131, da Constituição Federal, é a instituição que, diretamente ou através de órgão vinculado, representa a União, judicial e extrajudicialmente, cabendo-lhe, nos termos da lei complementar, as atividades de consultoria e assessoramento jurídico do Poder Executivo.

O chefe da AGU é o Advogado-Geral da União, cargo de livre nomeação do Presidente da República, dispondo do *status* de Ministro de Estado.

A Advocacia-Geral da União tem a sua organização e atividade regulamentadas pela Lei Complementar nº 73/93, que instituiu a "Lei Orgânica da Advocacia-Geral da União".

11.2. Defesa Judicial dos Estados Federados

De acordo com artigo 132, da Constituição Federal, a representação judicial e a consultoria jurídica das respectivas unidades federadas compete aos Procuradores dos Estados e do Distrito Federal, organizados em carreira. Assim, cada Estado possui a sua Procuradoria que exercerá as atribuições atinentes à advocacia pública.

11.3. Defensoria Pública

A Defensoria Pública, disciplinada pelo artigo 134, da Constituição Federal, é instituição essencial à função jurisdicional do Estado, incumbindo-lhe a orientação e a defesa dos necessitados, em todos os graus de jurisdição, na forma do art. 5º, LXXIV.

Tais atribuições não se confundem com as do Ministério Público, na medida em que este é responsável pela defesa da sociedade como um todo, incluindo-se aí os direitos coletivos, difusos e individuais homogêneos, e à Defensoria Pública compete a orientação e defesa do cidadão, individualmente considerado, e que não possua condições financeiras para constituir advogado particular visando a defesa de seus interesses.

12. ADVOCACIA

A Constituição brasileira trouxe expresso em seu art. 133, o reconhecimento de que o advogado é indispensável à administração da justiça, sendo inviolável por seus atos e manifestações no exercício da profissão, nos limites da lei.

O advogado é o bacharel em direito devidamente inscrito na Ordem dos Advogados do Brasil, sendo indispensável para o perfeito exercício da atividade jurisdicional, na medida em que o advogado é o profissional habilitado para o exercício do direito postulatório, ou seja, para representar seu constituinte em juízo na defesa de seus direitos e interesses.

No que tange à inviolabilidade destacada pela norma constitucional, o advogado não pode ser punido por seus atos e manifestações, no exercício da profissão, estando dentro dos limites legais. O Estatuto da Ordem dos Advogados do Brasil (Lei nº 8.906/94) estabelece os direitos e deveres dos advogados, além de outros aspectos relacionados ao exercício da profissão.

CAPÍTULO 9

Direitos e Garantias Fundamentais

1. NOÇÕES GERAIS

Segundo a moderna doutrina, direitos fundamentais são todos aqueles essenciais à pessoa humana, indispensáveis para assegurar a todos uma existência digna, livre e igual.

Esse conceito passou por transformações na medida da evolução do constitucionalismo, em razão da incorporação de novos direitos indispensáveis ao ser humano para uma vida em sociedade, como é o caso dos direitos sociais, os quais ganharam força constitucional lado a lado com os direitos individuais.

Os direitos e garantias fundamentais expressos na quase totalidade das constituições modernas representam, acima de tudo, o reconhecimento formal por parte dos Estados dos direitos intangíveis do ser humano, bem como da impossibilidade de interferência ou de violação desses direitos pelo arbítrio das autoridades. Representam, nesse sentido, uma limitação à atuação do Estado.

2. DIREITOS E GARANTIAS FUNDAMENTAIS

A distinção que se faz entre direitos e garantias fundamentais está na natureza das normas que preveem um e outro. Assim, pode-se dizer que os direitos fundamentais estão expressos em normas de natureza declaratória, que estabelecem materialmente esses direitos, ao passo que as garantias encontram-se consignadas em normas assecuratórias, as quais têm o condão de assegurar o pleno exercício dos direitos fundamentais.

Vale dizer que, enquanto algumas normas têm como objetivo declarar e afirmar determinados direitos, outras visam a estabelecer mecanismos para assegurar que esses direitos sejam efetivamente respeitados. Isso porque, como dito, não basta ao Estado reconhecer e declarar o direito, ele deve garantir a sua efetivação sob pena de tornar inócua a sua declaração.

Como exemplo clássico dessa distinção podemos citar, como norma declaratória, o direito à liberdade de locomoção, presente no artigo 5º, inciso XV, da Constituição brasileira, enquanto o direito ao *habeas corpus*, fixado no artigo 5º, inciso LXVIII, constitui uma garantia, ou seja, uma norma que visa a assegurar o exercício de um direito declarado.

Tenha-se presente, todavia, que as garantias fundamentais não se restringem aos remédios constitucionais, sendo que esses remédios são espécie do gênero "garantia". As garantias constitucionais possuem um conteúdo mais abrangente, incluindo todas as disposições assecuratórias de direitos previstas na Constituição.

De outro lado, vale destacar que alguns dispositivos constitucionais contêm direitos e garantias no mesmo enunciado. Exemplo disso é o artigo 5º, inciso X, que estabelece a inviolabilidade do direito à intimidade, à vida privada, à honra e à imagem das pessoas, assegurando, em seguida, o direito à indenização em caso de dano material ou moral provocado pela sua violação.

3. CARACTERÍSTICAS DOS DIREITOS FUNDAMENTAIS

3.1. Historicidade

A historicidade denota o caráter evolutivo dos direitos fundamentais, sendo que eles são produto da evolução histórica. Vale dizer que esses direitos nascem e modificam-se com o decorrer do tempo e, por vezes, desaparecem na exata medida em que evolui a sociedade. Esse aspecto histórico contrapõe-se à teoria jusnaturalista de que tais direitos são inerentes ao homem.

3.2. Inalienabilidade

Os direitos fundamentais são considerados intransferíveis e inegociáveis, tendo em vista não possuírem um conteúdo econômico-patrimonial. Assim, na medida em que passaram a gozar de uma amplitude constitucional com a sua inserção na ordem constitucional, a qual confere esses direitos a todas as pessoas indistintamente, não pode o cidadão se desfazer deles, transferindo-os a outra pessoa, seja a título gratuito, seja a título oneroso. Em outras palavras, são direitos indisponíveis.

3.3. Imprescritibilidade

Os direitos fundamentais, em razão de sua própria natureza, os quais constituem, acima de tudo, uma garantia do cidadão contra o arbítrio estatal, não deixam de ser exigíveis em razão da falta de seu exercício ou pelo decurso do prazo. Isso porque, simplesmente, não há prazo para o seu exercício.

O simples reconhecimento expresso de vários direitos fundamentais pela Constituição os torna efetivos e, em última análise, importa na plenitude de seu exercício, nunca deixando de ser exigíveis, independentemente do transcurso do tempo.

Nesse sentido, pode-se dizer que os direitos fundamentais constituem um seguro constitucional do cidadão, podendo ser exercidos a qualquer tempo, na medida da necessidade, sendo que a falta do exercício formal do direito não importa na sua perda ou na sua prescrição.

3.4. Irrenunciabilidade

Os direitos fundamentais são assegurados e estendidos a todos indistintamente, não se admitindo que alguém venha a renunciar a esses direitos. Vale dizer que ninguém pode abrir mão de possuir direitos fundamentais, sob pena de reduzir a força da garantia que representam dentro da ordem jurídica.

Com efeito, os direitos fundamentais podem até não ser exercitados adequadamente, mas ninguém pode renunciar à possibilidade de exercê-los.

3.5. Universalidade

Como dito, os direitos fundamentais são extensíveis a todos os seres humanos, sendo vedada qualquer tentativa de limitar a sua abrangência ou de se excluir alguma pessoa ou grupo de pessoas de sua esfera de cobertura.

3.6. Limitabilidade

Essa característica diz respeito aos limites existentes para o exercício dos direitos fundamentais, haja vista que estes não são absolutos. Isso porque, na medida em que o exercício de um direito por alguém importar na invasão da esfera de direitos de outrem, haverá de ter limitado o seu exercício, ou seja, havendo colisão de direitos, poderá haver limitação.

Tal característica está estreitamente ligada à ideia de que a colisão de direitos fundamentais é uma constante na sociedade e a todo instante os tribunais se deparam com a necessidade de decidir sobre conflitos suscitados em casos concretos. Vale dizer que, como não há hierarquia entre princípios, a solução de conflitos deve ser buscada caso a caso, mediante a ponderação dos valores tutelados e as peculiaridades e circunstâncias de cada caso. Para tanto, deverá o julgador valer-se dos princípios da concordância prática, da harmonização e da razoabilidade.

O próprio Supremo Tribunal Federal tem uma jurisprudência pródiga na avaliação desses conflitos, do que são exemplos: i) conflito entre os direitos à intimidade de testemunha e à publicidade de inquérito, com a possibilidade de uso de meios de gravação ou transmissão de sons e imagens, durante sessões de Comissões Parlamentares de Inquérito[10]; ii) conflito entre os direitos à intimidade de extraditanda e à honra e à imagem de agentes policiais, de forma a permitir a coleta de placenta, após o parto, para a realização de exame de DNA, com a finalidade de instruir autos de inquérito policial deflagrado para a investigação dos fatos correlacionados com a origem da gravidez, que teve início quando a extraditanda se encontrava recolhida na Polícia Federal.[11]

10 STF, MS n. 24.832, Rel. Min. Cezar Peluso, J 18.03.2004, DJU 26.03.2004.

11 STF, Recl. Nº 2.040, Rel. Min. Néri da Silveira, J 21.02.2002, DJU 27.06.2003.

3.7. Concorrência

Os direitos fundamentais podem ser exercidos ao mesmo tempo (por exemplo, direito de informação e liberdade de manifestação do pensamento – CF, art. 5º, IV e XXXIII).

3.8. Complementariedade

Os direitos fundamentais não devem ser interpretados isoladamente, mas sim de forma conjunta, com a finalidade de alcance dos objetivos previstos pelo legislador constituinte.

4. GERAÇÕES DE DIREITOS FUNDAMENTAIS

Os direitos fundamentais, em razão de seu caráter histórico e evolucionário, estão suscetíveis a sofrer modificações à medida que evolui a sociedade, com seus princípios e valores.

Da mesma forma, ao longo da história, essa evolução das relações sociais fez com que novos direitos surgissem no cenário político-constitucional e passassem a integrar o rol dos direitos fundamentais. Direitos antes nem sequer concebidos, como os direitos sociais, a cidadania e a democracia, passaram a constituir valores essenciais para a vida política e social.

Por essa razão, a doutrina promoveu a divisão dos direitos fundamentais em gerações de direitos, o que considera o momento em que esses direitos surgiram e ganharam significação constitucional, passando a ser tutelados pelo Estado.

Nesse sentido, a doutrina aponta a existência de três gerações de direitos fundamentais, havendo autores que defendem a existência de uma quarta geração. Convém ressaltar que, independentemente da geração a que pertençam, os direitos são considerados igualmente fundamentais, merecendo a mesma tutela por parte do Estado.

Podemos dividir as gerações de direitos da seguinte forma: *primeira geração,* direitos individuais; *segunda geração,* direitos sociais, econômicos e culturais; *terceira geração,* direitos de fraternidade ou solidariedade; e *quarta geração,* direitos à democracia, ao desenvolvimento, ao pluralismo e à paz, não havendo consenso doutrinário em torno dessa quarta geração de direitos.

No entendimento do Supremo Tribunal Federal, "enquanto os direitos de primeira geração (direitos civis e políticos) – que compreendem as liberdades clássicas, negativas ou formais – realçam o princípio de liberdade e os direitos de segunda geração (direitos econômicos, sociais e culturais) – que se identificam com as liberdades positivas, reais ou concretas – acentuam o princípio da igualdade, os direitos de terceira geração, que materializam poderes de titularidade coletiva atribuídos genericamente a todas as formações sociais, consagram o princípio da solidariedade e constituem um momento importante no processo de desenvolvimento, expansão e reconhecimento dos direitos humanos, caracterizados, enquanto valores fundamentais indisponíveis, pela nota essencial de inexauribilidade"[12].

4.1. Primeira Geração

Dentro da concepção clássica do constitucionalismo, a *primeira geração* dos direitos fundamentais corresponde aos direitos individuais. Essa geração de direitos valoriza os direitos individuais como forma de imposição de limites à atuação do Estado, resguardando direitos considerados indispensáveis a cada pessoa individualmente.

Essa valorização do individual justificava-se, historicamente, na medida em que o mundo pós-revolucionário vivia a euforia do rompimento com o Estado absolutista, no qual não se reconheciam os direitos do indivíduo, estando este submisso à vontade estatal. Assim, com a derrocada do Estado absoluto, os direitos individuais foram alçados à condição de valor máximo.

Pode-se dizer, dentro desse contexto, que tais direitos significam uma prestação negativa, um *não-fazer* do Estado, respeitando os direitos individuais do cidadão. O Estado, que antes constituía o grande violador dos direitos individuais, passou a tutelar esses direitos, reconhecendo-os expressamente nos textos constitucionais. Exemplos de direitos individuais são o direito à liberdade de locomoção e o direito à inviolabilidade de domicílio e de correspondência.

4.2. Segunda Geração

Essa geração de direitos corresponde aos direitos sociais, econômicos e culturais, os quais possuem um conteúdo econômico e social. Tais direitos surgiram e passaram a ser tutelados pelo Estado a partir das lutas de uma nova classe social que surgia, a dos trabalhadores, e da consequente necessidade de estabelecimento de regras que pudessem importar na melhoria das condições de vida e de trabalho da população, o que demandava uma presença mais ostensiva do Estado.

Isso ocorria, sobretudo, em face dos abusos surgidos com o aprofundamento da relação entre capital e trabalho durante o Estado liberal, momento histórico em que não havia nenhum regramento pertinente às relações de trabalho. Assim, deparou-se a sociedade com a necessidade de se estabelecerem regras que pudessem disciplinar questões como a jornada de trabalho, férias, entre outros direitos trabalhistas, além de exigir uma postura mais ativa do Estado em relação à tutela dos direitos do cidadão.

Nesse sentido, diferentemente dos direitos individuais, os direitos sociais compreendem uma prestação positiva por parte do Estado, um *fazer* em prol do cidadão.

---

12 STF, Pleno, MS 22.164, Rel. Min. Celso de Mello, DJ de 17.11.1995, p. 39206.

Os direitos dessa geração ganharam maior força e visibilidade a partir do fim da Primeira Guerra Mundial, momento no qual a presença do Estado mostrou-se indispensável para promover a reconstrução da sociedade, sobretudo na Europa.

As primeiras constituições a inserirem os direitos sociais no rol dos direitos fundamentais foram a mexicana de 1917 e a alemã de 1919 (Constituição de Weimar). Como exemplos de direitos sociais podemos citar a limitação da jornada de trabalho, as férias remuneradas, o salário mínimo, o décimo terceiro salário, entre outros constantes do artigo 7º, da Constituição brasileira.

4.3. Terceira Geração

Essa geração de direitos corresponde aos que dizem respeito à fraternidade ou à solidariedade. Tal grupo ganhou dimensão com o surgimento das chamadas "sociedades de massa e de consumo", a partir do deslocamento do homem do campo para a cidade e da aglomeração das pessoas, sobretudo nos grandes centros urbanos, motivado pelo acelerado processo de industrialização. Isso refletiu no aparecimento de uma nova geração de direitos, incorporados aos direitos fundamentais, lado a lado com os tradicionais direitos individuais e sociais.

São exemplos dessa geração o direito do consumidor, o direito ao meio ambiente, ao desenvolvimento sustentável, à comunicação, entre outros. É importante ressaltar que a atual Constituição brasileira, ao tratar da proteção de interesses difusos e coletivos, foi a primeira a inserir em seu texto a tutela dessa nova geração de direitos.

4.4. Quarta Geração

Segundo Paulo Bonavides, há ainda uma *quarta geração* de direitos correspondentes ao direito à democracia, ao desenvolvimento, ao pluralismo e à paz. Deles depende a concretização da sociedade aberta do futuro, em sua dimensão de máxima universalidade, para a qual parece o mundo inclinar-se no plano de todas as relações de convivência.

Uadi Lammêgo Bulos refere-se aos direitos de quarta geração como "direitos dos povos".

5. APLICABILIDADE DOS DIREITOS FUNDAMENTAIS

De acordo com o artigo 5º, § 1º, da Constituição Federal, as normas definidoras dos direitos e garantias fundamentais possuem aplicabilidade imediata, não necessitando de nenhuma norma regulamentadora para que possam ser exercidas.

Trata-se de regra que comporta exceções, sendo que, somente quando a Constituição expressamente exigir uma regulamentação e o direito não puder ser efetivado sem a existência de uma legislação infraconstitucional regulamentadora, a norma pode ser interpretada como não-autoaplicável.

O significado essencial do dispositivo acima mencionado, que estabelece como de aplicabilidade imediata as normas definidoras dos direitos e garantias fundamentais, é ressaltar que as normas que definem direitos fundamentais são normas de caráter preceptivo, e não meramente programático.

Essa característica indicada pelo próprio Texto Constitucional, entretanto, não significa que sempre, de forma automática, os direitos fundamentais geram direitos subjetivos, concretos e definitivos. Isso porque, como visto em capítulo anterior, referente às normas constitucionais e sua eficácia, há normas, inclusive relativas aos direitos fundamentais, que não são autoaplicáveis, exigindo a intervenção do legislador ordinário para que produzam todos os seus efeitos. Isso acontece, por exemplo, com as normas que contemplam direitos fundamentais de índole constitucional, as quais, usualmente, têm sua plena eficácia condicionada a uma complementação pelo legislador. Como exemplos podemos citar o direito à educação (art. 205 da CF) e o direito ao lazer (art. 6º, da CF).

6. DIREITOS FUNDAMENTAIS NA CONSTITUIÇÃO BRASILEIRA DE 1988

A Constituição brasileira de 1988 inovou ao inserir os direitos fundamentais no início do Texto Constitucional antes mesmo de tratar da organização do Estado, o que denota o prestígio do tema junto ao constituinte originário.

Assim, o Título II da Constituição brasileira é dedicado aos Direitos e Garantias Fundamentais, sendo dividido em cinco capítulos: I – "Dos Direitos e Deveres Individuais e Coletivos"; II – "Dos Direitos Sociais"; III – "Da Nacionalidade"; IV – "Dos Direitos Políticos"; e V – "Dos Partidos Políticos".

Vale destacar que, dentro da metodologia adotada pelo constituinte de 1988, o termo "direitos fundamentais" constitui gênero do qual são espécies os direitos individuais, coletivos, sociais, nacionais e políticos.

Podemos perceber que o constituinte brasileiro, a partir da divisão empregada no Texto Constitucional, estabeleceu cinco espécies ao gênero direitos e garantias fundamentais: i) direitos individuais e coletivos; ii) direitos sociais; iii) direitos de nacionalidade; iv) direitos políticos; e v) direitos relacionados à existência, à organização e à participação em partidos políticos, os quais serão vistos individualmente a seguir.

CAPÍTULO 10

Direitos e Deveres Individuais e Coletivos

1. NOÇÕES PRELIMINARES – DIREITOS INDIVIDUAIS

Os chamados direitos individuais são espécie do gênero "direitos fundamentais".

Tais direitos representam, acima de tudo, uma imposição de limites à atuação do Estado por parte do Poder Constituinte Originário, na medida em que buscam resguardar os direitos essenciais à pessoa humana em face de uma atuação arbitrária do Estado. A partir da declaração formal dos direitos individuais nos textos constitucionais, passaram os cidadãos a ser considerados titulares de direitos e obrigações, com a imposição de restrições constitucionais ao Estado em sua órbita de atuação.

Vale dizer que, ao declarar os direitos individuais, inclusive com a sua inserção no texto das constituições, o Poder Constituinte, no exercício da soberania popular, estabelece limites para a atuação do Estado, ou seja, visa a impedir que o Estado, como era comum no período do absolutismo, promova violações ou usurpações dos direitos do cidadão que são caracterizados como inalienáveis, irrenunciáveis e imprescritíveis.

Os direitos individuais constituem matéria essencialmente ou materialmente constitucional e, atualmente, sua declaração consta da grande maioria das constituições modernas. Nesse sentido, a própria Declaração dos Direitos do Homem e do Cidadão de 1789, considerado um dos grandes marcos dos diretos fundamentais e individuais, estabelecia em seu art. 16 que "toda sociedade que não assegura a garantia dos direitos, nem determina a separação dos poderes, não tem Constituição".

2. DIREITOS COLETIVOS

A Constituição brasileira de 1988 inovou ao estabelecer, ao lado dos direitos individuais, os chamados direitos coletivos. Esse novo grupo de direitos originou-se da diversificação das relações sociais e do incremento das atividades desenvolvidas em sociedade, sobretudo através dos grupos sociais, deixando a pessoa de ser considerada apenas na sua individualidade para assumir também uma dimensão coletiva, como parte de um todo.

Assim é, por exemplo, nas relações de consumo, em que a pessoa passa a ser considerada consumidor para os efeitos da lei. Neste caso, não é o interesse individual que está sendo tutelado pelo Estado, mas sim um interesse coletivo, da pessoa coletivamente considerada.

Pode-se dizer que os direitos coletivos são entendidos como gênero, do qual são espécies: os direitos coletivos *stricto sensu*, os direitos difusos e os direitos individuais homogêneos, conforme disposto no artigo 81 do Código de Defesa do Consumidor (Lei 8.078/90).

3. DIREITOS INDIVIDUAIS BÁSICOS

Os direitos individuais básicos são aqueles expressamente previstos no *caput* do art. 5º, da Constituição Federal, que são os seguintes: o direito à vida, o direito à liberdade, o direito à igualdade, o direito à segurança e o direito à propriedade. Podemos considerar que todos os direitos previstos nos incisos do artigo 5º são decorrentes desses grandes grupos de direitos.

Como exemplo de direitos individuais assegurados pelo art. 5º, podemos citar os seguintes, divididos por grupos de direitos:

- *direitos decorrentes do direito à vida*: vedação da pena de morte, respeito à integridade física e moral dos presos;
- *direitos decorrentes do direito à liberdade*: liberdade de locomoção, de pensamento, de reunião, de associação, de profissão;
- *direitos decorrentes do direito à igualdade*: igualdade entre os sexos, entre raças, entre religiões;
- *direitos decorrentes do direito à segurança*: direito à ampla defesa, ao contraditório, à inviolabilidade da intimidade e do domicílio, à presunção de inocência;
- *direitos decorrentes do direito à propriedade*: direito de propriedade em geral, direito à propriedade artística, literária e científica, direito do autor.

4. DIREITOS INDIVIDUAIS EXPLÍCITOS E IMPLÍCITOS

A Constituição Federal estabeleceu em seu art. 5º, § 2º, que "os direitos e garantias expressos nesta Constituição não excluem outros decorrentes do regime e dos princípios por ela adotados, ou dos tratados internacionais em que a República Federativa do Brasil seja parte". Pode-se concluir, a partir deste dispositivo, que os direitos individuais inseridos no art. 5º não constituem um rol taxativo, havendo outros direitos individuais igualmente tutelados pelo Estado, de natureza constitucional, mas que não encontram previsão expressa na Norma Maior.

Nesse sentido, podemos dizer que direitos explícitos são aqueles expressamente previstos no Texto Constitucional, seja no artigo 5º, seja em outros que estabelecem direitos, como o art. 150. Já os direitos implícitos são aqueles que, embora não contemplados no texto da Constituição, são considerados como fundamentais, em razão do regime e dos princípios adotados pela Constituição, ou decorrentes de tratados internacionais de que o Brasil seja signatário.

O parágrafo 2º, do art. 5º, dá ensejo a que se afirme que se adotou um sistema aberto de direitos fundamentais no Brasil. Direitos não rotulados expressamente como fundamentais no título próprio da Constituição podem ser tidos como tal, a depender da análise do seu objeto e dos princípios adotados pela Constituição. A sua fundamentalidade decorre da sua referência a posições jurídicas ligadas ao valor da dignidade humana; em vista da sua importância, não podem ser deixados à disponibilidade do legislador ordinário.

Essa interpretação foi adotada pelo Supremo Tribunal Federal que, ao apreciar Ação Direta de Inconstitucionalidade envolvendo a criação do IPMF, afirmou que o princípio da anterioridade (art. 150, III, *b*, da CF) constitui um direito ou garantia individual fundamental, embora não faça parte do rol estabelecido no art. 5º.[13]

5. DESTINATÁRIOS DOS DIREITOS INDIVIDUAIS

Pela dicção do *caput* do art. 5º, da Constituição Federal, verifica-se que são destinatários dos direitos individuais os brasileiros (tanto os natos quanto os naturalizados) e os estrangeiros residentes no País.

Ocorre que a Constituição manteve-se silente no tocante a dois grupos de pessoas: i) os estrangeiros não residentes, e ii) as pessoas jurídicas. Nestes casos, a solução foi buscada a partir da interpretação da norma constitucional.

Quanto à primeira questão, envolvendo os estrangeiros não-residentes, que estejam apenas de passagem pelo País, o Supremo Tribunal Federal já se manifestou no sentido de assegurar também a essas pessoas o exercício dos direitos individuais que sejam compatíveis com a sua condição. Assim, por exemplo, um turista estrangeiro que seja preso ilegalmente poderá manejar a ação de *habeas corpus* para garantir a sua liberdade de locomoção.[14]

No tocante às pessoas jurídicas, prevalece o entendimento de que estas também são destinatárias dos direitos individuais, desde que compatíveis com a sua natureza. Assim, todos os direitos fundamentais que possam ser estendidos às pessoas jurídicas são aplicáveis a estas, como, por exemplo, os direitos de natureza processual, como o direito ao acesso à Justiça (art. 5º, inc. XXXV), o direito de propriedade (art. 5º, XXII), entre outros.

13 STF, ADI 939, DJ de 18.03.1994.

14 Também o Superior Tribunal de Justiça já reconheceu, reiteradamente, o direito do estrangeiro não residente de impetrar mandado de segurança (RMS 1.298-0, DJ de 29.08.1994).

6. DIREITO À VIDA

Não há dúvidas de que o direito à vida é o principal direito do ser humano e, em consequência, o principal direito individual previsto na Constituição, por ser a vida o bem jurídico de maior relevância tutelado pela ordem constitucional. Tal direito, além de significar o direito de não ser morto, de manter-se vivo, caracteriza-se, também, pelo direito a uma vida digna e pelo direito à integridade física e moral da pessoa humana.

Segundo Alexandre de Moraes, "o direito humano fundamental à vida deve ser entendido como direito a um nível de vida adequado com a condição humana, ou seja, direito à alimentação, vestuário, assistência médico-odontológica, educação, cultura, lazer e demais condições vitais. O Estado deverá garantir esse direito a um nível de vida adequado com a condição humana respeitando os princípios fundamentais da cidadania, dignidade da pessoa humana e valores sociais do trabalho e da livre iniciativa; e, de uma sociedade livre, justa e solidária, garantindo o desenvolvimento nacional e erradicando-se a pobreza e a marginalização, reduzindo, portanto, as desigualdades sociais e regionais"[15].

Vale dizer que o ser humano precisa mais do que simplesmente sobreviver, precisa viver dignamente. E, para que isso ocorra, necessita que lhe sejam assegurados uma série de elementos que, conjugados, trarão a necessária dignidade à sua existência. Esses elementos são a liberdade, a igualdade, a segurança, a educação, a saúde, o trabalho, a cultura, o lazer, entre tantos outros.

Muito embora a Constituição não tenha estabelecido o momento inicial e o momento final da proteção à vida, devem ser buscados na legislação infraconstitucional os conceitos aplicáveis para a tutela desse bem jurídico. Assim, o direito à vida é protegido pelo legislador ordinário desde a concepção, sendo que ao nascituro já se asseguram direitos na órbita jurídica.

Em recente e importante julgamento, o Supremo Tribunal Federal trouxe à discussão o tema relacionado ao momento da origem da vida. Tal discussão se deu no julgamento de ação direta de inconstitucionalidade ajuizada em face de dispositivo da chamada "Lei da Biossegurança" (Lei n. 11.105/2005), tendo o STF entendido que as pesquisas científicas com células-tronco embrionárias, com determinadas ressalvas e restrições, não violam o direito constitucional à vida.

Referido tema deverá retornar à apreciação da Suprema Corte quando da apreciação da possibilidade ou não de se promover aborto de fetos portadores de anencefalia.

6.1. Direitos Decorrentes do Direito à Vida

Dentro da Constituição brasileira, pode-se dizer que vários direitos individuais ali declarados, sobretudo no artigo 5º, estão atrelados à tutela do direito

15 MORAES, Alexandre. *Direitos Humanos Fundamentais*. 8. ed. São Paulo: Atlas, 2007, p. 76.

à vida, dentre os quais podemos destacar o direito à integridade física e moral, proibição da pena de morte e penas cruéis e proibição de venda de órgãos.

6.1.1. Direito à Integridade Física e Moral (CF, Art. 5º, Incisos III e XLIX)

Não basta ao Estado assegurar o direito à vida, deve propiciar ao cidadão uma vida digna, de modo a proteger a pessoa de forma ampla, inclusive no que concerne à sua integridade física e moral, aí incluída a sua honra.

Com esse intuito, a Constituição vedou expressamente a prática de tortura ou de tratamento desumano ou degradante, bem como colocou, sob a proteção do Estado, o direito à integridade física e moral dos presos. Vale assinalar, ainda, que a Constituição de 1988 elevou valores, como a moral e a honra das pessoas, à condição de bens tutelados pelo Estado, inclusive com a previsão de indenização em caso de ofensa a esses valores (Incisos V e X).

6.1.2. Proibição da Pena de Morte e de Penas Cruéis (CF, Art. 5º, Inciso XLVII)

A Constituição brasileira vedou expressamente a pena de morte no Brasil, ressalvando a possibilidade de sua utilização em caso de guerra declarada. Demonstrou o constituinte brasileiro, nesse dispositivo, a valorização conferida ao direito à vida, sendo que ao Estado não é dado o direito, ou o poder, de subtraí-la do cidadão, como ocorre em outros países que adotam esse tipo de pena. Fruto também da proteção à vida e à integridade física e moral é a proibição expressa das penas cruéis.

6.1.3. Proibição da Venda de Órgãos (CF, Art. 199, § 4º)

A Constituição brasileira buscou facilitar e estimular a remoção de tecidos, órgãos e substâncias humanas para fins de transplante, pesquisa e tratamento, vedando, expressamente, por outro lado, qualquer tipo de comercialização. Não fosse assim, caso houvesse a liberalização do comércio de órgãos, tecidos e outras substâncias humanas, certamente restaria comprometida a proteção ao direito à vida e à integridade física do cidadão.

6.1.4. Vedação do Aborto

Como dito, a Constituição protege a vida de uma maneira geral, ou seja, não se limita a proteger a vida das pessoas já nascidas (extrauterina), mas inclui, no espectro de sua proteção, também a vida intrauterina. Nesse sentido, a penalização do aborto pela legislação penal brasileira bem demonstra a extensão dessa proteção.

O Código Penal brasileiro, em seu art. 128, prevê expressamente exceções à regra da punibilidade do aborto, estabelecendo que "não se pune o aborto praticado por médico: I – se não há outro meio de salvar a vida da gestante; II – se a gravidez resulta de estupro e o aborto é precedido de consentimento da gestante ou, quando incapaz, de seu representante legal".

De outro lado, a legislação brasileira não prevê a possibilidade do chamado aborto eugenésico ou eugênico, o que se caracteriza quando há uma malformação do feto ou alguma séria doença hereditária.

6.1.4.1. Interrupção de Gravidez de Feto Anencéfalo

Trata-se de questão bastante controvertida a interrupção de gravidez de fetos portadores de anencefalia. Parte do meio jurídico, assim como do meio científico brasileiro, defende que tal conduta deveria ser admitida, na medida em que não há qualquer chance de sobrevivência para o feto após o nascimento, tendo em vista que não se poder falar em vida sem a função cerebral. Ademais, defendem que a manutenção da gravidez nestas circunstâncias colocaria em risco a vida da mãe. Tal entendimento suscita proteção aos direitos constitucionais da dignidade da pessoa humana, da saúde e da liberdade de manifestação da vontade e da legalidade.

De outro lado, grupos mais conservadores da sociedade, tanto no meio jurídico quanto no meio científico, religiosos etc., defendem a manutenção da gravidez invocando o direito constitucional à vida que seria violado em caso de interrupção.

O fato é que referida discussão deverá perdurar, pelo menos sob o prisma jurídico-constitucional, até um pronunciamento definitivo do STF sobre a matéria, o que deverá ocorrer em breve, com o julgamento de ADPF ajuizada perante aquela Corte.

Até o julgamento definitivo da questão, entendeu o STF que os processos criminais que tratam da matéria deverão ficar suspensos.

6.1.5. Vedação da Eutanásia

Em decorrência da inviolabilidade do direito à vida, constitucionalmente assegurada, veda-se no Brasil a prática da eutanásia, sendo essa prática considerada pelos tribunais como homicídio privilegiado.

O ordenamento jurídico-constitucional brasileiro não autoriza nenhuma das espécies de eutanásia, quais sejam, a ativa ou passiva (ortotanásia). A primeira configura o direito subjetivo de exigir-se de terceiros, inclusive do próprio Estado, a provocação de morte para atenuar sofrimentos (morte doce ou homicídio por piedade). A segunda é o direito de opor-se ao prolongamento artificial da própria vida, por meio de artifícios médicos, seja em caso de doenças incuráveis e terríveis, seja em caso de acidentes graves (o chamado direito à morte digna).

Conforme leciona Alexandre de Moraes, "O direito à vida tem um conteúdo de proteção positiva que impede configurá-lo como um direito de liberdade que inclua o direito à própria morte. (...) O direito à vida não engloba, portanto, o direito subjetivo de exigir-se a própria morte, no sentido de mobilizar-se o Poder Público para garanti-la por meio, por exemplo, de legislação que permita a eutanásia ou ainda que forneça meios instrumentais pata a prática de suicídios"[16].

7. DIREITO À LIBERDADE

A liberdade constitui um dos pilares do constitucionalismo clássico e representa, nas sociedades modernas, um dos principais atributos do regime democrático.

O direito à liberdade significa a faculdade que a pessoa possui de decidir os seus próprios atos, de fazer ou deixar de fazer qualquer coisa, desde que não compreenda uma obrigação ou uma vedação legal. Nesse sentido, pode-se observar que o direito à liberdade não é absoluto, mesmo porque a vida em sociedade não permite a liberdade absoluta, o que certamente comprometeria a paz e a harmonia social. Sendo assim, o direito à liberdade está intimamente vinculado ao princípio da legalidade.

7.1. Direitos Decorrentes do Direito à Liberdade

A Constituição brasileira, além do direito à liberdade em sentido lato, também prevê a proteção específica de diversas formas de liberdade, como a liberdade de expressão, de informação, de locomoção, de profissão, entre outras.

7.1.1. Princípio da Legalidade (Art. 5º, Inciso II)

O princípio da legalidade representa, ao lado do princípio da igualdade, um dos principais e um dos mais relevantes princípios constitucionais, refletindo a própria essência do Estado Democrático de Direito. Pelo princípio da legalidade, insculpido no inciso II, do artigo 5º, de nossa Constituição, "ninguém será obrigado a fazer ou deixar de fazer alguma coisa senão em virtude de lei".

Com efeito, somente a lei pode impor obrigações e restrições à liberdade do cidadão. Pode-se dizer que a regra geral é a da liberdade plena, sendo que somente a lei, que reflete a manifestação soberana de vontade da sociedade, pode restringir condutas e impor obrigações, ressalvadas, por óbvio, as obrigações espontaneamente assumidas através de negócios jurídicos.

O princípio da legalidade tem por escopo a limitação do poder do Estado, impedindo o arbítrio das autoridades, na medida em que outorga à lei a prerrogativa de criar obrigações. Nada obstante, a alocução "lei" deve ser entendida num sentido amplo, sendo certo que, observadas as limitações materiais, demais espécies normativas (CF, art. 59) também podem criar deveres para o indivíduo.

16 *Op. cit.*, p. 82.

7.1.1.1. Legalidade e Princípio da Reserva Legal

Pode-se dizer que o princípio da legalidade abrange o princípio da reserva legal, sendo o segundo subespécie do primeiro. O princípio da legalidade, nesse sentido, é mais amplo e, como dito, compreende a submissão às diversas espécies normativas, enquanto o princípio da reserva legal incide apenas sobre campos materiais específicos, exigindo leis em sentido estrito, as quais compreendem as normas oriundas do Poder Legislativo (leis ordinárias, leis complementares).

7.1.2. Liberdade de Pensamento (CF, Art. 5º, Inciso IV)

A liberdade de pensamento consiste no direito que cada pessoa possui de formular e expressar livremente as suas próprias ideias. O pensamento, em si, é absolutamente livre, constituindo um direito da pessoa, de foro íntimo, inviolável e indevassável. O interesse jurídico no pensamento, nesse sentido, não reside no seu exercício e na sua expressão íntima e pessoal, mas sim na sua manifestação. Assim, somente a manifestação do pensamento tem relevância para o Direito e passa a merecer a tutela constitucional.

Por manifestação entende-se a exteriorização do pensamento, a sua manifestação além dos limites íntimos da pessoa, que é exatamente quando o pensamento pode ferir ou violar direitos de outros, como a honra e a moral.

Neste contexto, estabelece o artigo 5º inciso IV, da CF, que "é livre a manifestação do pensamento, sendo vedado o anonimato". A partir desse dispositivo constitucional, percebe-se que a manifestação do pensamento também é livre e garantida constitucionalmente, não havendo limites ao seu exercício expressos no Texto Constitucional, o que significa a impossibilidade de se instituírem mecanismos de censura prévia por parte do Estado como forma de se limitar a manifestação do pensamento.

Contudo, veda-se o anonimato justamente como forma de identificar aqueles que, eventualmente, abusarem dessa liberdade e provocarem a violação de direitos alheios, como a honra e a moral, os quais também representam valores tutelados pela Constituição. Exemplos desses abusos são as publicações caluniosas e injuriosas, pela imprensa, que venham a ferir a honra de algum cidadão. Nesses casos caberá ao lesado a provocação do Judiciário para a responsabilização civil e até mesmo penal dos ofensores. Isso porque a própria Constituição assegura expressamente no inciso V, do artigo 5º, o direito de resposta, além da indenização por dano material, moral ou à imagem.

Dessa forma, pode-se dizer que a manifestação do pensamento é livre, devendo a pessoa responder, todavia, pelas consequências dessa manifestação, caso viole direitos de outras pessoas.

7.1.3. Direito de Resposta (CF, Art. 5º, Inciso V)

O direito de resposta, previsto no inciso V, do artigo 5º, consiste no direito da pessoa, porventura ofendida em sua dignidade ou em sua honra, em razão da divulgação de informações, notícias ou matérias inverídicas, errôneas ou caluniosas, de apresentar resposta demonstrando o erro ou os vícios da informação, bem como a sua versão dos fatos, e essa resposta deverá ser proporcional ao agravo, ou seja, deverá receber o mesmo tratamento conferido à matéria original (tamanho da publicação, tempo de televisão etc.).

Nesse sentido, o artigo 5º, inciso V, da Constituição, assegura "o direito de resposta, proporcional ao agravo, além da indenização por dano material, moral ou à imagem".

O exercício do direito de resposta, se negado pelo autor das ofensas, deverá ser tutelado pelo Poder Judiciário, garantindo-se o mesmo destaque dado à notícia que o originou. O ofendido poderá, desde logo, socorrer-se ao Judiciário para a obtenção de seu direito de resposta constitucionalmente garantido, não havendo necessidade de prévia tentativa de acordo com o responsável pela ofensa.

7.1.4. Liberdade de Consciência (CF, Art. 5º, Inciso VI)

A liberdade de consciência consiste na adesão do indivíduo a determinados valores ideológicos, morais e espirituais, independentemente de sua natureza religiosa. Assim, embora a liberdade de consciência contemple também a liberdade de crença e de culto, pode-se dizer que a liberdade de consciência *stricto sensu* está voltada, *v.g.*, a questões de ordem filosófica, política, cultural, etc. Tudo, enfim, que não tenha conotação religiosa, mas que implique na formulação íntima de ideias e de juízos pessoais e na aceitação de determinados valores pelo indivíduo, está abrangido pela liberdade de consciência.

Constitui um direito íntimo e pessoal do cidadão, que somente a ele interessa, sendo, portanto, inviolável e indevassável e não sujeito a qualquer forma de controle por parte do Estado.

Em proteção a essa liberdade, o inciso VI do artigo 5º, da Constituição Federal, estabelece que "é inviolável a liberdade de consciência e de crença, sendo assegurado o livre exercício dos cultos religiosos e garantida, na forma da lei, a proteção aos locais de culto e a suas liturgias".

7.1.5. Liberdade de Crença (CF, Art. 5º, Inciso VI)

A liberdade de crença consiste no direito assegurado ao indivíduo de aderir ou não a uma determinada religião, de professar livremente a sua fé, ou de, simplesmente, abster-se de qualquer atividade ou relacionamento de caráter religioso (ateísmo e agnosticismo). Trata-se de um direito individual, de caráter personalíssimo, em relação ao qual o Estado não pode interferir nem impor qualquer embaraço ao seu exercício. A liberdade de crença constitui uma espécie da liberdade de consciência, estando adstrita a questões religiosas.

Por essa razão, pode-se dizer que tanto a liberdade de crença quanto a liberdade de culto estão compreendidas na chamada liberdade religiosa, a qual abrange não só o exercício individual da atividade religiosa, de foro íntimo, mas também a liberdade de organização religiosa e a proteção às instituições religiosas (templos, igrejas etc.).

A invocação da liberdade religiosa não pode servir de pretexto para a prática de atos que se caracterizam como ilícitos penais. Nessa linha, o STF decidiu que o curandeirismo não se inclui no âmbito da liberdade religiosa.

7.1.6. Liberdade de Culto (CF, Art. 5º, Inciso VI)

A liberdade de crença, como visto, refere-se à liberdade de pensamento em questões de ordem religiosa. A liberdade de culto (CF, art. 5º, VI), por sua vez, é a manifestação ou a exteriorização da liberdade de crença, isto é, a liberdade de a pessoa exercer de forma livre a sua religião, participando de cultos, frequentando igrejas, ostentando símbolos religiosos, professando a sua fé.

Vale destacar que o inciso VI, do artigo 5º, também garante a proteção aos locais de culto e as suas liturgias, o que se dará na forma da lei.

7.1.7. Objeção de Consciência (CF, Art. 5º, Inciso VIII)

Conforme expresso no inciso VIII, do artigo 5º, da Constituição Federal, "ninguém será privado de direitos por motivo de crença religiosa ou de convicção filosófica ou política, salvo se as invocar para eximir-se de obrigação legal a todos imposta e recusar-se a cumprir prestação alternativa, fixada em lei".

A objeção de consciência consiste na garantia constitucional de que ninguém será privado de seus direitos em razão de crença religiosa ou de convicção filosófica ou política. Vale dizer que tal dispositivo constitui uma garantia que visa a assegurar o pleno exercício da liberdade de consciência ou de crença pelo cidadão.

Assim, é possível alguém invocar a liberdade de consciência ou de crença para eximir-se de uma determinada obrigação imposta a algumas ou a determinadas pessoas, sem que isso lhe acarrete a supressão de direitos.

Nada obstante, por força do preceito constitucional, caso alguém venha a invocar a liberdade de consciência ou de crença para eximir-se de obrigação legal a todos imposta, como é o caso do serviço militar obrigatório, ficará obrigado a cumprir prestação alternativa, fixada em lei, como, por exemplo, prestação de serviços à comunidade. Caso se recuse, inclusive, a essa prestação alternativa, terá seus direitos políticos suspensos ou perderá esses direitos, conforme disposto no art. 15, inciso IV, da Constituição Federal.

Questão das mais delicadas diz respeito aos adeptos de determinadas religiões como, *v.g*, as testemunhas de Jeová, quando esses se recusam a autorizar a realização de determinados procedimentos médicos ou cirúrgicos, como a transfusão de sangue, havendo risco de morte para a pessoa. Esse tipo de negativa tem fundamento em questões religiosas que impedem a adoção de certos procedimentos.

Nesses casos, quando se trata de paciente menor, ou por outra razão incapaz, cuja autorização caberia aos pais ou responsáveis, tem sido comum essa autorização ser buscada junto ao Judiciário, diante da recusa dos pais ou responsáveis. Provocado, caberá ao Judiciário fazer a ponderação dos valores tutelados pela Constituição, diante das circunstâncias do caso concreto. Qual dos valores deve prevalecer nessas circunstâncias, a liberdade de consciência e de crença da família ou o direito à vida do menor que ainda não pode decidir por si só? Tem-se notado que na quase totalidade dos casos o Judiciário tem autorizado a intervenção médica de modo a se preservar a vida.

Quando se trata de paciente maior, absolutamente capaz, caberá a este manifestar conscientemente a sua decisão, não sendo admissível a imposição de qualquer tratamento contra a vontade livremente manifestada em contrário, respeitando-se, neste caso, a autonomia da vontade.

Cabe ressalvar, todavia, que há decisões de tribunais pátrios em sentido contrário, por meio das quais alguns tribunais têm manifestado o entendimento de que o médico tem o dever de agir em defesa da vida, em casos extremos, mesmo contra a vontade do paciente.

7.1.8. Liberdade de Expressão Intelectual, Artística, Científica e de Comunicação (CF, Art. 5º, Inciso IX)

Pela dicção do inciso IX, do artigo 5º, da Constituição Federal, "é livre a expressão da atividade intelectual, artística, científica e de comunicação, independentemente de censura ou licença".

Nada obstante, essa liberdade de expressão deve ser exercida de forma responsável, sendo que a Constituição assegura, além do direito de resposta ao ofendido, indenização por danos materiais e morais.

7.1.9. Vedação de Censura de Natureza Política, Ideológica e Artística (CF, Art. 220, § 2º)

O artigo 220, § 2º, da Constituição Federal, dispõe que "é vedada toda e qualquer censura de natureza política, ideológica e artística".

Vale ressaltar que essa liberdade não significa ausência de mecanismos de regulação sobre as diversões e espetáculos públicos. Nesse sentido, o artigo 220, § 3º, da Constituição Federal, dispõe que compete à lei federal regular as diversões e espetáculos públicos, cabendo ao Poder Público informar sobre a natureza dos eventos, as faixas etárias a que não se recomendem, locais e horários em que a sua apresentação não se mostre adequada, assim como estabelecer os meios legais que garantam à pessoa e à família a possibilidade de se defenderem de programas ou programações de rádio e televisão que contrariem o disposto no artigo 221, bem como de propaganda de produtos, práticas e serviços que possam ser nocivos à saúde e ao meio ambiente.

Da mesma forma, consoante § 4º do mesmo artigo, a propaganda comercial de tabaco, bebidas alcoólicas, agrotóxicos, medicamentos e terapias estará sujeita a restrições legais.

Por fim, o artigo 221 estabelece os princípios a serem observados pelas emissoras de rádio e televisão em sua produção e programação.

7.1.10. Liberdade de Informação (CF, Art. 5º, Inciso XIV, XXXIII e Art. 220, § 1º)

O direito de informação ou liberdade de informação está compreendido dentro do direito maior à liberdade ou às liberdades asseguradas pela Constituição brasileira. Especificamente em relação à liberdade de informação, a Constituição brasileira trata da questão em diversos dispositivos: o inciso XIV, do artigo 5º, dispõe que "é assegurado a todos o acesso à informação...". De outro lado, o XXXIII contempla que "todos têm direito a receber dos órgãos públicos informações de seu interesse particular...". Também o artigo 220, § 1º, estabelece que "nenhuma lei conterá dispositivo que possa constituir embaraço à plena liberdade de informação jornalística em qualquer veículo de comunicação social, observado o disposto no artigo 5º, IV, V, X, XIII e XIV".

Diante desses dispositivos, pode-se promover a divisão do direito de informação entre o direito de ser informado ou de ter acesso à informação e o direito de informar. Assim, no primeiro grupo está compreendido o direito da pessoa tanto de obter as informações que sejam do seu interesse e que partam dos meios de comunicação, como também de obter dos órgãos públicos as informações de seu interesse particular, constantes de registros ou bancos de dados governamentais ou de caráter público. No caso de desrespeito a esse último direito, poderá a pessoa valer-se do remédio constitucional chamado *habeas data*, cujo objeto é justamente propiciar ao cidadão o acesso a essas informações (CF, art. 5º, inciso LXXII).

No segundo grupo estão inseridos os veículos de comunicação, cuja atividade informativa não pode sofrer restrições, salvo aqueles limites previstos na própria Constituição. A liberdade de informação jornalística, dentro deste enfoque, compreende a chamada liberdade de imprensa, tão valorizada nos Estados que adotam regimes democráticos, constituindo esta liberdade um dos fundamentos da própria democracia.

Nada obstante, a liberdade jornalística deve ser exercida de forma compatível com a tutela constitucional da intimidade e da honra das pessoas, de forma a evitar excessos, ou situações de abuso ao direito de informação. Havendo excessos, poderá o ofendido recorrer ao Judiciário, buscando a indenização pelo dano sofrido, seja material, seja moral.

Há autores que defendem que o direito à liberdade de informação possui dupla face: uma de defesa da imprensa contra o Estado e outra de defesa do cidadão contra os veículos de comunicação.

De todo modo, em nosso entendimento, o direito de informar ou liberdade de imprensa deve ser garantido em sua plenitude, não podendo ser restringido ou sofrer qualquer tipo de censura, sob pena de restar comprometido um dos fundamentos do próprio Estado Democrático de Direito. Em caso de violação a algum direito, pelo exercício abusivo da liberdade de imprensa, como é o caso da ofensa à honra e à moral das pessoas, caberá ao ofendido buscar a reparação do dano e a retratação do órgão de imprensa em juízo. Nunca, porém, deve-se abrir espaço para a censura.

7.1.10.1. Sigilo da Fonte

O mesmo dispositivo que assegura a todos o acesso à informação (art. 5º, inciso XIV) resguarda o sigilo da fonte "quando necessário ao exercício profissional".

Essa regra visa, acima de tudo, reforçar a liberdade de divulgação da informação, na medida em que, mantendo-se em sigilo a fonte, há um inegável ganho à atividade jornalística, que poderá obter as informações pretendidas com muito mais facilidade e segurança, já que não precisará expor a sua fonte.

Não se pode confundir, todavia, o sigilo da fonte com o anonimato, o qual é vedado pela Constituição.

7.1.11. Liberdade de Locomoção (CF, Art. 5º, Inciso XIV)

A liberdade de locomoção consiste, objetivamente, no direito de ir e vir da pessoa ou de permanecer em qualquer lugar do território nacional. Trata-se do direito que a pessoa tem de circular livremente por todo território brasileiro, sem a necessidade de vistos ou licenças, bem como o de fixar o seu domicílio onde melhor lhe aprouver, não podendo o Estado, em tempo de paz, causar nenhum embaraço ao exercício desse direito.

Nesse sentido, a Constituição Federal, no art. 5º, XV, estabelece que "é livre a locomoção no território nacional em tempo de paz, podendo qualquer pessoa, nos termos da lei, nele entrar, permanecer ou dele sair com seus bens". Vale observar que tal direito refere-se aos tempos de paz, sendo que em tempos de guerra ou estado de sítio, poderão ser feitas restrições à liberdade de locomoção.

Para a garantia desse direito, a Constituição Federal prevê a ação de *habeas corpus* (CF, art. 5º, LXVIII).

Ressalte-se, ainda, que por razões de reciprocidade diplomática, o Estado brasileiro poderá exigir visto para ingresso de estrangeiros de determinadas nacionalidades em território brasileiro.

7.1.12. Liberdades de Expressão Coletiva (CF, Art. 5º, XVI e XVII a XXI)

Por liberdades de expressão coletiva entendem-se as modalidades de direitos individuais, cujo exercício denota um aspecto coletivo, por compreender uma pluralidade de pessoas, como é o caso da *liberdade de reunião* ou *a liberdade de associação* (CF, art. 5º, XVI e XVII a XXI). São direitos individuais que pertencem diretamente à pessoa, mas o seu exercício somente se dá ou se aperfeiçoa a partir de um conjunto de pessoas.

7.1.13. Liberdade de Reunião (CF, Art. 5º, XVI)

A liberdade de reunião, expressamente assegurada pela Constituição em seu art. 5º, inciso XVI, compreende o livre agrupamento de pessoas, de forma organizada, de caráter transitório e com uma finalidade determinada.

Vale destacar que a Constituição, se por um lado garante expressamente esse direito, por outro, estabelece determinadas condições para o seu exercício, tais como:

a) a reunião deve ser pacífica;

b) os fins a que se destina devem ser lícitos;

c) deve haver aviso prévio à autoridade competente;

d) a realização deve ocorrer em locais abertos ao público.

Nesse sentido, pode-se dizer que, muito embora a Constituição assegure a liberdade de reunião apenas em locais abertos ao público, entende-se que a liberdade de reunião em locais fechados constitui, da mesma forma, garantia constitucional implícita, na medida em que decorre dos princípios por ela seguidos. Além do mais, tais reuniões podem ocorrer sem a necessidade de prévio aviso à autoridade competente.

Ressalte-se, sobre a questão, que o aviso prévio a que alude o dispositivo não deve ser entendido como necessidade de autorização ou de licença do Poder Público, sendo que a sua finalidade está ligada, precisamente, a questões de segurança.

7.1.14. Liberdade de Associação (CF, Art. 5º, XVII a XXI)

A liberdade de associação compreende o direito inerente às pessoas de se reunirem, de forma organizada e permanente, para fins lícitos. Vale observar que esse direito se distingue do direito de reunião pelo seu caráter de permanência.

Esse caráter de permanência denota a ideia de criação de uma associação, no sentido de entidade, ou de uma sociedade ou de uma cooperativa, voltada à determinada atividade, inclusive de fins econômicos. Pode-se entender, também, como o direito de aderir a uma associação já formada, bem como o de desligar-se dessa associação.

Nesse sentido, a Constituição brasileira, no art. 5º, XVII a XXI, dispõe sobre a liberdade de associação, sob vários aspectos, desde a vedação de interferência estatal no seu funcionamento até a garantia em relação à sua dissolução, que somente poderá ocorrer, de forma compulsória, por decisão judicial.

Observe-se que da mesma forma que a Constituição garante a plena liberdade de associação, estabelece no inciso XX, do art. 5º, que "ninguém poderá ser compelido a associar-se ou a permanecer associado". Vale dizer que a liberdade de associação compreende, também, a liberdade de desassociação ou de não-associação.

7.1.14.1. A associação como Substituto Processual (CF, Art. 5º, Inciso XXI)

A Constituição traz em seu art. 5º, inciso XXI, a seguinte previsão: "as entidades associativas, quando expressamente autorizadas, têm legitimidade para representar seus filiados judicial ou extrajudicialmente".

Esse dispositivo confere legitimidade *ad causam* para as associações defenderem direitos de seus associados. Trata-se de caso típico de substituição processual, na qual a associação age em nome próprio na defesa de interesse alheio. Para tanto, o próprio dispositivo constitucional exige expressa autorização, a qual poderá constar genericamente dos estatutos sociais da entidade. Caso isso não ocorra, haverá necessidade de autorizações específicas dos associados.

7.1.14.2. Vedação de Associações de Caráter Paramilitar (CF, Art. 5º, XVII)

A única ressalva consignada na Constituição em relação ao pleno direito de associação (inciso XVII) está na vedação de associações de caráter paramilitar. Por associação de caráter paramilitar entendem-se aquelas que se organizam tal como as Forças Armadas, uma espécie de força armada paralela ao Estado, o que atenta contra a ordem democrática e social.

Com efeito, somente o Estado tem a prerrogativa de organizar militarmente. Ainda sobre essa questão, também o art. 17, § 4º, da Constituição, veda a utilização de organização paramilitar pelos partidos políticos.

7.1.15. Liberdade de Profissão (CF, Art. 5º, XIII)

A Constituição Federal, no artigo 5º, inc. XIII, dispõe que "é livre o exercício de qualquer trabalho, ofício ou profissão, atendidas as qualificações profissionais que a lei estabelecer". A liberdade de profissão, nesse sentido, consiste na faculdade atribuída ao cidadão de escolher livremente o seu próprio trabalho e a sua própria profissão, de acordo com a sua preferência, habilidade e oportunidade.

Vale destacar que essa norma constitucional possui eficácia contida, ou seja, cabe ao legislador infraconstitucional fixar os limites e os requisitos necessários ao exercício de determinadas profissões, como, por exemplo, o exercício da profissão de advogado, para a qual o indivíduo precisa ser formado em Direito e ter sido aprovado no exame da Ordem dos Advogados do Brasil, conforme estabelece a Lei n. 8.906/94 (Estatuto da Advocacia).

8. DIREITO À IGUALDADE

O princípio da igualdade ou da isonomia, ao lado dos princípios da legalidade e do devido processo legal, representa um dos principais pilares do Estado Democrático de Direito, significando a igualdade de direitos e deveres que deve existir entre os cidadãos de determinado Estado.

A inserção de tal princípio nos textos constitucionais remonta ao constitucionalismo clássico, encontrando-se presente nas primeiras constituições do período pós-revolucionário, como a americana de 1787 e a francesa de 1791.

Na Constituição brasileira, o direito à igualdade, ou princípio da igualdade, consiste na afirmação consignada no *caput*, do art. 5º, de que "todos são iguais perante a lei, sem distinção de qualquer natureza...".

Em razão da consagração desse princípio na Constituição, não se admite discriminação de nenhuma natureza em relação às pessoas sujeitas à sua força normativa, e qualquer tratamento desigual há de ser declarado inconstitucional. Vale dizer que nenhuma circunstância pessoal ou social, tais como sexo, cor, idade, condição social, entre outras, poderá servir de motivo para se privilegiar alguém em detrimento de outrem.

Nada obstante, o princípio da igualdade ou isonomia deve ser entendido e interpretado dentro do contexto de uma sociedade plural, que convive em meio à diversidade e em que as pessoas são desiguais por natureza. Assim, a igualdade pretendida somente será alcançada à medida que for dispensado tratamento desigual àqueles que são desiguais.

Nesse sentido, pode-se definir o princípio da igualdade como "tratar-se desigualmente os desiguais, na medida de sua desigualdade". Tal assertiva parte do pressuposto de que pessoas desiguais merecem tratamento também desigual, sob pena de se acentuar ainda mais a desigualdade entre eles. Assim, por exemplo, não se pode dispensar o mesmo tratamento a um homem e a uma mulher em um teste de aptidão física para ingresso na força policial, tendo em vista que para esse efeito (força física) homem e mulher não são iguais, e devem ter tratamento diferenciado.

O fato de o princípio da igualdade estar consagrado no *caput* do art. 5º demonstra a preocupação do constituinte em relação ao tema, sendo que, além do citado dispositivo, a Constituição menciona a igualdade como um dos valores maiores do Estado brasileiro também em outros pontos do texto, como no preâmbulo e no artigo 3º, ao estabelecer entre os objetivos do Estado a promoção do "bem de todos, sem preconceitos de origem, raça, sexo, cor, idade e quaisquer outras formas de discriminação".

8.1. Rol Meramente Exemplificativo em Matéria de Igualdade

Cabe ressaltar que a Constituição, no *caput*, do art. 5º, ao dispor sobre o princípio da igualdade, menciona expressamente que todos são iguais perante a lei "sem distinção de qualquer natureza".

Da mesma forma, o art. 3º, inciso IV, estabelece como um dos objetivos da República Federativa do Brasil a promoção do bem de todos, sem preconceitos de origem, raça, sexo, cor, idade e "quaisquer outras formas de discriminação".

Assim, muito embora a Constituição mencione expressamente como fatores de discriminação, no artigo 3º, IV, apenas questões como origem, raça, sexo, cor e idade, esse rol deve ser entendido como meramente exemplificativo, sendo inclusa no âmbito de proteção constitucional toda sorte de fatores, como a religião, a opção sexual, a opção política, entre outras.

8.2. Igualdade entre Homem e Mulher

Não bastasse a regra geral da igualdade constante do *caput* do art. 5º, a igualdade de gêneros, ou igualdade entre homem e mulher, ganhou especial atenção do constituinte, sendo mencionada expressamente no inciso I, do art. 5º: "homens e mulheres são iguais em direitos e obrigações, nos termos desta Constituição". Além disso, o art. 226, § 5º, dispõe que "os direitos e deveres referentes à sociedade conjugal são exercidos igualmente pelo homem e pela mulher".

Ressalte-se, ainda, que no capítulo atinente aos direitos sociais, a Constituição veda a diferença de salários, de exercício de funções ou de critérios de admissão, por motivo de sexo, idade, cor, estado civil ou deficiência física (art. 7º, XXX e XXXI).

8.3. Hipóteses de Tratamento Diferenciado entre as Pessoas

Tomando por base o próprio conceito de igualdade, que pressupõe um tratamento desigual para pessoas desiguais na medida de sua desigualdade, pode-se verificar, de antemão, que existem hipóteses em que o tratamento diferenciado é válido e aceito pela Constituição, sem que isso represente violação ao princípio da isonomia.

Essa possibilidade de tratamento diferenciado divide-se, basicamente, em duas hipóteses:

1) a primeira hipótese refere-se às situações previstas pela própria Constituição, em que se estabelece um tratamento desigual. Como exemplos podemos destacar a exclusão de mulheres e eclesiásticos do serviço militar obrigatório em tempo de paz (art. 143, § 2º), a aposentadoria com menor idade e menos tempo de contribuição para mulheres (arts. 40, III, e 201, § 7º), a tributação de acordo com a capacidade econômica do contribuinte (art. 145, § 1º), dentre outros;

2) a segunda hipótese está ligada, segundo Rodrigo Pinho, à existência de um pressuposto lógico e racional que justifique o tratamento desigual, em consonância com os valores tutelados pela Constituição. Como exemplos podemos citar: as vagas especiais para idosos e portadores de necessidades especiais em estacionamentos, as filas especiais para idosos e gestantes em bancos, o menor nível de exigência para mulheres em testes de aptidão física em concursos públicos.

8.4. Igualdade Formal e Igualdade Material

A igualdade formal é aquela decorrente da declaração expressa e formal constante da própria Constituição, de que "todos são iguais perante a lei, sem distinção de qualquer natureza". Trata-se de uma igualdade formal, na medida em que a simples declaração inserida no Texto Constitucional não tem o condão, em muitos casos, de torná-la concreta e efetiva dentro da sociedade, tendo em vista a enorme desigualdade econômica e social existente em nosso País.

A igualdade material, por sua vez, é aquela que se verifica, de forma efetiva e concreta, dentro da sociedade, ou seja, é aquela que se materializa a partir de normas e de políticas públicas que visem a efetivar a igualdade declarada em lei dentro da realidade social. Vale dizer que a igualdade material é a efetivação dentro da sociedade da igualdade formal, sendo que esta constitui uma igualdade de direito, enquanto aquela, uma igualdade de fato.

A partir dessa distinção, podemos identificar dentro de nossa Constituição, tanto os dispositivos que tratam da igualdade formal, como é o caso do *caput*, do artigo 5º, quanto os dispositivos voltados para a concretização ou a materialização, dentro da sociedade, dessa igualdade formal declarada. Como exemplo podemos citar o art. 5º, inciso XXXV, por meio do qual o constituinte assegura a todos o acesso ao Judiciário (igualdade formal), e no inciso LXXIV, do mesmo artigo, assegura aos mais carentes a assistência jurídica integral e gratuita (igualdade material). Esse último dispositivo tem por finalidade tornar efetiva a igualdade formal de acesso ao Judiciário, uma vez que, em razão dos custos que o cidadão tem para acionar o Judiciário, essa igualdade não seria efetiva, na medida em que somente as pessoas com mais recursos poderiam valer-se de tal direito, o que teria o condão de acentuar ainda mais a desigualdade dentro da sociedade.

Assim, para tornar efetiva essa garantia, o Estado prevê a assistência judiciária gratuita ao cidadão que comprove insuficiência de recursos, possibilitando que todos possam valer-se do direito de acesso ao Judiciário.

8.5. Igualdade na Lei e Igualdade Perante a Lei

Trata-se de uma diferenciação doutrinária, em que a igualdade na lei constitui um comando voltado diretamente ao legislador, de modo a vedar a produção de qualquer norma que estabeleça desigualdades entre as pessoas não permitidas pelo Texto Constitucional.

A igualdade perante a lei, por sua vez, está voltada para os aplicadores do direito, os quais têm a sua conduta condicionada pelo princípio da igualdade, de modo a evitar que, na aplicação da lei, sejam adotados critérios discriminatórios e estabelecido tratamento desigual para as pessoas que se encontrem nas mesmas condições.

8.6. Igualdade entre Particulares

Como regra geral, o princípio da igualdade atinge a todos os que estão submetidos ao poder normativo da Constituição, ou seja, a todas as pessoas, sejam físicas ou jurídicas, sejam públicas ou particulares. Pode-se dizer, nesse sentido, que o princípio da igualdade constitui uma garantia do cidadão, não somente em relação à conduta do Estado, mas também em relação às atividades privadas.

Desse modo, não se admite a discriminação do cidadão por parte de empresas privadas ou de seus agentes, sendo vedada e inconstitucional, por exemplo, a proibição de acesso de uma determinada pessoa a estabelecimentos de ensino, comerciais, culturais e outros, em razão de sua condição pessoal ou social. Determinadas condutas, inclusive, são consideradas crimes inafiançáveis pela própria Constituição, como é o caso do racismo, que é a discriminação em razão da raça da pessoa.

8.7. Igualdade Tributária

A Constituição brasileira, ao tempo em que veda a instituição de "tratamento desigual entre contribuintes que se encontrem em situação equivalente" (art. 150, II), admite expressamente a cobrança de impostos "segundo a capacidade econômica do contribuinte" (art. 145, § 1º).

No primeiro caso, a Constituição estabelece a necessidade de um tratamento isonômico para as pessoas que se encontrem em situações equivalentes, vedando a cobrança maior de tributos para pessoas com igual situação econômica ou com igual capacidade contributiva.

No segundo dispositivo, a Constituição prevê exatamente a necessidade de se estabelecer uma graduação de impostos segundo a capacidade contributiva de cada um. Vale dizer que quem ganha mais paga mais, e quem ganha menos paga menos. Isso tudo sem que haja violação ao princípio da igualdade.

8.8. Efeitos do Princípio da Igualdade na Legislação Infraconstitucional

O princípio constitucional da igualdade está largamente contemplado na legislação infraconstitucional, mesmo porque, tratando-se de princípio expressamente consagrado no Texto Constitucional, está o legislador ordinário adstrito à sua observância quando da produção legislativa.

Nesse sentido, diversos são os diplomas legais posteriores à nova Carta Constitucional que vieram tratar, de forma mais específica, do direito à igualdade, dentre os quais podemos citar: Lei n. 7.716/89, que define os crimes "resultantes de discriminação ou preconceito de raça, cor, etnia, religião ou procedência nacional"; Lei n. 7.853/89, que tutela os interesses coletivos e difusos das pessoas portadoras de deficiência; Lei n. 9.029/95, que proíbe a exigência de atestados de gravidez e esterilização e outras práticas discriminatórias contra a admissão ou a permanência de mulheres em idade fértil na relação jurídica do trabalho, estabelecendo crimes e respectivas sanções penais, entre outras normas.

8.9. Ações Afirmativas

As ações afirmativas, também conhecidas como discriminações positivas, são instrumentos políticos e jurídicos que visam à proteção das minorias contra toda e qualquer forma de discriminação, por meio do estabelecimento de políticas públicas, voltadas às classes e aos segmentos sociais mais necessitados ou que demandem alguma forma de tratamento diferenciado por parte do Estado. Essas ações objetivam reduzir ou eliminar as diversas formas de desigualdade existentes na sociedade, buscando a materialização ou a efetivação dentro do corpo social da igualdade formal, prevista na Constituição.

Um exemplo de ação afirmativa, no Brasil, é o estabelecimento de cotas nas universidades públicas para afrodescendentes, ou para pessoas egressas de escolas públicas. Há também as leis que asseguram vagas para portadores de deficiência em concursos públicos.

Pode-se dizer que o instituto da ação afirmativa remonta, de forma mais visível, aos conflitos raciais ocorridos nos Estados Unidos da América, e foi amplamente difundido naquela sociedade como forma de proteção dos direitos dos negros diante da maioria branca.

9. DIREITO À SEGURANÇA

O direito à segurança, constitucionalmente consagrado na Constituição brasileira, no *caput* do artigo 5º, consiste na garantia e na certeza de que os direitos fundamentais, previstos na Lei Maior, serão observados e respeitados, tanto pelo Estado quanto pelo particular. O direito à segurança, além do caráter de segurança pessoal do cidadão, exprime, ainda, um aspecto de segurança nas instituições (segurança jurídica).

Parte da doutrina, da qual citamos Manoel Gonçalves Ferreira Filho, entende que o direito à segurança abrange os direitos subjetivos em geral e os relativos à segurança pessoal.

Assim, entre os direitos subjetivos em geral estariam o direito à legalidade e o direito à segurança das relações jurídicas, enquanto que os direitos relativos à segurança pessoal incluiriam o respeito à liberdade pessoal, a inviolabilidade da intimidade, do domicílio e das comunicações pessoais e a segurança em matéria jurídica.

9.1. Segurança das Relações Jurídicas

A ordem jurídica, dentro de um Estado democrático de Direito, deve contemplar, como um de seus valores essenciais, a segurança jurídica, sendo pressuposto desta a existência de relações jurídicas estáveis, protegidas contra ações arbitrárias e inoportunas, tanto do Estado quanto do particular. Assim, para promover a segurança das relações jurídicas, esses ordenamentos jurídicos consagram como um de seus princípios fundamentais o princípio da irretroatividade das leis, do qual deriva a proteção irrestrita ao direito adquirido, ao ato jurídico perfeito e à coisa julgada, previstos em nossa Constituição, no inciso XXXVI, do artigo 5º.

Nesse sentido, por segurança das relações jurídicas entende-se o conjunto de normas que possam permitir às pessoas o conhecimento antecipado das consequências jurídicas de seus atos e que tenham por objeto dotar de estabilidade esses atos. Isso porque não se mostra admissível que alguém venha a ser surpreendido por consequências jurídicas desfavoráveis de leis elaboradas depois da realização de sua conduta.

Com efeito, as leis são elaboradas para reger situações futuras, não podendo haver a retroação dos seus efeitos de modo a comprometer situações jurídicas já consolidadas. É o que dispõe o inciso XXXVI, do artigo 5º, da Constituição: "a lei não prejudicará o direito adquirido, o ato jurídico perfeito e a coisa julgada". Trata-se de institutos que espelham a segurança conferida pela Constituição às relações jurídicas. Verdadeiros pilares do Estado Democrático de Direito.

Tais institutos jurídicos encontram-se definidos pela Lei de Introdução ao Código Civil (Decreto-Lei n. 4.657/42), em seu artigo 6º.

9.1.1. Ato Jurídico Perfeito (CF, Art. 5º, Inciso XXXVI)

De acordo com o § 1º, do artigo 6º, da Lei de Introdução ao Código Civil (Decreto-Lei n. 4.657/42), reputa-se ato jurídico perfeito o ato "já consumado segundo a lei vigente ao tempo em que se efetuou".

Assim, estando determinado ato em conformidade com a lei vigente, no momento em que foi praticado ou foi efetivado, não pode uma lei posterior comprometer os efeitos desse ato alterando as condições previstas na lei anterior. Um exemplo de ato jurídico perfeito é o do cidadão que construiu sua casa segundo as normas de uso e ocupação do solo urbano vigentes no momento da construção. Caso haja alteração dessa norma, como novas exigências para construções da espécie, as obras realizadas segundo os parâmetros da lei antiga não seriam afetadas.

9.1.2. Direito Adquirido (CF, Art. 5º, Inciso XXXVI)

Direito adquirido, segundo a definição constante do § 2º, do artigo 6º, da Lei de Introdução ao Código Civil, é o direito que "o seu titular, ou alguém por ele, possa exercer, como aqueles cujo começo do exercício tenha termo prefixo, ou condição preestabelecida inalterável, a arbítrio de outrem". Em outras palavras, pode-se dizer que direito adquirido é aquele que o seu titular já preencheu todos os requisitos para o seu exercício, e que, por isso, pode ser exercido a qualquer momento, já tendo sido incorporado ao patrimônio da pessoa.

Um exemplo de direito adquirido é o da pessoa que já preencheu todos os requisitos para requerer a aposentadoria, como o tempo de contribuição e a idade mínima, mas que, por um motivo qualquer, ainda não exerceu esse direito. Nesse caso, mesmo não tendo a pessoa exercitado o seu direito, não pode a lei posterior prejudicá-lo, uma vez que o indivíduo já adquiriu o direito, o que lhe dá a faculdade de exercê-lo a qualquer tempo.

9.1.3. Coisa Julgada (CF, Art. 5º, Inciso XXXVI)

Na definição da Lei de Introdução ao Código Civil (art. 6º, § 3º), "chama-se coisa julgada ou caso julgado a decisão judicial de que já não caiba recurso". Com efeito, a decisão judicial já transitada em julgado, ou seja, que já não comporta mais recurso, chama-se coisa julgada, sendo inatingível pela entrada em vigor de lei posterior que altere o seu alcance e os seus efeitos. Vale ressaltar que a coisa julgada produz efeitos e se torna imutável apenas entre as partes do processo.

A coisa julgada pode ser material quando há efetivo julgamento de mérito, situação em que a matéria objeto do processo não poderá mais ser discutida ou apenas formal, quando o processo, por alguma questão formal, é julgado extinto sem julgamento de mérito, sendo que, nesse caso, a matéria poderá ser novamente discutida em outro processo.

9.2. Segurança em Matéria Pessoal

A segurança em matéria pessoal deve ser entendida como o conjunto de direitos e garantias que tratam da segurança do cidadão, enquanto pessoa humana isoladamente considerada, abarcando questões como a inviolabilidade da intimidade, do domicílio e das comunicações pessoais, bem como diversas garantias em matéria penal e processual.

São considerados direitos eminentemente individuais por dizerem respeito às questões mais íntimas e pessoais do cidadão.

9.2.1. Direito à Privacidade

O direito à privacidade está ligado ao conceito de privado, de particular, significando a proteção constitucional à vida privada e aos valores mais íntimos da pessoa, dentro de sua individualidade.

A Constituição brasileira em seu artigo 5º, inciso X, estabelece que "são invioláveis a intimidade, a vida privada, a honra e a imagem das pessoas, assegurado o direito a indenização pelo dano material ou moral decorrente de sua violação". A partir desse dispositivo, é de se observar que o direito à privacidade, na Constituição brasileira, deve ser entendido como uma denominação genérica, na qual estão compreendidas, de forma específica, a tutela da intimidade, a da vida privada, a da honra e a da imagem das pessoas.

9.2.1.1. Direito à Intimidade e à Vida Privada (CF, Art. 5º, Inciso X)

O termo intimidade representa a qualidade do que é íntimo, ou seja, o que é próprio e estritamente pessoal de cada ser humano, compreendendo os princípios, os valores, os segredos e os desejos mais interiores da pessoa e que somente a ela dizem respeito.

Pode-se dizer que o direito à intimidade é o direito de estar só, de desfrutar de uma vida particular livre da interferência de terceiros. Embora o ser humano viva em coletividade, em uma sociedade dita globalizada, em que as relações interpessoais são valorizadas e incentivadas, todos precisam de seus momentos de isolamento e de introspecção, de ter somente para si uma parcela de sua vida e de seu tempo e que não seja compartilhada com ninguém, mesmo familiares e amigos mais próximos.

Nesse sentido, a intimidade é compreendida como um valor e um direito de caráter eminentemente individualista, próprio e exclusivo da pessoa. É o relacionamento da pessoa consigo mesma.

A vida privada, por sua vez, compreende o relacionamento da pessoa com seus familiares e amigos, envolvendo um ciclo restrito de relações que só a essas pessoas interessa e nos lugares que lhes convêm, como na própria casa ou em lugares fechados e privados. Como se vê, é o oposto da vida pública, que é justamente o relacionamento externo da pessoa com a sociedade. O direito à vida privada é, assim, o direito de a pessoa levar a sua vida particular sem a intromissão e a interferência de terceiros, como vizinhos, imprensa e o próprio Estado.

Assim, pode-se dizer que a vida privada, diferentemente da intimidade que compreende o isolamento íntimo da pessoa, abrange o relacionamento do indivíduo com outras pessoas, como familiares e amigos.

9.2.1.1.1. Efeitos Jurídicos da Tutela da Intimidade e da Vida Privada

Em razão da tutela constitucional do direito à intimidade e à vida privada, várias condutas lesivas a esses direitos são vedadas, muitas delas pela própria Constituição, como a escuta telefônica clandestina, a investigação e a divulgação de atos particulares, invasões fotográficas ou cinematográficas etc.

No Brasil, a vedação de determinadas condutas acarreta reflexos basicamente na esfera civil, com a previsão de indenização por danos materiais e morais decorrentes da violação, sendo que, na esfera penal, o País ainda ressente a falta de uma legislação específica de tutela da intimidade, muito embora determinadas condutas sejam tipificadas pela lei penal, como a escuta telefônica clandestina e a violação de correspondência.

Vale ressaltar que essas vedações de conduta, bem assim a possibilidade de indenizações por danos materiais e morais, são extensíveis também às pessoas públicas, como políticos e artistas, em suas vidas privadas.

9.2.2. Direito à Honra (CF, Art. 5º, Inciso X)

A honra de uma pessoa constitui um direito e um atributo de caráter personalíssimo, uma vez que se refere à autoestima e à reputação dessa pessoa. Nesse sentido, a honra pode ser compreendida sob uma dupla perspectiva:

- a honra subjetiva, que significa a consideração que a pessoa tem por si mesma;
- e a honra objetiva, que abrange a consideração e o respeito que a pessoa goza no meio social.

A tutela constitucional da honra acarreta a obrigatoriedade de indenização no caso de violação (art. 5º, X), possuindo, ainda, reflexos na esfera penal, como a tipificação dos crimes contra a honra, como o de calúnia, injúria e difamação. Tais crimes são previstos tanto pelo Código Penal quanto pela Lei de Imprensa (Lei n. 5.250/67) e pelo Código Eleitoral (Lei n. 4.737/65).

9.2.3. Direito à Imagem (CF, Art. 5º, Inciso X)

O direito à imagem possui uma dupla acepção, sendo que tanto pode representar a imagem física da pessoa (imagem-retrato), a partir da reprodução gráfica dessa imagem, por meio de fotografia, televisão, cinema ou outro meio, quanto pode ter uma conotação social (imagem atributo), significando a imagem que a pessoa dispõe junto ao meio social e profissional.

No primeiro caso, o direito à imagem consiste no direito que a pessoa possui de não ter a sua imagem física reproduzida pelos meios de comunicação sem a sua autorização, e no caso de atividades públicas, como a atividade política, não há necessidade dessa autorização, para efeitos de informação ao público.

No segundo caso, a pessoa tem o direito à preservação de sua imagem no meio social, isto é, a forma como ela é vista pela sociedade, seja em relação ao seu trabalho (imagem de um bom profissional, de bom caráter etc.), seja em relação às suas relações sociais e políticas, e qualquer conduta de terceiros que violar esse direito, como a publicação pela imprensa de notícias inverídicas e difamatórias, poderá ser objeto de ação de indenização ou pedido de retratação.

Vale ressaltar que também as pessoas jurídicas podem ser atingidas em sua imagem e podem ser autoras de pedidos de indenização, inclusive por danos morais, haja vista que a imagem destas junto aos seus clientes e junto ao público em geral é fundamental para o sucesso de sua atividade.

9.2.4. Inviolabilidade do Domicílio (CF, Art. 5º, Inciso XI)

A inviolabilidade do domicílio constitui uma das formas de efetivação ou de garantia do exercício do direito à intimidade e à vida privada, uma vez que a casa representa o local onde o indivíduo tende a desfrutar de seus momentos mais pessoais e mais íntimos, seja no isolamento, seja em meio à convivência familiar. Trata-se de um direito individual dos mais relevantes na ordem constitucional e pedra fundamental do Estado democrático de Direito, refletindo a dimensão dada pelo constituinte à liberdade do indivíduo, o qual não pode ter a sua casa, ou a sua vida particular, violada ou devassada, salvo nas hipóteses previstas pela própria Constituição.

Nesse sentido, a Constituição brasileira estabelece, em seu artigo 5º, XI, que "a casa é asilo inviolável do indivíduo, ninguém nela podendo penetrar sem consentimento do morador, salvo em caso de flagrante delito ou desastre, ou para prestar socorro, ou, durante o dia, por determinação judicial".

Vale destacar que, para os efeitos da tutela constitucional do direito à inviolabilidade do domicílio, o conceito de casa possui uma amplitude maior do que o de simples moradia, abrangendo tanto o lugar onde a pessoa vive como o lugar onde exerce o seu trabalho, desde que não seja aberto ao público.

A definição jurídica de casa encontra-se no artigo 150, § 4º, do Código Penal, que dispõe sobre o crime de "violação de domicílio", e no 246 do Código de Processo Penal. Segundo essas normas, o termo casa compreende qualquer compartimento habitado, aposento ocupado de habitação coletiva e compartimento não aberto ao público, onde alguém exerça a sua profissão ou atividade.

9.2.4.1. Relatividade do Direito à Inviolabilidade de Domicílio

Pela dicção do inciso XI, do artigo 5º da Constituição, pode-se observar que, muito embora a inviolabilidade do domicílio constitua a regra geral, ela não é absoluta, uma vez que a própria Constituição tratou de estabelecer as hipóteses em que pode haver o ingresso na casa de uma pessoa sem o seu consentimento, quais sejam:

- a qualquer hora do dia ou da noite:
  a) em caso de flagrante delito;
  b) em caso de desastres, como incêndio, inundação etc.;
  c) para prestar socorro.
- somente durante o dia:
  a) por determinação judicial.

9.2.5. Inviolabilidade do Sigilo das Comunicações Pessoais (CF, Art. 5º, Inciso XII)

A Constituição, em seu art. 5º, inciso XII, estabelece que "é inviolável o sigilo da correspondência e das comunicações telegráficas, de dados e das comunicações telefônicas, salvo, no último caso, por ordem judicial, nas hipóteses e na forma que a lei estabelecer para fins de investigação criminal ou instrução processual penal".

Esse dispositivo assegura ao cidadão que todas as suas comunicações pessoais, como telefonemas, cartas, telégrafos, entre outras, não serão interceptadas ou monitoradas por outras pessoas. Tal direito possui uma estreita vinculação com a proteção da intimidade e da vida privada.

Em se tratando de comunicações por correspondência e telegráfica, o direito à inviolabilidade tem sido considerado absoluto, não estabelecendo a Constituição nenhuma exceção em relação à sua interceptação. Nada obstante, o STF tem entendido que em alguns raríssimos casos poderá haver a violação da correspondência, como no caso de a administração penitenciária verificar o conteúdo de correspondências expedidas por detentos, por razões de segurança pública.

A única ressalva feita pela Constituição é em relação à comunicação telefônica, que poderá ser interceptada mediante ordem judicial, o que deverá obedecer às hipóteses e à forma estabelecidas em lei.

Vale ressaltar que, na vigência de estado de defesa ou de sítio, poderão ser estabelecidas restrições à inviolabilidade de correspondência (CF, arts. 136, I, b, e 139, III).

9.2.5.1. Monitoramento de Correspondências Eletrônicas (e-mail) pelo Empregador

Questão que tem suscitado discussão está na possibilidade ou não de o empregador monitorar correspondências eletrônicas (e-mail) de seus funcionários. Nesses casos, tem prevalecido o entendimento de que, em se tratando de e-mail corporativo, ou seja, disponibilizado pela própria empresa, para a utilização no interesse do serviço, essa conduta do empregador é válida e não fere o direito ao sigilo das comunicações pessoais.

Nesse sentido, entendeu o TST que "os sacrossantos direitos do cidadão à privacidade e ao sigilo de correspondência, constitucionalmente assegurados, concernem à comunicação estritamente pessoal, ainda que virtual (e-mail particular). Assim, apenas o e-mail pessoal ou particular do empregado, socorrendo-se de provedor próprio, desfruta de proteção constitucional e legal da inviolabilidade".[17]

9.2.5.2. Exceções à Inviolabilidade das Comunicações Telefônicas

Pelo teor do inciso XII, do artigo 5º, o sigilo das comunicações telefônicas é inviolável, salvo, "por ordem judicial, nas hipóteses e na forma que a lei estabelecer para fins de investigação criminal ou instrução processual penal". Vale dizer que tal direito não é absoluto, haja vista que a própria Constituição estabelece a possibilidade de quebra desse sigilo por ordem judicial.

Nada obstante, deve-se ter presente que a ordem judicial de interceptação de conversas telefônicas deve ser utilizada somente nas hipóteses e na forma que a lei estabelecer. Esse dispositivo constitucional foi regulamentado pela Lei n. 9.296/96 que, entre outras questões, prevê a possibilidade de interceptação telefônica com autorização judicial somente para apuração de crimes mais graves,

17 TST, 1ª Turma, RR 613/2000-013-10-00, Rel. Min. João Oreste Dalazen, DJ 10.06.2005.

sendo tal possibilidade vedada quando a prova puder ser produzida por outros meios ou o crime investigado for punido, no máximo, com pena de detenção.

Cabe ressaltar que a gravação de conversa telefônica feita por um dos interlocutores ou com sua autorização, mesmo sem a ciência do outro, não caracteriza interceptação telefônica, sendo considerada válida como prova.

9.3. Segurança em Matéria Jurídica

Por segurança em matéria jurídica deve-se entender o conjunto de normas constitucionais fundamentais relacionadas às garantias jurisdicionais, processuais e de direito material do cidadão. Nesse conjunto de direitos, estão incluídos os princípios constitucionais de direito penal, como o princípio da reserva legal e de direito processual, como o devido processo legal, a ampla defesa e o contraditório.

Optou o constituinte por inserir tais princípios no rol dos direitos e garantias fundamentais, em razão de sua relevância, no sentido de assegurar uma maior efetividade a outros direitos fundamentais do ser humano, como a vida, a liberdade e a propriedade.

9.3.1. Garantias Constitucionais Jurisdicionais

Garantias constitucionais jurisdicionais são garantias fundamentais do indivíduo, inseridas no Texto Constitucional, e que se referem à atividade jurisdicional do Estado. Com efeito, são garantias que estabelecem que o Estado, em sua atividade jurisdicional, preservará todos os direitos fundamentais do cidadão.

São várias as garantias constitucionais de natureza jurisdicional, encontrando-se estas inseridas no artigo 5º, da Constituição, em diversos incisos, a saber:

- *inciso XXXV* – Princípio do acesso à Justiça, ou da inafastabilidade do controle do Poder Judiciário;
- *inciso XXXVII* – Proibição dos tribunais de exceção;
- *inciso XXXVIII* – Julgamento pelo tribunal do júri dos crimes dolosos contra a vida;
- *inciso LIII* – Princípio do juiz natural ou do juiz competente.

9.3.1.1. Princípio do Acesso à Justiça (CF, Art. 5º, Inciso XXXV)

O princípio do acesso à Justiça ou da inafastabilidade da jurisdição consiste na garantia constitucional deferida ao cidadão de invocar o Poder Judiciário para a solução de suas lides, ou seja, de buscar o Judiciário sempre que necessário para a reparação de qualquer lesão a direito seu, ou mesmo para evitar a ocorrência de lesão. Trata-se de preceito constitucional insculpido no artigo 5º, inciso XXXV: "a lei não excluirá da apreciação do Poder Judiciário lesão ou ameaça a direito".

Tal princípio decorre do monopólio da jurisdição pelo Estado. Isso porque, se o Estado exige das pessoas a observância da obrigatoriedade da jurisdição, tem ele o dever de solucionar os conflitos de interesse, quando provocado.

Com base neste princípio, nem mesmo a lei pode restringir o acesso do cidadão à Justiça. Ocorrendo tal hipótese, referida lei há de ser declarada inconstitucional. O mesmo ocorre com as relações contratuais, sendo que, na hipótese de um contrato limitar o acesso de algum contratante ao Judiciário para buscar a resolução de conflitos referentes àquele pacto, há de ser tal contrato, ou a cláusula respectiva, declarado nulo de pleno direito.

9.3.1.2. Tribunais de Exceção (CF, Art. 5º, Inciso XXXVII)

Tribunais ou juízos de exceção são órgãos jurisdicionais criados exclusivamente para o julgamento de casos específicos, após a ocorrência dos fatos, havendo a sua dissolução com o encerramento do julgamento.

A Constituição brasileira veda expressamente a existência de tribunais de exceção ao dispor no inciso XXXVII, do artigo 5º, que "não haverá juízo ou tribunal de exceção". Essa vedação decorre do entendimento de que essa espécie de juízo ou tribunal tende a ser parcial nos julgamentos e atentam contra o princípio do juiz natural, o que comprometeria a atividade jurisdicional do Estado. Um exemplo histórico de tribunal de exceção foi o Tribunal de Nuremberg, criado apenas para julgamento dos chefes nazistas depois da Segunda Guerra Mundial.

Deve-se ressaltar que os tribunais de exceção não se confundem com as justiças especializadas e nem com a prerrogativa de foro (foro privilegiado). Essas justiças foram instituídas pela própria Constituição, com uma competência preestabelecida, não se prendendo a um caso concreto ou a uma pessoa determinada, e respeitando o princípio da anterioridade à prática do fato, ou seja, a criação dessas justiças precede a ocorrência dos fatos que serão julgados, o que não ocorre no caso dos tribunais de exceção, que são criados posteriormente ao fato que será julgado.

O mesmo acontece em relação à prerrogativa de foro que é concedida em razão do cargo que a pessoa exerce e não por critérios de ordem pessoal. Deixando de exercer aquele cargo, o indivíduo perde o direito ao foro privilegiado.

9.3.1.3. Tribunal do Júri (CF, Art. 5º, Inciso XXXVIII)

O Tribunal do Júri é o órgão jurisdicional competente para o julgamento de casos que envolvem crimes dolosos contra a vida (homicídio, infanticídio, participação em suicídio e aborto), sendo que o julgamento é realizado por um corpo de jurados escolhidos dentre os membros da própria sociedade, os quais passam a compor o chamado conselho de sentença. Trata-se de um direito individual, pois o réu é julgado pela própria sociedade e não por um juízo de critério eminentemente técnico.

A Constituição brasileira, no artigo 5º, inciso XXXVIII, manteve o tribunal do júri, estabelecendo não só a sua competência, mas também a garantia da plenitude de defesa, o sigilo das votações e a soberania dos veredictos.

9.3.1.4. Princípio do Juiz Natural (CF, Art. 5º, Inciso LIII)

O princípio do juiz natural ou do juiz competente, inscrito no inciso LIII, do artigo 5º, da Constituição Federal, consiste na obrigatoriedade de que a atividade jurisdicional deve ser exercida pelo Estado somente por intermédio de seus juízes e órgãos previamente investidos de competência.

De acordo com esse princípio, as regras de competência devem estar preestabelecidas pelo ordenamento jurídico, e a competência não pode ser estabelecida somente após a ocorrência do fato. Esse dispositivo constitucional tem por finalidade assegurar o julgamento por um juiz independente e imparcial. Somente a Constituição, as leis processuais e as leis de organização judiciária podem fixar regras de competência.

Vale dizer que o juiz natural é aquele previamente investido pelas leis processuais e de organização judiciária, a quem as normas constitucionais dão, antecipadamente, a função de solucionar as lides. É o que estabelece o art. 5º, LIII: "ninguém será processado nem sentenciado senão pela autoridade competente".

9.3.2. Garantias Constitucionais Processuais

As garantias constitucionais processuais ou garantias constitucionais de natureza processual são garantias fundamentais do indivíduo que se referem às questões de natureza eminentemente processual. Essas normas garantidoras estabelecem as condições basilares de formação e de desenvolvimento da relação processual, representando uma garantia de que os direitos fundamentais do cidadão serão preservados contra qualquer tipo de arbitrariedade e jamais poderão ser questionados sem a observância dessas garantias processuais.

Com efeito, essas normas constitucionais asseguram ao cidadão a utilização de diversos instrumentos processuais na defesa de seus direitos fundamentais.

São várias as garantias constitucionais de natureza processual, encontrando-se elas inseridas no artigo 5º da Constituição em diversos incisos, a saber:

- *inciso LIV* – Princípio do devido processo legal;
- *inciso LV* – Princípios do contraditório e da ampla defesa;
- *inciso LX* – Princípio da publicidade;
- *inciso LVI* – Proibição de prova ilícita;
- *inciso LVII* – Princípio da presunção de inocência;
- *inciso LVIII* – Proibição da identificação criminal da pessoa já civilmente identificada;
- *incisos LXI a LXVI* – Garantias da legalidade e da comunicabilidade das prisões;
- *inciso LXXVIII* – Garantia da razoável duração do processo ou da celeridade processual.

9.3.2.1. Princípio do Devido Processo Legal (CF, Art. 5º, Inciso LIV)

Pelo princípio do devido processo legal, expresso no inciso LIV, do artigo 5º, da Constituição Federal, "Ninguém será privado da liberdade ou de seus bens sem o devido processo legal".

O devido processo legal, ou *due process of law*, é uma das mais antigas garantias individuais do ser humano, tendo sido assegurado, inclusive, pela Magna Carta de 1215, na Inglaterra. Trata-se de uma das maiores garantias do cidadão contra uma atuação arbitrária do Estado.

Por devido processo legal, segundo Ada Pellegrini Grinover, entende-se "o conjunto de garantias constitucionais que, de um lado, asseguram às partes o exercício de suas faculdades e poderes processuais e, de outro, são indispensáveis ao correto exercício da jurisdição. Garantias que não servem apenas aos interesses das partes, como direitos públicos subjetivos destas, mas que configuram, antes de mais nada, a salvaguarda do próprio processo, objetivamente considerado, como fator legitimante do exercício da jurisdição".[18]

Para cada tipo de litígio deve a lei apresentar expressamente uma forma de composição jurisdicional pertinente, já que nenhuma lesão de direito deixará de ser apreciada pelo Poder Judiciário. Significa, objetivamente, que ninguém pode ser privado de sua liberdade ou de seus bens sem que tenha sido submetido a um julgamento justo, realizado com base em um processo devidamente instaurado e em conformidade com os ditames constitucionais e legais.

9.3.2.2. Princípio do Contraditório (CF, Art. 5º, Inciso LV)

O princípio do contraditório, ao lado da ampla defesa, representa um dos corolários do devido processo legal, uma vez que o processo somente poderá se desenvolver de forma válida se observado esse postulado. Pelo dispositivo inscrito no inciso LV, do artigo 5º, "aos litigantes, em processo judicial ou administrativo, e aos acusados em geral são assegurados o contraditório e ampla defesa, com os meios e recursos a ela inerentes".

Trata-se de uma das mais relevantes garantias processuais e consiste na outorga de efetiva oportunidade de participação das partes na formação do convencimento do juiz, ao qual incumbe a prestação jurisdicional. A partir desse princípio, possibilita-se às partes a oportunidade de manifestação em todas as fases do processo, a cada fato novo surgido, de modo que, da tese desenvolvida pelo autor e da antítese trazida pelo réu, possa o juiz deduzir a síntese.

Essa relação processual contraditória das partes constitui importante forma de legitimação ao processo, gerando maior força de pacificação social e justiça nas decisões, uma vez que foi outorgada às partes plena possibilidade de participação no processo.

---

18 GRINOVER, Ada Pelegrini; CINTRA, Antônio Carlos de Araújo; DINAMARCO, Cândido Rangel. *Teoria Geral do Processo*. 21. ed. São Paulo: Malheiros, 2005.

O contraditório não admite exceções, e mesmo nos casos de urgência, em ações cautelares em que o juiz, diante do *periculum in mora*, defere medida liminar sem ouvir a parte contrária, o réu poderá desenvolver a atividade processual plena, antes que o provimento se torne definitivo.

Vale ressaltar que o contraditório constitui garantia do cidadão não apenas nos processos judiciais, mas também nos processos administrativos e aos acusados em geral.

9.3.2.3. Princípio da Ampla Defesa (CF, Art. 5º, Inciso LV)

A ampla defesa consiste na possibilidade de utilização, pelas partes, de todos os meios e recursos legais previstos para defesa de seus interesses e direitos, seja no processo judicial, seja no processo administrativo. A essência do princípio da ampla defesa está no fato de que não se concebe um processo justo sem que tenham as partes acesso a todos os meios legais para a produção de suas razões de defesa, ou seja, para demonstrar para a autoridade julgadora as razões de seus atos e de sua conduta. Também constitui elemento de legitimação do processo.

A violação desse princípio está ligada ao conceito de cerceamento de defesa, consistente na prolação de uma decisão sem que tenha sido facultada à parte a utilização de todos os recursos previstos em lei para a defesa de seu direito.

Como exemplo de violação à ampla defesa temos o indeferimento pelo juiz de pedido formulado pela parte de produção de prova testemunhal indispensável à sua defesa.

9.3.2.3.1. Duplo Grau de Jurisdição

Muito embora a Constituição Federal mencione, em diversos momentos, a existência de juízes e tribunais, e também contemple a previsão da existência de alguns recursos, não disciplina a obrigatoriedade do duplo grau de jurisdição. Prova disso é a existência de competências originárias, disciplinadas pelo próprio Texto Constitucional, como, por exemplo, as ações de competência originária dos tribunais e do próprio Supremo Tribunal Federal, cuja decisão não comporta reapreciação por qualquer outro órgão jurisdicional.[19]

9.3.2.4. Princípio da Publicidade (CF, Art. 5º, Inciso LX)

O princípio da publicidade, segundo o qual "A lei só poderá restringir a publicidade dos atos processuais quando a defesa da intimidade ou o interesse social o exigirem" (inciso LX), significa que, em geral, os atos processuais serão sempre públicos, somente podendo haver restrição nos casos previstos na Constituição, quais sejam, quando a defesa da intimidade ou o interesse social o exigirem. Tal dispositivo constitui uma garantia para o cidadão e para a socie-

19 MORAES, Alexandre. *Direitos Humanos Fundamentais*. 8. ed. São Paulo: Atlas, 2007, p. 202.

dade, na medida em que impede o curso de processos sem o conhecimento das partes e do público, o que poderia ensejar inúmeras arbitrariedades.

9.3.2.5. Vedação de Provas Ilícitas (CF, Art. 5º, Inciso LVI)

De acordo com o inciso LVI, do artigo 5º, da Constituição, "São inadmissíveis, no processo, as provas obtidas por meios ilícitos". Tal dispositivo constitui uma inovação do atual Texto Constitucional, haja vista que, antes de sua promulgação, discutia-se sobre a validade desse tipo de provas. Agora, pelo atual texto, tornou-se expressamente vedada a prova obtida por meio ilícito, sendo esta absolutamente nula, não podendo gerar nenhum efeito no convencimento do juiz.

Como exemplo de prova ilícita podem-se mencionar a confissão colhida sob tortura e a interceptação telefônica clandestina.

A razão de a Constituição proibir a utilização de provas produzidas de forma ilícita encontra-se ancorada no fundamento de que a obtenção de provas dessa maneira representa uma afronta às garantias constitucionais e legais, como, *v.g.*, a proibição da tortura, a inviolabilidade do domicílio e o sigilo das comunicações telefônicas. Ao se admitir tal modalidade de provas, estaria o ordenamento jurídico legitimando condutas vedadas pela própria Constituição.

No Brasil tem sido adotada a chamada "*teoria dos frutos da árvore envenenada*". Por essa teoria, são nulas tanto as provas produzidas de forma ilícita como as que dela derivam, ainda que obtidas de forma regular.

Nada obstante essa regra geral, o Direito brasileiro admite uma exceção. Trata-se do caso de utilização de prova obtida por meio ilícito quando esta beneficiar o réu no processo penal, servindo para sua absolvição. Assim, por exemplo, quando uma pessoa invade o domicílio de outrem para obter um determinado documento que importará em sua absolvição, tal prova será admitida no processo. Essa exceção se justifica em razão de outros valores individuais igualmente tutelados pela Constituição, como o direito à liberdade e à ampla defesa.

9.3.2.6. Princípio da Presunção de Inocência (CF, Art. 5º, Inciso LVII)

O princípio da presunção da inocência, expresso no inciso LVII, do artigo 5º, pelo qual "ninguém será considerado culpado até o trânsito em julgado de sentença penal condenatória", significa que nenhum cidadão, antes de uma condenação definitiva em processo criminal, poderá ser considerado culpado, ou seja, todos os cidadãos devem ser considerados inocentes, até que haja o trânsito em julgado de eventual sentença penal condenatória. A partir desse princípio, veda-se a possibilidade de utilização do instituto da culpa presumida em qualquer situação.

Vale destacar que o trânsito em julgado da sentença penal condenatória é requisito constitucional para que a pessoa seja considerada culpada. Assim, a condenação, ainda sujeita a recurso, não torna a pessoa culpada, o que só se dará após o trânsito em julgado.

Nada obstante, prevalece no Brasil o entendimento de que a expedição de mandados de prisão antes da condenação final da pessoa não importa em ofensa a esse princípio constitucional, tendo em vista que a prisão provisória, nos termos da lei, obedece a questões de ordem pública e não significa antecipação do mérito da decisão final. Assim, há possibilidade de decretação da prisão provisória ou preventiva, nos termos da lei processual penal, sem que tal medida implique em ofensa ao princípio da presunção da inocência.

9.3.2.7. Proibição de Identificação da Pessoa já Civilmente Identificada (CF, Art. 5º, Inciso LVIII)

Por força do disposto no inciso LVIII, do artigo 5º, da Constituição Federal, todo cidadão possuidor de um documento de identidade civil válido, sem qualquer suspeita fundada de falsificação, não poderá ser submetido a um procedimento de identificação criminal, salvo nas estritas hipóteses previstas em lei.

Com efeito, a identidade civil é suficiente para demonstrar que a pessoa já passou por um procedimento de identificação perante a autoridade competente, o que torna desnecessário que essa mesma pessoa seja submetida ao constrangimento de nova identificação no interior de uma delegacia de polícia.

Assim, a identificação datiloscópica só é possível e exigível nas seguintes hipóteses:

a) se o indivíduo não apresentar um documento válido de identidade;
b) se houver fundada suspeita de sua autenticidade (identidade rasurada, indivíduo preso com várias identidades, por exemplo);
c) nas hipóteses especialmente previstas pela legislação ordinária.

9.3.2.8. Garantias da Legalidade da Prisão (CF, Art. 5º, Incisos LXI, LXII, LXIII, LXIV, LXV e LXVI)

A Constituição brasileira de 1988 adotou, como um de seus princípios basilares, o direito à liberdade. Assim, a regra geral é de que ninguém será preso, constituindo a prisão uma exceção constitucional ao direito à liberdade. Com efeito, a Constituição brasileira admite a prisão do cidadão, mas estabelece garantias que devem ser observadas para dotar de legalidade essa prisão. Tais garantias estão expressas nos incisos LXI a LXVI, do artigo 5º.

9.3.2.8.1. Circunstâncias Admitidas para a Prisão (CF, Art. 5º, Inciso LXI)

Dispõe o inciso LXI, do artigo 5º, da Constituição, que "ninguém será preso senão em flagrante delito ou por ordem escrita e fundamentada da autoridade judiciária competente, salvo nos casos de transgressão militar ou crime propriamente militar, definidos em lei".

Diante desse dispositivo, pode-se observar que existem apenas duas circunstâncias admitidas pela Constituição para a prisão de um indivíduo:

1 – em caso de flagrante delito ou;

2 – por ordem escrita e fundamentada de autoridade judiciária (ressalvados os casos de transgressão ou crime militar).

Por flagrante delito entende-se a situação em que a pessoa está cometendo a infração penal; acaba de cometê-la; é perseguido, logo após, pela autoridade, pelo ofendido ou por qualquer pessoa, em situação que faça presumir ser autor da infração; ou é encontrado, logo depois, com instrumentos, armas, objetos ou papéis que façam presumir ser ele autor da infração (art. 320, do CPP).

Além da situação de flagrância, somente por ordem judicial escrita e fundamentada, pode a pessoa ser presa. Não basta a ordem judicial, esta tem de ser escrita e fundamentada de modo a dotar de legalidade a prisão efetuada. Nesse ponto, houve uma inovação por parte do novo Texto Constitucional, não sendo mais admitida a prisão com base em mandado expedido por autoridade policial.

9.3.2.8.2. Requisitos Constitucionais para a Validade da Prisão (CF, Art. 5º, Incisos LXII, LXIII, LXIV, LXV e LXVI)

A Constituição brasileira de 1988, em razão dos princípios que nortearam a sua elaboração, trouxe diversas exigências para a validade da prisão, não constantes dos textos anteriores, a saber:

a) comunicação imediata ao juiz competente e à família do preso ou a pessoa por ele indicada (inciso LXII);
b) o preso deve ser informado de seus direitos, entre eles o de permanecer calado e o de assistência da família e de advogado (inciso LXIII);
c) o preso tem direito à identificação dos responsáveis pela sua prisão e por seu interrogatório (inciso LXIV);
d) relaxamento imediato da prisão decretada ilegalmente (inciso LXV);
e) ninguém será mantido em prisão quando a lei admitir a liberdade provisória, com ou sem fiança (inciso LXVI);
f) não haverá prisão civil por dívida, salvo a do responsável pelo inadimplemento voluntário e inescusável de obrigação alimentar e a do depositário infiel (inciso LXVII).

Todos esses requisitos são fundamentais para a legalidade da prisão, sendo que a falta de qualquer um deles enseja a impetração de *habeas corpus* para o seu imediato relaxamento.

Trata-se de garantias que estão em sintonia com diversos princípios constitucionais, como o princípio da dignidade da pessoa humana, da presunção de inocência, do devido processo legal, da ampla defesa e do contraditório, além do direito à liberdade, especialmente acolhido e prestigiado pela Constituição.

9.3.2.8.3. Vedação da Prisão Civil por Dívida (CF, Art. 5º, Incisos LXVII)

O inciso LXVII, do artigo 5º, da CF, dispõe que "não haverá prisão civil por dívida, salvo a do responsável pelo inadimplemento voluntário e inescusável de obrigação alimentícia e a do depositário infiel".

Como se pode ver, a regra é a da vedação à prisão por dívida, tendo a Constituição albergado duas exceções: 1) a do responsável pelo inadimplemento voluntário e inescusável de obrigação alimentícia; e 2) a do depositário infiel.

Em primeiro lugar, há que se salientar que a prisão civil por dívida constitui medida privativa da liberdade, tal como a prisão de natureza penal. Todavia, não possui um caráter de pena, sendo que a sua finalidade é a de compelir o devedor a saldar suas obrigações pecuniárias.

No que se refere ao devedor de pensão alimentícia, não há grande controvérsia, sendo pacífica a possibilidade de decretação de prisão do devedor, na forma da Lei n. 5.478/68, que dispõe sobre a ação de alimentos.

Em relação ao depositário infiel, tem havido muita discussão no âmbito dos tribunais acerca de seu cabimento, sendo que, ao mesmo tempo, no Superior Tribunal de Justiça tem prevalecido o entendimento de que não é cabível a prisão do depositário infiel nos casos de alienação fiduciária, enquanto que no Supremo Tribunal Federal prevalecia o entendimento de que, muito embora o Pacto de San José da Costa Rica, do qual o Brasil é signatário, estabeleça que "*ninguém deve ser detido por dívida*", esse tratado equipara-se às normas infraconstitucionais, não revogando dispositivos da Constituição.

Nada obstante, o Supremo Tribunal Federal, após longa controvérsia acerca do tema, alterando a orientação jurisprudencial da própria Corte, firmou o entendimento de que não é possível a prisão do depositário infiel, sobejando como hipótese de prisão civil apenas a do devedor de alimentos.

9.3.2.9. Garantia da Razoável Duração do Processo ou da Celeridade Processual (CF, Art. 5º, Inciso LXXVIII)

Trata-se de garantia recentemente inserida na Constituição, por meio da Emenda n. 45/2004, que acrescentou o inciso LXXVIII ao artigo 5º, dispondo que "A todos, no âmbito judicial e administrativo, são assegurados a razoável duração do processo e os meios que garantam a celeridade de sua tramitação".

Esse dispositivo possui eficácia limitada, uma vez que seus efeitos somente poderão ser sentidos quando houver uma atuação do Poder Público que vise à criação dos meios necessários a conferir maior celeridade ao processo, seja por meio da reforma da legislação processual infraconstitucional, seja com a melhoria da estrutura dos órgãos do Judiciário.

9.3.3. Garantias Constitucionais Materiais

As garantias constitucionais materiais ou garantias constitucionais de direito material consistem em garantias fundamentais do indivíduo, constantes do artigo 5º da Constituição Federal, que tratam de questões de direito material, sobretudo de direito penal. Referidas garantias representam importante conquista da sociedade no que concerne aos direitos individuais, uma vez que dizem respeito aos principais direitos do ser humano: o direito à vida e o direito à liberdade.

As garantias constitucionais materiais de direito penal constam do artigo 5º, da Constituição, e são as seguintes:

- *inciso XXXIX* – Princípio da anterioridade e da reserva legal;
- *inciso XL* – Princípio da irretroatividade da lei penal mais gravosa;
- incisos XLI a XLIV - Proibição a práticas discriminatórias e relativas a crimes inafiançáveis e insuscetíveis de graça ou anistia e crimes inafiançáveis e imprescritíveis;
- *inciso XLV* – Princípio da personalização da pena;
- *inciso XLVI* – Princípio da individualização da pena;
- *inciso XLVII* – Proibição de determinadas espécies de penas;
- *incisos XLVIII, XLIX e L* – Princípios relativos à execução da pena privativa de liberdade;
- *incisos LI e LII* – Restrição à extradição de nacionais e estrangeiros.

Além das garantias de direito penal acima destacadas, existem as garantias relacionadas ao consumidor, bem como as garantias tributárias, sendo que essas últimas serão estudadas no capítulo atinente ao Sistema Constitucional Tributário (capítulo 33).

9.3.3.1. Princípio da Anterioridade e da Reserva Legal (CF, Art. 5º, Inciso XXXIX)

Pelo princípio da anterioridade e da reserva legal, inscrito no inciso XXXIX, do artigo 5º, "não há crime sem lei anterior que o definia, nem pena sem prévia cominação legal". Trata-se do famoso brocardo de Direito penal: "*nullum crimen, nulla poena, sine lege*", o qual representa um dos principais postulados do Direito penal e do próprio Estado de direito.

Referido dispositivo contém duas garantias fundamentais de ordem penal. A primeira delas relativa ao princípio da reserva legal, segundo o qual não há crime sem lei que o defina, nem pena sem cominação legal. A segunda, referente ao princípio da anterioridade, estabelece que a lei deve ser anterior ao crime e a pena deve ser previamente cominada pela lei.

Com efeito, somente haverá crime quando a conduta praticada estiver prevista em lei anterior ao fato. Da mesma forma, só poderá ser aplicada alguma pena para aquela conduta delituosa, se essa pena estiver previamente cominada em lei. Em outras palavras, jamais alguém poderá ser condenado por um crime quando a sua conduta não estiver tipificada em lei, ou seja, quando a lei não estipular que aquela conduta representa um delito. Ressalte-se que somente a lei, em sentido estrito, pode estabelecer tipos penais.

9.3.3.2. Princípio da Irretroatividade da Lei Penal mais Gravosa (CF, Art. 5º, Inciso XL)

O inciso XL, do artigo 5º, estabelece que "a lei penal não retroagirá, salvo para beneficiar o réu". Trata-se de mais um princípio constitucional que estabelece uma garantia fundamental do cidadão. Por esse dispositivo, toda lei penal possui efeito "*ex nunc*", ou seja, somente pode alcançar casos futuros, sendo expressamente vedada a retroatividade, salvo se for para beneficiar o réu.

Como exemplo da aplicação desse princípio podemos citar uma lei nova que venha a diminuir a pena de determinado delito. Com a entrada em vigor dessa lei, todas as pessoas que haviam sido condenadas na pena maior serão beneficiadas com a redução trazida pela lei. De outro lado, se a lei nova, em vez de diminuir, aumentar a pena do crime, ela não retroagirá.

Pode-se dizer que a retroatividade da lei penal mais benéfica é absoluta, tendo o condão de desconstituir, inclusive, condenações já transitadas em julgado.

9.3.3.3. Proibição a práticas discriminatórias, crimes inafiançáveis e imprescritíveis, e crimes inafiançáveis e insuscetíveis de graça ou anistia (CF, Art. 5º, Incisos XLI a XLIV)

Nesses quatro incisos, a Constituição brasileira:

- veda a prática de atividades discriminatórias, atentatórias dos direitos e liberdades fundamentais, na forma da lei (inciso XLI);
- considera crimes inafiançáveis e imprescritíveis a prática do racismo (inciso XLII), e a ação de grupos armados, civis ou militares, contra a ordem constitucional e o Estado democrático (inciso XLIV);
- considera crimes inafiançáveis e insuscetíveis de graça ou anistia a prática da tortura, o tráfico ilícito de entorpecentes e drogas afins, o terrorismo e os definidos como crimes hediondos (inciso XLIII).

9.3.3.4. Princípio da Personalização da Pena (CF, Art. 5º, Inciso XLV)

Pelo princípio da personalização da pena, previsto no inciso XLV, do artigo 5º da CF, a pena que foi aplicada em razão de determinado delito não pode passar da pessoa do delinquente. Em sendo assim, somente o autor da infração penal pode ser responsabilizado e punido pela sua conduta delituosa, não se estendendo essa pena nem aos familiares nem aos herdeiros do autor do crime. Assim, com a morte do condenado, declara-se extinta a punibilidade do crime.

9.3.3.5. Princípio da Individualização da Pena (CF, Art. 5º, Inciso XLVI)

Trata-se de uma das principais garantias de Direito penal, segundo a qual a pena deve ser prevista, imposta e executada levando-se em consideração as condições pessoais e o nível de participação de cada réu no delito. Assim, não se admite que em um determinado crime, em que haja concurso de várias pessoas, seja aplicada uma pena única, ou uma pena-padrão a todos os réus, sem serem consideradas as circunstâncias da participação de cada um.

Em se tratando de Direito penal, não há penas coletivas impostas uniformemente a todos. Nesse sentido, o inciso XLVI, do artigo 5º, delegou ao legislador infraconstitucional a regulamentação da individualização da pena.

9.3.3.6. Penas Previstas e penas Vedadas pela Constituição Brasileira (CF, Art. 5º, Incisos XLVI e XLVII)

O inciso XLVI, do artigo 5º, da Constituição Federal prevê as seguintes penas:

a) privação ou restrição da liberdade;

b) perda de bens;

c) multa;

d) prestação social alternativa;

e) suspensão ou interdição de direitos.

Por sua vez, o inciso XLVII, do artigo 5º, proíbe a aplicação das seguintes espécies de penas:

a) de morte, salvo em caso de guerra declarada;

b) de caráter perpétuo;

c) de trabalhos forçados;

d) de banimento;

e) cruéis.

No caso da pena de morte, a Constituição estabelece uma única exceção para sua aplicação, que é no caso de guerra declarada, sendo que as hipóteses de aplicação dessa pena estão previstas no Código Penal Militar.

Como a prisão perpétua é vedada expressamente pela Constituição, a legislação penal estabelece o limite máximo de trinta anos para o cumprimento das penas privativas de liberdade.

Em relação às demais penas vedadas pela Constituição, cumpre esclarecer que a pena de banimento já foi prevista no Brasil, na época do Império, tendo sido abolida pela Constituição de 1891 e reintroduzida posteriormente pelo regime militar, pelo Ato Institucional n. 14, da Constituição de 1967.

Tendo em vista tratar-se de garantia individual do cidadão, constituindo "*cláusula pétrea*", a teor do artigo 60, § 4º, IV, da Constituição Federal, não há possibilidade de criação no Brasil das penas vedadas pelo inciso XLVII.

Vale lembrar que proposta de emenda à Constituição visando à criação da pena de morte no Brasil já foi apresentada ao Congresso Nacional, tendo esta sido afastada, conforme mencionado anteriormente.

9.3.3.7. Princípios relativos à Execução da Pena Privativa de Liberdade (CF, Art. 5º, Incisos XLVI e XLVII)

Constitui traço marcante da Constituição brasileira a preocupação em assegurar não só os direitos fundamentais do cidadão, mas também as garantias para cumprimento desses direitos. Nesse rol de direitos e garantias incluem-se os direitos e garantias dos presos, estando estes materializados através dos princípios relativos à execução da pena privativa de liberdade.

Trata-se de princípios e de regras constitucionais destinados a estabelecer condições mínimas de dignidade e de respeito aos direitos do preso, na condição de ser humano, naturalmente fragilizado em decorrência de sua condição de encarcerado.

Nesse sentido, cabe ao Estado zelar pela elaboração de políticas penitenciárias que visem ao cumprimento desses preceitos constitucionais, estabelecendo condições que propiciem não só a manutenção da dignidade da pessoa durante o cumprimento de pena de reclusão, mas também condições de ressocialização, como o acesso ao trabalho, à cultura e ao esporte.

Tais princípios constitucionais encontram-se insculpidos nos seguintes incisos do artigo 5º:

a) inciso XLVIII - "a pena será cumprida em estabelecimentos distintos, de acordo com a natureza do delito, a idade e o sexo do apenado";
b) inciso XLIX – "é assegurado aos presos o respeito à integridade física e moral";
c) inciso L – "às presidiárias serão asseguradas condições para que possam permanecer com seus filhos durante o período de amamentação".

9.3.3.8. Restrições à Extradição no Brasil (CF, Art. 5º, Incisos LI e LII)

As restrições para a extradição de brasileiros e estrangeiros estão estabelecidas pela Constituição nos incisos LI e LII, do artigo 5º. De princípio, a Constituição já veda expressamente a possibilidade de extradição de brasileiros, "salvo o naturalizado, em caso de crime comum, praticado antes da naturalização, ou de envolvimento em tráfico ilícito de entorpecentes e drogas afins, na forma da lei". Pode-se observar que o brasileiro nato não será extraditado em nenhuma circunstância, e o naturalizado somente poderá ser nas hipóteses expressamente previstas na Carta Constitucional.

No caso de estrangeiros (inciso LII), a Constituição veda a extradição por crimes políticos e de opinião, possibilitando que os estrangeiros acusados e processados por crimes comuns sejam extraditados de acordo com as condições legais e observados os acordos de extradição.

Vale ressaltar que a competência para julgar pedidos de extradição formulados por Estados estrangeiros é do Supremo Tribunal Federal (art. 102, I, g), e a extradição deve fundamentar-se em fato que seja punido como crime tanto no Brasil como no país que apresenta o pedido.

9.3.3.8.1. Extradição e Deportação

A extradição consiste em um processo solene em que o extraditado é acusado de crime em seu país de origem ou em outro país, com condições estabelecidas no próprio Texto Constitucional, ao passo que a deportação restringe-se aos estrangeiros, em situação irregular no país, e que são "devolvidos" ao país de origem, independentemente da prática de crimes no país estrangeiro.

9.3.3.9. Tutela Constitucional do Consumidor

A tutela constitucional do consumidor representa um dos grandes avanços trazidos pela Constituição brasileira de 1988, a qual incorporou ao rol dos direitos fundamentais essa modalidade de direito, considerado de terceira geração.

Nesse sentido, o constituinte brasileiro, com grande influência da Constituição portuguesa de 1976, inseriu no Texto Constitucional diversas regras visando à proteção do consumidor, dentre as quais podemos destacar as seguintes:

- art. 5º, XXXII: "O Estado promoverá, na forma da lei, a defesa do consumidor". Vale ressaltar que, além da previsão constante do dispositivo citado, a exigência de elaboração de um Código de Defesa do Consumidor constou expressamente do Ato das Disposições Constitucionais Transitórias (ADCT), que dispõe em seu art. 48: "O Congresso Nacional, dentro de cento e vinte dias da promulgação da Constituição, elaborará Código de Defesa do Consumidor".

Como se pode observar, muito embora a norma contida no art. 5º, XXXII, seja de eficácia limitada, o que exigia uma integração legislativa para sua efetividade, o próprio constituinte originário cuidou de estabelecer um prazo para a elaboração do Código de Defesa do Consumidor, o que denota a grande relevância do tema em termos constitucionais. Referido código foi elaborado e promulgado na forma da Lei n. 8.078/90 (Código de Proteção e Defesa do Consumidor).

- art. 24: "Compete à União, aos Estados e ao Distrito Federal legislar concorrentemente sobre: (...) VIII - responsabilidade por dano ao meio ambiente, ao consumidor, a bens e direitos de valor artístico, estético, histórico, turístico e paisagístico".
- art. 129: "São funções institucionais do Ministério Público: (...) III - promover o inquérito civil e a ação civil pública, para a proteção do patrimônio público e social, do meio ambiente e de outros interesses difusos e coletivos".

- art. 150, § 5º: "A lei determinará medidas para que os consumidores sejam esclarecidos acerca dos impostos que incidam sobre mercadorias e serviços".
- art. 170: "A ordem econômica, fundada na valorização do trabalho humano e na livre iniciativa, tem por fim assegurar a todos existência digna, conforme os ditames da justiça social, observados os seguintes princípios: (...) V – defesa do consumidor".

10. DIREITO À PROPRIEDADE

A Constituição brasileira, no *caput* do art. 5º, garante a inviolabilidade do direito à propriedade, reafirmando esse direito no inciso XXII, do artigo 5º, ao assegurar o direito de propriedade de forma ampla e genérica. Nada obstante, o conceito desse instituto deve ser buscado na legislação civil (CC, art. 1.228), sendo que este consiste na faculdade de usar, gozar e dispor da coisa, e o direito de reavê-la do poder de quem quer que injustamente a possua ou detenha.

Com efeito, o direito de propriedade consiste no direito da pessoa de utilizar a coisa de acordo com a sua vontade e de colher os seus frutos, explorá-la economicamente e no direito de vender ou doar a coisa (*jus utendi, fruendi e abutendi*).

Sem embargo do conceito do direito civil, o direito de propriedade, sob o prisma constitucional, deve ser compreendido de forma mais ampla, abrangendo qualquer direito de conteúdo patrimonial e econômico, inclusive créditos e direitos pessoais. Nesse rol se incluem, além da propriedade material, de bens móveis e imóveis, a propriedade imaterial, como a de ordem autoral e intelectual.

10.1. Função Social da Propriedade (CF, Art. 5º, Inciso XXII)

A Constituição Federal, muito embora assegure no inciso XXII, do art. 5º, "o direito de propriedade", de forma ampla, no inciso seguinte (XXIII), dispõe que "a propriedade atenderá a sua função social". Como se pode observar, a própria Constituição cuidou de estabelecer um limite ao direito de propriedade. Em outras palavras, estabeleceu a Constituição que o direito de propriedade não constitui um direito absoluto, na medida em que este está jungido à sua função social.

Assim, pode-se dizer que aquele conceito do direito civil, de que a propriedade pressupõe o direito do proprietário de usar a coisa de acordo com a sua vontade, da maneira que lhe convier, deve ser interpretado com restrições, em harmonia e em conformidade com a previsão constitucional. Vale dizer que a utilização de um bem deve ser feito de acordo com a sua função social, não mais prevalecendo aquela visão clássica do direito de propriedade como sendo de caráter absoluto.

Dentro deste contexto, a função social da propriedade deve ser entendida como a utilização de qualquer bem em conformidade com os interesses da sociedade e não exclusivamente em função dos interesses pessoais do proprietário. Essa função social está ligada mais fortemente à propriedade imóvel, sendo que a própria Constituição estabelece a possibilidade de desapropriação de terras improdutivas para fins de reforma agrária (CF, art. 184), ou seja, permite a desapropriação de terras que não atendam à sua função social.

Para esse efeito, a Constituição dispõe em seu art. 186 que "a função social é cumprida quando a propriedade rural atende, simultaneamente, segundo critérios e graus de exigência estabelecidos em lei, aos seguintes requisitos: I - aproveitamento racional e adequado; II - utilização adequada dos recursos naturais disponíveis e preservação do meio ambiente; III - observância das disposições que regulam as relações de trabalho; IV - exploração que favoreça o bem-estar dos proprietários e dos trabalhadores".

10.2. Garantias Constitucionais do Direito de Propriedade

O direito de propriedade, interpretado à luz dos demais princípios constitucionais, importa em duas garantias básicas ao proprietário:

1) a garantia de conservação, e;
2) a garantia de compensação.

A garantia de conservação significa que ninguém pode ser privado de seus bens fora das hipóteses previstas na própria Constituição. Assim, todo e qualquer caso de desapropriação deve não só observar as condições previstas na Constituição, como também deve ser precedida de processo devidamente instaurado para esse fim. Trata-se de decorrência direta do princípio do devido processo legal.

Já a garantia de compensação consiste no fato de que, uma vez privado de seus bens, o proprietário tem o direito de ser compensado pela desapropriação sofrida, isto é, de receber a devida indenização em razão de sua perda patrimonial.

10.3. Desapropriação

A desapropriação, em termos gerais, significa a perda da propriedade privada provocada por um ato da autoridade estatal, em razão de um interesse público maior que a justifique. Juridicamente, a desapropriação ou expropriação consiste no ato pelo qual o Estado intervém na propriedade privada, tomando compulsoriamente para si, ou transferindo para terceiros, bens de particulares, mediante o pagamento de justa e prévia indenização.

A desapropriação representa a forma mais visível de manifestação do poder de império do Estado e de supremacia do interesse público sobre o interesse particular. Constitui ato de intervenção direta do Estado na propriedade privada, sendo admissível, tão-somente, nas hipóteses previstas na Constituição.

10.3.1. Bens Suscetíveis de Desapropriação

Embora a desapropriação destine-se mais comumente a bens imóveis, tanto urbanos quanto rurais, essa forma de intervenção do Estado na propriedade privada pode ser aplicada sobre qualquer direito de conteúdo patrimonial, bens móveis ou imóveis, corpóreos ou incorpóreos, públicos ou privados. Os únicos bens insuscetíveis de desapropriação são os de caráter personalíssimo, bem como a moeda corrente no País. No tocante aos bens públicos, a União pode desapropriar os bens dos Estados e Municípios; os Estados, os bens dos Municípios.

Convém ressaltar que a propriedade rural que atenda à sua função social, conforme requisitos expressos no art. 186, da CF, não estará sujeita à desapropriação para fins de reforma agrária.

10.3.2. Hipóteses de Desapropriação (CF, Art. 5º, Inciso XXIV)

A Constituição Federal, em seu art. 5º, inciso XXIV, prevê as três hipóteses de desapropriação:

a) por necessidade pública;
b) por utilidade pública;
c) por interesse social.

10.3.2.1. Desapropriação por Necessidade Pública

A desapropriação por necessidade pública pressupõe uma medida ou uma obra emergencial a ser executada por parte da Administração Pública, situação em que a desapropriação torna-se indispensável para a realização dessa atividade do Estado, exigindo a transferência urgente de bens de terceiros para o seu domínio e uso imediato.

10.3.2.2. Desapropriação por Utilidade Pública

A desapropriação por utilidade pública ocorre quando a expropriação de bens de particulares e a sua consequente transferência para a Administração, embora não seja necessária e imprescindível, como ocorre na desapropriação por necessidade pública, mostra-se conveniente para a realização de uma atividade estatal.

Vale ressaltar que, apesar de a Constituição Federal utilizar as expressões necessidade e utilidade pública para mencionar as hipóteses possíveis de desapropriação, a legislação infraconstitucional, que trata da matéria (Lei geral das desapropriações – Decreto-lei n. 3.365/41), utiliza somente o termo utilidade pública para tratar de forma uniforme essas duas hipóteses de desapropriação.

10.3.2.3. Desapropriação por Interesse Social

A desapropriação por interesse social consiste na expropriação de bens particulares visando a um melhor aproveitamento da propriedade de modo a promover o desenvolvimento social. Vale dizer que esta hipótese de desapropriação busca uma melhor distribuição da propriedade como forma de tornar a sua utilização mais proveitosa e mais produtiva para a sociedade.

Nessa modalidade de desapropriação não há a incorporação do bem expropriado pelo Estado, mas sim a sua destinação e distribuição à própria coletividade, o que se dá pelo credenciamento prévio de beneficiários que deverão receber o bem e utilizá-lo de forma a atender ao interesse social previsto em lei.

Trata-se de forma de desapropriação voltada precipuamente à reforma agrária. As hipóteses de desapropriação por interesse social estão previstas na Lei n. 4.132/62.

10.3.3. Indenização no Processo de Desapropriação (CF, Art. 5º, Inciso XXIV)

Em primeiro lugar, cabe destacar que a indenização, nos processos de desapropriação, consiste no pagamento de um valor justo que venha a recompor o patrimônio da pessoa desapropriada. Assim, embora a desapropriação caracterize-se por um ato de império do Estado, não se admite desapropriação sem indenização. Isto porque desapropriação sem indenização não é desapropriação, mas sim confisco e, como tal, é incompatível com o Estado democrático de Direito.

A única forma de confisco permitido pela Constituição é o das propriedades utilizadas para o cultivo de plantas psicotrópicas (CF, art. 243), além das aeronaves, automóveis, etc., utilizados para o tráfico de entorpecentes.

Nesse sentido, a própria Constituição, no inciso XXIV, do art. 5º, estabelece expressamente que a indenização no processo de desapropriação deve ser justa, prévia e em dinheiro, ressalvados os casos previstos na própria Carta.

Com efeito, a indenização a ser paga pelo Poder Público nas desapropriações, para ser juridicamente válida, precisa atender a essas três premissas: 1) ser justa; 2) ser paga de forma prévia; e 3) ser paga em dinheiro.

Por indenização justa entende-se aquela capaz de recompor integralmente o patrimônio daquele que sofreu a desapropriação, devendo o valor pago corresponder ao valor exato do bem transferido compulsoriamente ao Estado, propiciando a reparação do patrimônio do expropriado na exata medida do desfalque sofrido.

A indenização precisa também ser prévia, ou seja, o pagamento deve ser feito ao expropriado, ou realizado o depósito respectivo, antes que o expropriante tome posse do bem objeto da desapropriação.

Por fim, o pagamento da desapropriação deve ser feito em moeda corrente, e não em títulos para pagamento futuro.

Nada obstante, existem exceções expressamente previstas pela própria Constituição para esta regra, sendo que em duas hipóteses admite-se que a indenização não seja feita mediante o pagamento de prévia indenização em dinheiro. São elas:

1) desapropriação de imóveis urbanos que não atendam ao Plano Diretor Municipal, situação em que o pagamento poderá ser feito em títulos da dívida pública (art. 182, § 4º, III); e

2) desapropriação para reforma agrária, admitindo-se o pagamento através de títulos da dívida agrária, resgatáveis no prazo de até vinte anos. Essa modalidade de desapropriação pode ser promovida pela União em imóveis rurais que não estejam cumprindo sua função social (art. 184).

10.4. Requisição (CF, Art. 5º, Inciso XXV)

A requisição, prevista no inciso XXV, do art. 5º, consiste na autorização outorgada pela Constituição para que a autoridade pública, em casos de iminente perigo público, utilize qualquer propriedade particular, assegurando ao proprietário o pagamento de posterior indenização, se houver dano.

Com efeito, a requisição só poderá ser utilizada, em casos de calamidade pública, em situações em que o Poder Público se veja premido pelas circunstâncias a ingressar na posse de propriedade privada para a preservação de direitos da sociedade. Tal instituto, dado o seu próprio caráter de urgência, constitui uma exceção à regra da indenização prévia.

10.5. Pequena Propriedade Rural (CF, Art. 5º, Inciso XXVI)

A Constituição, no inciso XXVI, do art. 5º, dispõe que a pequena propriedade rural, assim definida em lei e desde que trabalhada pela família, não poderá ser objeto de penhora para pagamento de débitos decorrentes de sua atividade produtiva, devendo a lei dispor sobre os meios de financiar o seu desenvolvimento. Tal dispositivo representa uma preocupação do constituinte com a fixação do pequeno produtor rural e de sua família na terra em que trabalham, havendo, atualmente, alguns programas de governo, como o PRONAF, que visam a incentivar e financiar a agricultura familiar, o que está em consonância com o próprio ditame constitucional.

No tocante à desapropriação, a Constituição estabelece que a pequena propriedade rural, assim definida em lei, não está sujeita à desapropriação (art. 185, inciso I).

10.6. Propriedade Intelectual

A Constituição brasileira, no *caput* do art. 5º, garante a inviolabilidade do direito à propriedade, abrangendo este direito não só a propriedade material, mas também a propriedade imaterial, aí compreendida a propriedade intelectual.

Pode-se dizer que a propriedade intelectual representa a atividade criativa do ser humano, de caráter intelectual e passível de proteção pelo Direito. Dentro da propriedade intelectual estão contidos os direitos do autor e a propriedade industrial.

10.6.1. Direitos do Autor (CF, Art. 5º, Inciso XXVII)

Direitos do autor são os direitos atribuídos à pessoa criadora de obra intelectual, de gozar dos benefícios morais e econômicos resultantes de sua criação. Nesse sentido, dispõe o inciso XXVII, do art. 5º, da Constituição: "aos autores pertence o direito exclusivo de utilização, publicação ou reprodução de suas obras, transmissível aos herdeiros pelo tempo que a lei fixar".

Neste contexto, a doutrina classifica os direitos do autor em morais e patrimoniais. Os direitos morais, que são inalienáveis e irrenunciáveis, consistem no direito à autoria ou à paternidade da obra, de manter a sua integridade, de modificá-la, bem como de retirá-la de circulação, ressalvado o direito de terceiros nessas duas últimas hipóteses. Os direitos patrimoniais, por sua vez, são transmissíveis e renunciáveis e consistem na faculdade de usar, fruir e gozar da propriedade desses direitos, bem como de transmiti-los a terceiros.

Os direitos autorais são regulamentados pelas Leis n. 5.988/73, art. 17, §§ 1º e 2º, e n. 9.610/98. Pela legislação autoral, o plágio e a contrafação são modalidades de violação ao direito do autor, consistindo o primeiro na violação do direito moral do autor, na divulgação de obra alheia como se fosse sua; o segundo consiste na reprodução de obra alheia sem a devida autorização.

A Constituição, no inciso XXVIII, do art. 5º, assegura, também, os chamados direitos conexos aos direitos do autor. Estes compreendem aqueles, que, de alguma forma, contribuem para uma maior divulgação de obras intelectuais, como os artistas, intérpretes e produtores, além das pessoas que participam da elaboração de obras coletivas, como novelas e semelhantes.

10.6.2. Propriedade Industrial (CF, Art. 5º, Inciso XXIX)

Pelo ordenamento jurídico brasileiro, a propriedade industrial, que consiste na propriedade de marcas e patentes, também recebe tutela constitucional, sendo assegurado expressamente aos autores de inventos industriais o privilégio de sua exploração econômica (CF, art. 5º, inciso XXIX).

Por marcas entende-se toda forma de representação gráfica que possa distinguir um determinado produto dos demais. O direito à propriedade industrial está regulamentado pela Lei n. 9.279/96.

10.7. Direitos de Herança (CF, Art. 5º, Inciso XXX)

O direito à herança constitui uma decorrência do direito de propriedade, e atualmente encontra-se consagrado no inciso XXX, do art. 5º, da Constituição. Consiste na possibilidade de transferência dos bens de uma pessoa falecida aos seus herdeiros e legatários. O direito das sucessões está regulamentado pelo Código Civil, nos artigos 1.784 a 2.027.

Vale ressaltar que o inciso XXXI, do art. 5º, estabelece que a sucessão de bens de estrangeiros situados no País será regulada pela lei brasileira em benefício do cônjuge ou dos filhos brasileiros, sempre que não lhes seja mais favorável a lei do país do *de cujus*.

CAPÍTULO 11

Direitos Sociais

1. NOÇÕES GERAIS – CONCEITO

A vida em sociedade fez nascer para o ser humano direitos que vão além dos direitos exclusivamente individuais e que estão vinculados às relações sociais estabelecidas no corpo da comunidade. Tais direitos relacionam-se a um dever do Estado e de partes da sociedade organizada para com o cidadão, o qual necessita de prestações comuns a todos e que influenciam diretamente em sua qualidade de vida.

Com efeito, além dos direitos individuais, uma série de outros direitos voltados à sociedade, são necessários para que o cidadão possa desfrutar de uma existência livre, justa e igual. Vale dizer que, em uma sociedade tão desigual, há necessidade de uma presença ostensiva do Estado para a redução dessa desigualdade a partir da prestação de serviços à sociedade que visem a essa finalidade, favorecendo, sobretudo, os mais necessitados.

Nesse sentido, entende-se por direitos sociais o conjunto de direitos de conteúdo econômico e social que visam à melhoria das condições de vida e de trabalho de todos. São prestações positivas do Estado em prol do cidadão, em especial dos menos favorecidos e dos setores economicamente mais fracos da sociedade. Exemplos de direitos sociais são o direito à saúde, o direito à educação, o direito ao lazer etc.

No conceito de José Afonso da Silva, os direitos sociais, "como dimensão dos direitos fundamentais do homem, são prestações positivas proporcionadas pelo Estado direta ou indiretamente, enunciadas em normas constitucionais, que possibilitam melhores condições de vida aos mais fracos, direitos que tendem a realizar a igualização de situações sociais desiguais. São, portanto, direitos que se ligam ao direito de igualdade. Valem como pressuposto do gozo dos direitos individuais na medida em que criam condições materiais mais propícias ao auferimento da igualdade real, o que, por sua vez, proporciona condição mais compatível com o exercício efetivo da liberdade".

2. ORIGEM

Os direitos sociais, considerados direitos de segunda geração, surgiram com a evolução da sociedade e com o surgimento e posterior acirramento da relação capital-trabalho, notadamente com o aparecimento do capitalismo e da exploração da mão-de-obra trabalhadora pelas empresas. Neste momento, passou-se a exigir do Estado uma presença mais ostensiva na vida social e na regulamentação das relações trabalhistas, de modo a se evitar a exploração vivenciada no período do liberalismo econômico.

Nesse sentido, a intervenção do Estado na ordem econômica passou a ser tida como absolutamente necessária como forma de se proteger as pessoas economicamente mais fracas. Um exemplo dessa intervenção do Estado para a redução da exploração foi a criação das leis trabalhistas, com normas que disciplinavam a limitação da jornada de trabalho, o salário mínimo, o descanso semanal remunerado, as férias, a aposentadoria, a licença-maternidade, entre outras.

Referidos direitos sociais somente passaram a integrar os textos constitucionais a partir do início do século XX, sendo que as primeiras Constituições a consagrarem os direitos sociais foram a mexicana de 1917 e a de Weimar (Alemanha) de 1919. No Brasil, a primeira Constituição a incorporar os direitos sociais em seu texto foi a de 1934. Até a Carta de 1988, eles estavam inseridos em um capítulo dedicado à ordem econômica e social.

3. EFICÁCIA E APLICABILIDADE DOS DIREITOS SOCIAIS

As normas que disciplinam os direitos sociais, dado a própria natureza dos direitos tutelados, são, em grande, parte normas de caráter programático, cuja natureza mais aberta proporciona uma concretização por meio de uma integração legislativa ou administrativa.

Isso pode ser atribuído ao caráter positivo das prestações estatais que visam à concretização desses direitos, sempre atreladas e dependentes do fator econômico. Com efeito, tratando-se de uma prestação positiva do Estado, os direitos sociais demandam necessariamente um aporte financeiro/orçamentário para sua viabilização.

Exemplo disso é o direito à educação que constitui um dever do Estado e que, para ser implementado, exige significativo desembolso financeiro, com a construção de escolas, contratação e treinamento de professores, aquisição de livros didáticos, merenda escolar etc. Ou seja, para que o direito fundamental à educação se torne efetivo, há necessidade de uma ação coordenada e concreta da Administração, o que passa pela questão financeira.

Diferentemente são os direitos individuais, conhecidos como direitos de defesa, os quais, por se tratar de uma prestação negativa do Estado, possuem uma efetividade maior, haja vista que a própria declaração do direito lhe dá eficácia plena.

Nada obstante, o caráter programático das normas constitucionais não pode ser tido como um redutor da força constitucional dos direitos sociais, sendo que a omissão estatal na concretização dessas normas poderá ser questionada inclusive por meio de ação direta de inconstitucionalidade por omissão.

Pode-se dizer, no tocante à aplicabilidade dos direitos fundamentais sociais, que esta depende, em elevado grau, do enunciado das normas que os consubstanciam, sendo que alguns poderão ser concretizados judicialmente pela via interpretativa, ao passo que outros dependerão de uma integração legislativa ou administrativa.

3.1. Reserva do Possível

Como dissemos, a concretização dos direitos fundamentais sociais, prodigamente inseridos no Texto Constitucional de 1988, passa, em grande medida, pela criação, implantação e execução de políticas e programas públicos destinados a materializar os preceitos formalmente previstos na Lei Maior. Consequentemente, tratando-se de prestações positivas do Estado, o impacto econômico-financeiro dessas medidas há de ser sentido, mormente pelas incontáveis demandas sociais verificadas no Brasil, no qual a desigualdade social é notória.

Ocorre que a escassez de recursos disponíveis para o atendimento a essas demandas condiciona a prestação do Estado decorrente dos direitos sociais aos recursos efetivamente disponíveis. Vale dizer que o atendimento à demanda social oriunda dos direitos insertos na Carta Constitucional deverá pautar-se pelas disponibilidades financeiras do Poder Público. Não se pode, v.g., determinar ao Município a construção de 100 novas escolas, se o Orçamento Público Municipal comporta a construção de apenas 10.

A limitação de recursos limita também a materialização dos direitos que demandam prestações pecuniárias.

Dentro deste contexto, cabe ao legislador e ao administrador, legitimamente eleitos pelo voto popular, elegerem as prioridades de investimentos públicos, decidirem sobre quais programas serão implementados com o orçamento existente, sobre quais obras serão viabilizadas. A ausência de razoabilidade na ação dos poderes constituídos no que se refere aos recursos orçamentários poderá, eventualmente, ser objeto de questionamento perante o Judiciário, o qual poderá fazer essa verificação.

A reserva do possível, nesse sentido, conforme entendimento do STF, consiste na limitação enfrentada pelo Estado no cumprimento dos direitos fundamentais sociais em sua totalidade, em face das limitações orçamentárias. Há um limite do que pode ser feito, limite este que determina o que é ou não possível de ser implementado. Vale ressaltar, porém, que essa limitação de recursos só se mostra passível de exonerar o Estado de suas obrigações constitucionais quando da "ocorrência de justo motivo objetivamente aferível"[20].

Em outras palavras, não pode o Estado utilizar-se de forma indiscriminada e injustificada da "muleta" da escassez orçamentária para se esquivar do cumprimento de obrigações constitucionais. Esta invocação somente será

20 STF - ADPF (MC) n. 45/DF, rel. Min. Celso de Mello.

admitida, na linha de entendimento do STF, quando houver motivo justo e que seja objetivamente aferível, ou seja, que possa ser demonstrado de forma clara por meio de números ou por outros meios objetivos.

4. OS DIREITOS SOCIAIS NA CONSTITUIÇÃO BRASILEIRA

A atual Constituição brasileira, de forma inovadora em relação aos textos anteriores e demonstrando a valorização dada aos direitos sociais, dedicou um capítulo exclusivo para tratar desses direitos, no Título II, denominado "Dos direitos e garantias fundamentais", sendo que os direitos relativos aos trabalhadores urbanos e rurais foram disciplinados nos artigos 7º a 11.

Os demais direitos sociais estão mencionados no art. 6º e desdobrados em vários dispositivos incluídos no Título VIII, "Da ordem social".

Diversos direitos previstos na Consolidação das Leis do Trabalho – CLT foram elevados à condição de direitos constitucionais pela Constituição de 1988. Da mesma forma, outros direitos trabalhistas já assegurados pela legislação infraconstitucional foram ampliados, como o direito a férias, acrescidas de 1/3, e à licença-maternidade de cento e vinte dias. Também outros direitos sociais foram criados pela nova Constituição, como a licença-paternidade.

5. CLASSIFICAÇÃO DOS DIREITOS SOCIAIS

Segundo a classificação proposta por José Afonso da Silva, os direitos sociais são classificados da seguinte forma:

a) direitos sociais relativos ao trabalhador (art. 7º a 11);
b direitos sociais relativos à seguridade social, abrangendo os direitos à saúde, à previdência social e à assistência social (arts. 193 a 204);
c) direitos sociais relativos à educação, à cultura e ao esporte (arts. 205 a 217);
d) direitos relativos à família, à criança, ao adolescente, ao idoso e às pessoas portadoras de deficiência (arts. 226 a 230);
e) direitos sociais relativos ao meio ambiente (art. 225).

O autor faz, ainda, menção a outra classificação dos direitos sociais: *direitos sociais do homem produtor* e *direitos sociais do homem consumidor*.

Direitos sociais do homem produtor que se encontram previstos nos arts. 7º a 11 da CF. São eles: a liberdade de instituição sindical (instrumento de ação coletiva), o direito de greve, o direito de o trabalhador determinar as condições de seu trabalho (contrato coletivo de trabalho), o direito de cooperar na gestão da empresa (cogestão ou autogestão) e o direito de obter um emprego.

Direitos sociais do homem consumidor, entre os quais entram os direitos à saúde, à segurança social (segurança material), ao desenvolvimento intelectual, o igual acesso das crianças e adultos à instrução, à formação profissional e à cultura e garantia ao desenvolvimento da família, que são os indicados no art. 6º, da CF, e desenvolvidos no título da ordem social.

6. DIREITOS SOCIAIS INDIVIDUAIS E DIREITOS SOCIAIS COLETIVOS

Os direitos sociais contemplados na atual Constituição brasileira, sobretudo os direitos relativos ao trabalho, podem ser classificados em direitos sociais individuais e direitos sociais coletivos, na medida em que se referem aos trabalhadores, isolada ou coletivamente considerados.

Nesse sentido, como direitos sociais individuais podemos destacar aqueles que, embora previstos para todos os trabalhadores, são exercidos e desfrutados individualmente, como o direito às férias, ao décimo terceiro salário, ao repouso semanal remunerado, à licença-maternidade, dentre outros. De outro lado, existem os direitos sociais que somente podem ser exercidos de forma coletiva, dentre os quais podemos destacar a liberdade de associação profissional ou sindical (art. 8º), o direito de greve (art. 9º), de participação em órgãos colegiados (art. 10) e de representação nas empresas com mais de duzentos empregados (art. 11).

7. DIREITOS SOCIAIS EM ESPÉCIE

A atual Constituição brasileira assegura expressamente diversos direitos sociais, como saúde, trabalho, lazer, seguridade social, previdência social, proteção à maternidade e à infância, assistência aos desamparados, educação, cultura, esporte e moradia. Eles estão enunciados nos arts. 6º ao 11 da CF, e regulamentados em vários outros dispositivos inseridos no Título VIII, dedicado à ordem social.

Dispõe o art. 6º: "São direitos sociais a educação, a saúde, o trabalho, a moradia, o lazer, a segurança, a previdência social, a proteção à maternidade e à infância, a assistência aos desamparados, na forma desta Constituição".

No presente capítulo, seguindo a organização do Texto Constitucional, cuidaremos especificamente dos direitos sociais do trabalho, enunciados nos artigos 7º ao 11 da CF.

7.1. Direitos Sociais do Trabalho

Sobre os direitos sociais dos trabalhadores, vale ressaltar, de início, que a relação constante do art. 7º, por força da própria norma constitucional, tem-se como meramente exemplificativa, já que àqueles listados poderão ser acrescentados outros que visem à melhoria de sua condição social.

Ademais, cabe acrescentar que a atual Constituição promoveu a equiparação do trabalhador urbano ao trabalhador rural, não havendo mais diferença de tratamento entre as duas categorias.

Para fins didáticos, podemos promover o agrupamento dos diversos incisos do art. 7º da CF nos seguintes grupos de direitos, considerando a finalidade da norma e o bem jurídico tutelado:

I - proteção da relação de emprego;
II - salário e remuneração;
III - participação nos lucros e co-gestão;
IV - duração do trabalho, repouso, férias, licenças, proteção dos trabalhadores e aviso prévio;
V - direitos dos dependentes.

7.1.1. Proteção da Relação de Emprego

A Constituição de 1988 demonstrou grande preocupação com a proteção da relação de emprego, dotando-a de proteção contra despedida arbitrária ou sem justa causa, nos termos de lei complementar, que deverá dispor sobre indenização compensatória, entre outros direitos (art. 7º, I).

Enquanto não for elaborada referida lei complementar, o artigo 10 do Ato das Disposições Constitucionais Transitórias prevê um aumento de quatro vezes da porcentagem prevista na Lei n. 5.107/66, vedando ainda esse dispositivo a dispensa arbitrária ou sem justa causa do empregado eleito para cargo de direção de comissões internas de prevenção de acidentes, desde o registro da candidatura até um ano após o final de seu mandato. Vedou, também, a dispensa, nas mesmas condições, da empregada gestante, desde a confirmação da gravidez até cinco meses após o parto.

Também restou vedada a dispensa do empregado sindicalizado, a partir do registro da candidatura a cargo de direção ou representação sindical e, se eleito, ainda que suplente, até um ano após o final do mandato, salvo se cometer falta grave nos termos da lei (art. 8º, VIII).

Relacionam-se ainda com a garantia do emprego a previsão do seguro-desemprego, no caso de desemprego involuntário (art. 7º, II), e a extensão do fundo de garantia do tempo de serviço para o empregado rural (art. 7º, III).

7.1.2. Salário e Remuneração

A Constituição disciplinou no inciso IV, do art. 7º, que o salário mínimo, fixado em lei e nacionalmente unificado, deverá ser capaz de atender "a suas necessidades básicas e às de sua família com moradia, alimentação, educação, saúde, lazer, vestuário, higiene, transporte e previdência social, com reajustes periódicos que lhe preservem o poder aquisitivo, sendo vedada sua vinculação para qualquer fim". Observe-se que a Constituição veda expressamente a vinculação do salário mínimo para qualquer fim, como, por exemplo, servir de referência para a fixação de aluguéis etc.

Além disso, estabeleceu piso salarial proporcional à extensão e à complexidade do trabalho (inciso V); a irredutibilidade do salário, salvo o disposto em convenção ou acordo coletivo (inciso VI); garantia de salário, nunca inferior ao mínimo, para os que percebem remuneração variável (inciso VII); décimo terceiro salário com base na remuneração integral ou no valor da aposentadoria (inciso VIII); remuneração do trabalho noturno superior à do diurno (inciso IX); proteção do salário na forma da lei, constituindo crime a sua retenção dolosa (inciso X).

Prevê o Texto Constitucional, ainda, o salário-família pago em razão do dependente do trabalhador de baixa renda nos termos da lei (inciso XII).

7.1.3. Participação nos Lucros e Cogestão

No inciso XI do art. 7º, a Constituição prevê a "participação nos lucros, ou resultados, desvinculada da remuneração, e, excepcionalmente, participação na gestão da empresa, conforme definido em lei".

Referido dispositivo foi regulamentado pela Lei n. 10.101, de 19 de dezembro de 2000, que dispõe sobre a participação dos trabalhadores nos lucros ou resultados da empresa e dá outras providências.

Referida norma, além de estabelecer a natureza não-salarial da participação, dispôs sobre a periodicidade do pagamento, que não poderá ser inferior a um semestre civil; atribuiu tratamento diferenciado às empresas estatais e entidades sem fins lucrativos, e estabeleceu os mecanismos de resolução de conflitos: a mediação e a arbitragem de ofertas finais.

7.1.4. Duração do Trabalho, Repouso, Férias, Licenças, Proteção dos Trabalhadores e Aviso Prévio

Ponto importante dos direitos sociais do trabalhador inseridos no art. 7º foi a limitação da duração da jornada de trabalho normal, que não poderá ser superior a oito horas diárias e quarenta e quatro semanais, facultada a compensação de horários e a redução da jornada, mediante acordo ou convenção coletiva de trabalho (inciso XIII). Há previsão, ainda, da jornada de seis horas para o trabalho realizado em turnos ininterruptos de revezamento, salvo negociação coletiva (inciso XIV).

O repouso semanal será remunerado e será concedido preferencialmente aos domingos (inciso XV).

As chamadas "horas-extras" que compreendem o período de trabalho extraordinário, terão sua remuneração superior, no mínimo, em cinquenta por cento à do normal (inciso XVI).

São asseguradas férias anuais remuneradas com, pelo menos, um terço a mais do que o salário normal (inciso XVII).

Assegura-se licença à gestante, sem prejuízo do emprego e do salário, com duração de cento e vinte dias (inciso XVII). Além disso, assegurou a Constituição a licença-paternidade, nos termos fixados em lei (inciso XIX). Observe-se que, enquanto não editada lei nesse sentido, o art. 10, § 1º, do Ato das Disposições Constitucionais Transitórias, fixou em cinco dias a duração da licença-paternidade.

Garantiu-se, ainda, proteção do mercado de trabalho da mulher, mediante incentivos específicos, nos termos da lei (inciso XX).

Foi estabelecido o aviso prévio proporcional ao tempo de serviço, sendo no mínimo de trinta dias, nos termos da lei (inciso XXI).

As normas de proteção do trabalhador foram significativamente ampliadas. O inciso XXII trouxe norma que estabelece a redução dos riscos inerentes ao trabalho, por meio de normas de saúde, higiene e segurança. Também houve preocupação com a proteção do trabalhador em face de automação, na forma da lei (inciso XXVII).

O adicional de insalubridade e periculosidade foi previsto no inciso XXIII, o qual dispõe de adicional de remuneração para as atividades penosas, insalubres ou perigosas, na forma da lei.

O direito à aposentadoria está consagrado no inciso XXIV.

Foi estabelecido seguro contra acidentes de trabalho, a cargo do empregador, sem excluir a indenização a que este está obrigado, quando incorrer em dolo ou culpa (inciso XXVIII).

Foram instituídas normas que tratam da isonomia material, as quais proíbem: diferença de salários, de exercício de funções e de critérios de admissão por motivo de sexo, idade, cor ou estado civil (inciso XXX); discriminação no tocante a salário e critérios de admissão do trabalhador portador de deficiência (inciso XXXI); distinção entre trabalho manual, técnico e intelectual ou entre os profissionais respectivos (inciso XXXII); trabalho noturno, perigoso ou insalubre a menores de dezoito, e de qualquer trabalho a menores de dezesseis, salvo na condição de aprendiz, a partir dos quatorze anos (inciso XXXIII).

Estabeleceu, ainda, a igualdade de direitos entre o trabalhador com vínculo empregatício permanente e o trabalhador avulso (inciso XXXIV).

O inciso XXVI trouxe a previsão expressa de reconhecimento das convenções e acordos coletivos.

7.1.5. Direitos dos Dependentes

A Constituição contemplou a previsão de assistência gratuita aos filhos e dependentes desde o nascimento até 5 (cinco) anos de idade em creches e pré-escolas – consiste no chamado auxílio-creche (inciso XXV).

Por fim, a Constituição, em seu art. 7º, inciso XXIX (redação dada pela Emenda Constitucional n. 28/2000), trouxe o direito de ação, quanto aos créditos resultantes das relações de trabalho, com prazo prescricional de cinco anos para os trabalhadores urbanos e rurais, até o limite de dois anos após a extinção do contrato de trabalho.

Isso significa que o trabalhador, tanto urbano quanto rural, após a extinção do contrato de trabalho tem dois anos para reclamar junto à Justiça do Trabalho a percepção de algum crédito decorrente da relação de trabalho e porventura não quitado. Além disso, o trabalhador poderá reivindicar esses direitos observando o prazo prescricional de cinco anos, ou seja, seu pedido retroagirá até cinco anos no máximo.

7.2. Liberdade de Associação Profissional ou Sindical

A liberdade de associação profissional ou sindical, prevista no artigo 8º, da Constituição Federal, consiste no direito de os trabalhadores se associarem livremente às entidades profissionais ou sindicais, cuja finalidade é o de defesa dos interesses da classe trabalhadora e de representação da categoria junto às empresas e aos órgãos do Poder Público em geral.

7.2.1. Sindicatos

Sindicato é uma associação de trabalhadores pertencentes a uma mesma categoria profissional ou de empresas/entidades de um mesmo ramo de atividade, que tem por finalidade a defesa dos direitos e interesses coletivos ou individuais da categoria; bem assim a representação dos interesses desta, perante as empresas em geral, entidades corporativas, bem como autoridades administrativas e judiciárias.

Em regra, não existem maiores restrições para a criação de sindicatos, sendo que o próprio artigo 8º, inciso I, estabelece que "a lei não poderá exigir autorização do Estado para a fundação de sindicato, ressalvado o registro no órgão competente, vedadas ao Poder Público a interferência e a intervenção na organização sindical".

Nada obstante, a própria Constituição estabelece a vedação para a criação "de mais de uma organização sindical, em qualquer grau, representativa de categoria profissional ou econômica, na mesma base territorial, que será definida pelos trabalhadores ou empregados interessados, não podendo ser inferior à área de um Município".

7.3. Direito de Greve

O direito de greve, previsto no art. 9º, da Constituição Federal, consiste no direito do trabalhador à "suspensão coletiva, temporária e pacífica, total ou parcial, de prestação pessoal de serviço a empregador", conforme definição de greve constante do art. 2º, da Lei n. 7.783/89 (Lei de Greve), a qual regulamenta o direito de greve do trabalhador, com exceção do servidor público, cujo direito de greve ainda pende de regulamentação.

Estabelece o § 2º, do art. 9º, da Constituição, que os abusos cometidos no exercício do direito de greve sujeitam os responsáveis às penas da lei.

No tocante ao direito de greve do servidor público civil, trata-se de matéria polêmica, tendo sido suscitado bastante discussão judicial e doutrinária, inclusive com o ajuizamento de mandado de injunção perante o STF para se obter a regulamentação do dispositivo constitucional (vide decisão do STF a seguir). Referida medida foi conhecida pela Corte e, no mérito, deferida para determinar a aplicação das Leis n. 7.701/1988 e 7.783/1989 aos conflitos e às ações judiciais que envolvam a interpretação do direito de greve dos servidores públicos civis.

Vale dizer que, até a regulamentação do dispositivo constitucional que trata do direito de greve do servidor público civil (CF, art. 37, VII), valerão as regras previstas para os trabalhadores privados, ou seja, as Leis n. 7.701/1988 e 7.783/1989.

CAPÍTULO 12

Direitos Políticos

1. CONCEITO

Os direitos políticos representam um dos pilares do Estado Democrático de Direito e da própria democracia, na medida em que consistem no direito outorgado constitucionalmente ao cidadão de participar da vida política do País, da formação da vontade política nacional, incluindo o direito de votar e o de ser votado.

Os direitos políticos, por força da própria norma constitucional inserida no art. 14, da Constituição Federal, representam o próprio exercício da soberania popular.

2. CLASSIFICAÇÃO DOS DIREITOS POLÍTICOS

Os direitos políticos podem ser classificados sob duas perspectivas. A primeira classificação divide os direitos políticos em *direitos positivos* e *direitos negativos*. A segunda classificação distingue os direitos entre *direitos políticos ativos* ou *cidadania ativa*, que é o direito de votar, e *direitos políticos passivos* ou *cidadania passiva*, que significa o direito de ser votado.

3. DIREITOS POLÍTICOS POSITIVOS

Os direitos políticos positivos consistem na possibilidade outorgada ao cidadão de participar da vida política do País, incluindo os direitos de votar e de ser votado.

Na definição de José Afonso da Silva, os direitos políticos positivos "consistem no conjunto de normas que asseguram o direito subjetivo de participação no processo político e nos órgãos governamentais. Eles garantem a participação do povo no poder de dominação política por meio das diversas modalidades de direito de sufrágio".

Esses direitos manifestam-se por meio de determinadas normas inseridas na Constituição, quais sejam:

- *A soberania popular,* que denota que todo o poder dentro do Estado emana do povo (art. 1º, parágrafo único).

- *O sufrágio universal*, que consiste no direito do povo de eleger os seus governantes e representantes. Além disso, segundo o art. 14, o voto será direto, secreto, igual e periódico. O voto direto consiste na escolha feita diretamente pelo povo, sem a existência de intermediários. Pelo voto secreto o eleitor não é obrigado a revelar a sua opção manifestada nas urnas, garantindo, assim, maior liberdade de escolha e evitando pressões e retaliações. O voto igual determina que todos os votos possuem o mesmo valor, não existindo votos com pesos maiores, sendo que cada eleitor possui um único voto. O voto universal denota que o direito de sufrágio foi atribuído a todos os cidadãos, não se admitindo restrições derivadas de condições de nascimento, fortuna ou qualidade especial da pessoa. A periodicidade do voto determina que este seja exercido em períodos de tempo determinados, sendo que a periodicidade do voto representa uma característica própria dos regimes republicanos democráticos.
  Vale destacar que, no Brasil, o alistamento eleitoral e o voto são obrigatórios para todos os brasileiros maiores de dezoito anos de idade e são facultativos para: a) analfabetos; b) maiores de setenta anos; e c) maiores de dezesseis e menores de dezoito anos de idade.
- *O plebiscito*, que é o instrumento de consulta prévia ao povo, antes da aprovação de um ato legislativo ou administrativo sobre matéria de acentuada relevância constitucional. A Constituição exige expressamente a convocação de plebiscito, em relação à população diretamente interessada, para a incorporação, subdivisão e desmembramento de novos Estados (art. 18, § 3º), bem como acerca de criação, incorporação, fusão e desmembramento de novos Municípios (art.18, § 4º).
- *O referendo*, que é o instrumento de consulta posterior ao povo após a aprovação de um ato legislativo ou administrativo sobre matéria de acentuada relevância, ou seja, cabe ao povo ratificar ou rejeitar a medida aprovada. Tanto o plebiscito quanto o referendo são formas de consulta à população, mas aquele é convocado antes da aprovação da medida, enquanto este se realiza após a sua aprovação.
- *A iniciativa popular*, que consiste na competência legislativa outorgada ao eleitor para dar início à tramitação de projeto de lei. Na esfera federal, a "*iniciativa popular pode ser exercida pela apresentação à Câmara dos Deputados de projeto de lei subscrito por, no mínimo, um por cento do eleitorado nacional, distribuído pelo menos por cinco Estados, com não menos de três décimos por cento dos eleitores de cada um deles*" (CF, art. 61, § 2º). Os projetos devem circunscrever-se a um só assunto e não podem ser rejeitados por vício de forma, devendo o próprio Legislativo suprir eventuais impropriedades de técnica legislativa ou de redação.

No âmbito estadual, as constituições de cada Estado federado, em razão do princípio do paralelismo estabelecido pela Constituição Federal, deverão conter dispositivos semelhantes.

Já na esfera municipal, a própria Constituição Federal traz a previsão de que a "iniciativa popular de projetos de lei de interesse específico do Município, da cidade ou de bairros, através de manifestação de, pelo menos, cinco por cento do eleitorado" (CF, art. 29, XIII).

4. CIDADANIA

A cidadania consiste no vínculo político entre o indivíduo e o Estado a que pertence, ou seja, do qual possui a nacionalidade. Esse vínculo proporciona ao indivíduo o exercício de seus direitos políticos dentro do Estado, conferindo-lhe a prerrogativa de participar da formação da vontade política nacional. A cidadania pressupõe a condição de nacional.

4.1. Nacionalidade, Cidadania e Naturalidade

Nacionalidade, naturalidade e cidadania são conceitos que não se confundem. Por nacionalidade entende-se o vínculo jurídico entre o indivíduo e um determinado Estado, ao passo que a cidadania, como visto, consiste no vínculo político, próprio daquele que possui a nacionalidade de determinado Estado, e que lhe proporciona o exercício de seus direitos políticos. Pode-se dizer que a nacionalidade é um pressuposto da cidadania.

A naturalidade, por sua vez, consiste em um simples vínculo territorial que indica o local de nascimento do indivíduo.

4.2. Formas de Cidadania

A cidadania pode ser dividida em duas espécies, a saber: a cidadania ativa e a cidadania passiva. A primeira consiste no direito de votar, enquanto a segunda, no direito de ser votado.

4.3. Forma de Aquisição da Cidadania no Brasil

No Brasil adquire-se a cidadania pelo alistamento eleitoral, que é o procedimento administrativo perante a Justiça Eleitoral para que o indivíduo possa se inscrever como eleitor.

4.4. Elegibilidade

A elegibilidade ou cidadania passiva consiste no direito do cidadão de ser votado, a partir do preenchimento dos requisitos constitucionais e legais para que possa se eleger. Vale dizer que nem todo cidadão ou nem todo eleitor é elegível, estando tal prerrogativa restrita a um conjunto de cidadãos.

4.4.1. Condições de Elegibilidade

As condições de elegibilidade estão previstas na Constituição Federal, em seu art. 14, § 3º, e são as seguintes:

I – *a nacionalidade brasileira.* Somente os nacionais, ou seja, os brasileiros natos ou naturalizados, podem alistar-se como eleitores no Brasil, adquirindo, assim, a condição de cidadão. Nesse sentido, os estrangeiros não possuem direitos políticos no Brasil, com exceção dos portugueses com residência permanente, em razão da reciprocidade firmada entre Brasil e Portugal (CF, art. 12, § 1º);

II – *o pleno exercício dos diretos políticos.* Para que o cidadão possua a cidadania passiva e seja elegível, não basta a nacionalidade brasileira; deve estar no pleno gozo dos direitos políticos, sendo necessário, para isso, que não tenha incorrido em nenhuma causa de perda ou suspensão desses direitos.

III – *o alistamento eleitoral.* A aquisição da cidadania se dá pelo ato de inscrição do indivíduo nacional na Justiça Eleitoral, sendo o título de eleitor o documento comprobatório da qualidade de cidadão. Nesse sentido, somente aqueles que estiverem regularmente inscritos na Justiça Eleitoral se tornarão elegíveis.

IV – *o domicílio eleitoral na circunscrição.* Para que o cidadão possa concorrer a algum cargo eletivo, exige-se que ele tenha domicílio eleitoral na circunscrição pela qual pretende se eleger. Considera-se como domicílio eleitoral o local onde se encontra registrado o título de eleitor. A Lei n. 9.504/97, em seu art. 9º, exige que o candidato possua domicílio eleitoral, na respectiva circunscrição, há pelo menos um ano antes do pleito. Uma pessoa pode possuir diversos domicílios civis, mas só um eleitoral, o da circunscrição onde se encontra seu título de eleitor.

V – *a filiação partidária.* A filiação partidária representa condição indispensável para que a pessoa possa concorrer a cargos eletivos no Brasil, ou, em outras palavras, para que possa exercer a cidadania passiva, devendo o eleitor estar filiado a algum partido político, já que não são admitidas candidaturas avulsas, independentes ou extrapartidárias. No âmbito infraconstitucional, as Leis n. 9.096/95 e 9.504/97 exigem que o eleitor esteja filiado ao partido há pelo menos um ano antes da data das eleições.

VI – *a idade mínima.* Para que o cidadão possa se candidatar a cargos eletivos, a Constituição estabelece idades mínimas, sendo que essa idade varia de acordo com o cargo pleiteado. São estabelecidas as seguintes idades mínimas:

a) trinta e cinco anos para Presidente e Vice-Presidente da República e Senador;
b) trinta anos para Governador e Vice-Governador de Estado e do Distrito Federal;

c) vinte e um anos para Deputado Federal, Estadual ou Distrital, Prefeito, Vice-Prefeito ou Juiz de paz; e

d) dezoito anos para Vereador.

Além dessas hipóteses constantes do § 3º, do art. 14, o cidadão que pretender se candidatar a algum cargo eletivo não poderá "*incorrer em nenhuma inelegibilidade específica*". Nesse sentido, a Constituição e a legislação infraconstitucional apontam diversas causas de inelegibilidades, quais sejam:

a) Analfabetos. O § 4º, do art. 14, dispõe que são inelegíveis os analfabetos; para estes, a Constituição só reconhece a cidadania ativa, assegurando-lhes somente o direito de votar. O constituinte partiu do pressuposto de que as pessoas que não sabem ler ou escrever não teriam condições de representar de maneira apropriada os demais cidadãos.

b) Menores de dezoito anos de idade. Da mesma forma dos analfabetos, os jovens entre os dezesseis e os dezoito anos de idade somente podem adquirir a cidadania ativa. A passiva, que lhe propiciará concorrer a cargos eletivos, somente será adquirida após os dezoito anos de idade, quando poderá concorrer ao cargo de vereador.

c) Inelegibilidades previstas nos §§ 6º, 7º e 9º do art. 14 da Constituição Federal.

5. DIREITOS POLÍTICOS NEGATIVOS

Os direitos políticos negativos consistem nas normas que impedem a participação do cidadão no processo político e nos órgãos governamentais, abrangendo a perda e a suspensão de direitos políticos, bem como as inelegibilidades.

Para José Afonso da Silva, denominam-se direitos políticos negativos as "determinações constitucionais que, de uma forma ou de outra, importem em privar o cidadão do direito de participação no processo político e nos órgãos governamentais. São negativos precisamente porque consistem no conjunto de regras que negam, ao cidadão, o direito de eleger, ou de ser eleito, ou de exercer atividade político-partidária ou de exercer função pública".

5.1. Perda, Suspensão e Cassação dos Direitos Políticos

A perda consiste na privação definitiva de direitos políticos da pessoa. A suspensão, por sua vez, consiste na privação temporária dos direitos políticos de um indivíduo.

A cassação consiste na perda definitiva dos direitos políticos por um ato de arbítrio do Poder Público. Nesse sentido, a Constituição brasileira veda expressamente a cassação de diretos políticos, conforme previsão constante do art. 15. Entendeu o constituinte que a cassação dos direitos políticos poderia servir, como no passado, como instrumento de perseguição de opositores políticos e de pessoas não alinhadas ao posicionamento político governamental. Assim, a Constituição admite somente a perda e a suspensão de direitos políticos nas hipóteses excepcionalmente previstas no Texto Constitucional.

5.1.1. Hipóteses de Perda dos Direitos Políticos

As hipóteses de perda dos direitos políticos encontram-se expressamente previstas no art. 15, da Constituição Federal. Tal dispositivo contempla duas hipóteses de perda de direitos políticos:

a) *cancelamento da naturalização por sentença transitada em julgado (inciso I).* Como a nacionalidade é pressuposto da cidadania, a perda da condição de nacional importa, consequentemente, na perda dos direitos políticos. Para tanto, há necessidade de sentença judicial transitada em julgado.
b) *recusa de cumprir obrigação a todos imposta, bem como da prestação alternativa, nos termos do art. 5, VIII (inciso IV).* Com efeito, o cidadão brasileiro que se recusar a cumprir os seus deveres militares, recusando o cumprimento de obrigação a todos imposta, bem como da prestação alternativa facultada, não se mostra merecedor da cidadania brasileira. Nesse caso, o indivíduo, apesar de manter a condição de nacional, perde os seus direitos políticos, ou seja, perde o direito de votar e de ser votado.

Afora essas hipóteses de perda de direitos políticos, existe uma terceira, embora não expressamente mencionada no art. 15 da Constituição. Trata-se do caso do brasileiro que, voluntariamente, adquire a nacionalidade de outro país, perdendo a nacionalidade brasileira (CF, art.12, § 4º, II). Nesse caso, como a nacionalidade é pressuposto da cidadania, o indivíduo perde, em consequência, a cidadania brasileira, ou seja, os seus direitos políticos.

5.1.2. Hipóteses de Suspensão dos Direitos Políticos

No mesmo dispositivo em que a Constituição contempla as hipóteses de perda (art. 15), prevê, também, as hipóteses de suspensão. Referido dispositivo, nesse sentido, estabelece três hipóteses de suspensão (privação temporária) de direitos políticos.

a) *incapacidade civil absoluta (inciso II).* O exercício dos direitos políticos pressupõe a capacidade da pessoa para o exercício dos atos da vida civil, sendo que a incapacidade absoluta impede o exercício dos direitos políticos. Nesse sentido, são considerados absolutamente incapazes pelo Código Civil, art. 3º: i) os menores de dezesseis anos; ii) os que, por enfermidade ou deficiência mental, não tiverem o necessário discernimento para a prática desses atos; iii) os que, mesmo por causa transitória, não puderem exprimir sua vontade. Com efeito, enquanto perdurarem as razões da privação da capacidade civil, as pessoas enquadradas nessas hipóteses estarão impossibilitadas de exercer os direitos políticos.

b) *condenação criminal transitada em julgado.* Também é caso de suspensão de direitos políticos a condenação criminal transitada em julgado, não sendo admitido por nossa Constituição que pessoas que violem as leis penais, com decisão transitada em julgado, possam participar da vida política nacional, ficando elas privadas de seus direitos políticos, enquanto perdurarem os efeitos da condenação. Saliente-se que somente a condenação definitiva é caso de suspensão dos direitos políticos, sendo que uma sentença condenatória da qual ainda caiba recurso não tem o condão de suspender o exercício desses direitos. Da mesma forma, a simples existência de processos em andamento não importa em suspensão de direitos políticos.

c) *improbidade administrativa, nos termos do art. 37, § 4º (inciso V).* Dispõe o § 4º, do art. 37, da CF: "*Os atos de improbidade administrativa importarão a suspensão dos direitos políticos, a perda da função pública, a indisponibilidade dos bens e o ressarcimento ao erário, na forma e gradação previstas em lei, sem prejuízo da ação penal cabível*". A Lei n. 8.429/92 disciplinou as sanções aplicáveis aos agentes públicos nos casos de prática de atos de improbidade administrativa. Vale ressaltar que, também nesse caso, é necessária a condenação definitiva, isto é, o trânsito em julgado da sentença condenatória.

5.1.3. Perda e Suspensão dos Direitos Políticos e Mandato Parlamentar

Em princípio a perda ou suspensão dos direitos políticos implicaria, além da privação dos direitos políticos, na perda do mandato legislativo, já que este decorre do exercício daquele. Nada obstante, a Constituição Federal estabelece que, em se tratando de deputado federal ou senador, na hipótese de perda ou suspensão dos direitos políticos, a declaração da perda do mandato legislativo deverá ser feita pela mesa da Casa respectiva, mediante provocação de qualquer de seus membros ou de partido político representado no Congresso Nacional, assegurada a ampla defesa, conforme dispõe o art. 55, IV e § 3º, da CF.

No caso de condenação criminal transitada em julgado, a perda do mandato será decidida pela Casa Legislativa respectiva, por voto secreto e maioria absoluta, mediante provocação da Mesa ou de partido político representado no Congresso Nacional, assegurada a ampla defesa (CF, art. 55, VI e § 2º).

5.2. Reaquisição dos Direitos Políticos

Da mesma forma que existem hipóteses de perda de direitos políticos, há também as formas de reaquisição desses direitos, muito embora tais hipóteses não estejam previstas na Constituição, decorrendo da legislação ordinária. São elas:

a) Quando a perda dos direitos políticos decorrer de cancelamento de naturalização em virtude de atividade nociva ao interesse nacional reconhecida em sentença transitada em julgado, poderá o indivíduo readquirir a nacionalidade brasileira somente por intermédio de ação rescisória que desconstitua a decisão anterior.
b) Quando a perda dos direitos políticos decorrer de recusa do cumprimento de obrigação a todos imposta, o indivíduo somente poderá readquirir os direitos políticos se cumprir a obrigação ou, em caso de serviço militar obrigatório, a prestação alternativa.

Quando se tratar de caso de suspensão dos direitos políticos, a cessação da causa que levou à suspensão faz com que a pessoa readquira os seus direitos, uma vez que eles encontravam-se apenas suspensos.

5.3. Inelegibilidade

Inelegibilidade é o impedimento ao exercício da cidadania passiva ou à capacidade eleitoral passiva, isto é, ao direito de ser votado. Vale ressaltar que inelegibilidade não se confunde com a inalistabilidade, uma vez que o primeiro é o impedimento ao exercício da cidadania passiva, enquanto o segundo é o impedimento ao exercício da cidadania ativa, ao direito de votar.

De se ressaltar que a inelegibilidade não representa causa de perda ou suspensão de direitos políticos, já que estas importam no impedimento de votar e de ser votado, enquanto a inelegibilidade apenas no impedimento de ser votado.

5.3.1. Fundamentos da Inelegibilidade

A própria Constituição, no § 9º, do art. 14, aponta alguns fundamentos para a previsão de inelegibilidade, estando estes fundamentos focados na proteção: a) da probidade administrativa; b) da moralidade para o exercício do mandato, considerada a vida pregressa do candidato; e c) a normalidade e legitimidade das eleições contra a influência do poder econômico ou abuso do exercício de função, cargo ou emprego na Administração direta e indireta.

Vale ressaltar que, além desses impedimentos, a própria Constituição admite que outros impedimentos sejam estabelecidos por lei complementar. As hipóteses infraconstitucionais de inelegibilidades acham-se descritas na Lei Complementar n. 64, alterada pela Lei Complementar n. 81.

5.3.2. Inelegibilidades Absolutas

Inelegibilidades absolutas são os impedimentos previstos para que a pessoa concorra a qualquer cargo eletivo. O indivíduo fica impedido de participar, como candidato, em qualquer eleição.

As inelegibilidades absolutas estão previstas no art. 14, § 4º, da Constituição. São elas:

a) *os inalistáveis*. Trata-se das pessoas que não podem se inscrever na Justiça Eleitoral. Assim, como a inscrição como eleitor é condição para a aquisição da capacidade eleitoral, tanto ativa como passiva, não podem essas pessoas concorrerem a nenhum cargo eletivo. De acordo com o § 2º do mesmo dispositivo, são inalistáveis os estrangeiros e os conscritos, ou seja, os convocados durante o período de serviço militar obrigatório.
b) *os analfabetos*. Muito embora a Constituição tenha estendido aos analfabetos o direito de votar (capacidade eleitoral ativa, ou cidadania ativa), não fez o mesmo em relação à capacidade eleitoral passiva (direito de ser votado), por entender que a capacidade de leitura e de escrita são fundamentais para o desempenho do mandato.
c) *jovens entre dezesseis e dezoito anos de idade*. Essas pessoas são absolutamente inelegíveis, uma vez que, embora possam votar, não possuem a idade mínima para concorrer a qualquer cargo eletivo, ou seja, não possuem capacidade eleitoral passiva. A Lei Complementar n. 64/90 estabelece outras hipóteses de inelegibilidades absolutas.

5.3.3. Inelegibilidades Relativas

Inelegibilidades relativas são os impedimentos para que a pessoa possa concorrer a determinados cargos eletivos, em razão de situações específicas. Com efeito, há situações em que o indivíduo se encontra impedido de se candidatar apenas a determinados cargos públicos, seja por motivos de casamento, parentesco ou afinidade, ou por se tratar de militar, ou ainda por influência de poder econômico ou abuso de poder político. Há, ainda, a inelegibilidade relativa em razão da exigência de idade mínima para ocupar determinados cargos.

Os casos de inelegibilidade relativa estão previstos no art. 14, § 5º ao § 9º, da Constituição e na Lei Complementar n. 64/90.

a) *inelegibilidade por motivo funcional e a possibilidade de reeleição para a chefia do Poder Executivo* – O Presidente da República, os governadores dos Estados e do Distrito federal e os prefeitos, para concorrerem a outros cargos, devem renunciar ao mandato até seis meses antes do pleito (CF, art. 14, § 6º). O fundamento dessa exigência é evitar a utilização da máquina administrativa durante o processo eleitoral. Essa inelegibilidade funcional, todavia, só prevalece para a eleição a outros cargos, e não para aquele que a pessoa está ocupando. Isto porque a Emenda Constitucional n. 16, de 1997, admitiu a reeleição para o mesmo cargo de chefia do Poder Executivo, quer federal, quer estadual, quer municipal, sem que para isso seja necessário o afastamento.

b) *inelegibilidade por motivo de casamento, parentesco ou afinidade* - O art. 14, § 7º, dispõe que "*são inelegíveis, no território de jurisdição do titular, o cônjuge e os parentes consanguíneos ou afins, até o segundo grau ou por adoção, do Presidente da República, de Governador de Estado ou Território, do Distrito Federal, de Prefeito ou de quem os haja substituído dentro dos seis meses anteriores ao pleito, salvo se já titular de mandato eletivo e candidato à reeleição*". Trata-se da denominada inelegibilidade reflexa, que tem por finalidade evitar a utilização da máquina administrativa do Estado para eleição de cônjuge, parentes ou afins em graus próximos. Além disso, a regra visa a obstar o monopólio do poder político por grupos hegemônicos ligados por laços familiares. Essa causa de inelegibilidade prevalece somente para as pessoas expressamente mencionadas no Texto da Constituição e nos limites da circunscrição em que a pessoa foi eleita. Nesse sentido, em se tratando de cônjuge, parente consanguíneo ou afim do Presidente da República, o impedimento é válido em todas as eleições no território nacional. Caso a relação de parentesco ou afinidade seja com o Governador de Estado, o impedimento é válido em todas as eleições realizadas no território estadual. Se esse mesmo relacionamento for com o Prefeito, o impedimento é válido somente para as eleições municipais.

   Vale ressaltar que essa inelegibilidade só prevalecerá para os cargos de Vice-Presidente, Vice- Governador ou Vice-Prefeito, caso eles tenham assumido a chefia do respectivo poder Executivo nos seis meses anteriores ao pleito.

c) *inelegibilidade a fim de proteger a probidade administrativa, a moralidade para o exercício do mandato e para evitar a influência do Poder econômico ou abuso do exercício de cargo, emprego ou função na Administração direta ou indireta* - A própria Constituição, em seu art. 14, § 9º, estabelece que ficará a cargo da legislação complementar a previsão de outras hipóteses, tendo como objetivo assegurar a probidade administrativa, a moralidade para o exercício do mandato e a normalidade e legitimidade das eleições contra a influência do poder econômico ou abuso do exercício de cargo ou emprego na Administração direta ou indireta. A Lei Complementar n. 64/90 estabelece diversas hipóteses de impedimentos à capacidade eleitoral passiva.

   Nada obstante, entende o STF que a mera existência de inquéritos policiais em curso ou de processos judiciais em andamento ou de sentença penal condenatória ainda não transitada em julgado, além de não configurar, só por si, hipótese de inelegibilidade, também não impede o registro de candidatura de qualquer cidadão (vide decisão do STF abaixo).

d) *militares* – Em regra, os militares possuem capacidade eleitoral ativa, com exceção dos conscritos, que estão impedidos de se inscrever na Justiça Eleitoral. De acordo com art. 14, § 8º, todo "*militar alistável é elegível*", desde que atendidas duas condições: "*I – se contar menos de dez anos de serviço, deverá afastar-se da atividade; II – se contar mais de dez anos de serviço, será agregado pela autoridade superior e, se eleito, passará automaticamente, no ato de diplomação, para a inatividade*".

O art. 142, § 3º, V, por sua vez, dispõe que "*o militar, enquanto em serviço ativo, não pode estar filiado a partidos políticos*". Dessa forma, filiado a partido político, com menos de dez anos de serviço, deverá afastar-se da atividade; com mais de dez anos de serviço, será agregado e, se eleito, passará, a partir da diplomação, para a inatividade.

e) *idade mínima* – A Constituição, no art. 14, § 3º, VI, prevê a idade mínima para que a pessoa possa se candidatar a determinados cargos, sendo trinta e cinco anos para Presidente e Vice-Presidente da República e Senador; trinta anos para Governador e Vice-Governador de Estado e do Distrito Federal; vinte e um anos para Deputado Federal, Deputado Estadual ou Distrital, Prefeito, Vice-Prefeito e Juiz de paz, e dezoito anos para Vereador.

6. DESINCOMPATIBILIZAÇÃO

Desincompatibilização é o ato pelo qual a pessoa se afasta de um cargo que ocupa para poder concorrer a outro cargo eletivo. Trata-se de uma possibilidade de o cidadão se desvencilhar da inelegibilidade a tempo de concorrer a outra eleição.

CAPÍTULO 13

Nacionalidade

1. CONCEITO

A nacionalidade é o vínculo jurídico entre um indivíduo e determinado Estado, tornando aquele parte integrante do povo deste. Presente essa definição, cabe ressaltar que compete a cada Estado, através do seu direito interno, definir quem são os seus nacionais, isto é, quem são os indivíduos vinculados juridicamente àquele Estado.

Nesse sentido, define-se internamente quem são os nacionais, sendo que os demais indivíduos existentes naquele Estado são considerados estrangeiros, cujo conceito se dá por exclusão.

No Brasil, a determinação da nacionalidade é feita pela própria Constituição, com exclusividade, a qual estabelece as condições para aquisição e perda da nacionalidade brasileira.

2. FORMAS DE AQUISIÇÃO DA NACIONALIDADE

Existem duas formas de aquisição da nacionalidade: pela forma primária ou originária ou pela forma secundária ou adquirida.

2.1. Aquisição Primária ou Originária

A pessoa adquire a nacionalidade ao nascer, ou seja, o nascimento da pessoa determina a sua nacionalidade, seja em razão do território onde nasceu, seja em razão da origem de seus ascendentes.

2.1.1. Critérios de aquisição da nacionalidade primária *(jus soli e jus sanguinis)*

São dois os critérios para a aquisição da nacionalidade primária: o *jus soli*, ou critério da territorialidade, e o *jus sanguinis*, ou critério da consanguinidade.

Pelo "*jus soli*" ou critério da territorialidade, a nacionalidade de uma pessoa é determinada pelo local de nascimento, sendo considerados nacionais todos os que nascem no território daquele determinado Estado.

Vale ressaltar que por território entendem-se todos os locais onde o Estado exerce a sua soberania, inclusive aqueles locais abrangidos pela extraterritorialidade. Referido critério de aquisição da nacionalidade normalmente é adotado por países novos, como o Brasil, os Estados Unidos e a Argentina, que contaram com forte participação dos imigrantes em sua formação, tendo, por isso, interesse na absorção dos descendentes como componentes do elemento humano do Estado.

Pelo *"jus sanguinis"*, ou critério da consanguinidade, a nacionalidade de uma pessoa é determinada pela origem de seus ascendentes, sendo considerados nacionais todos os que possuem ascendentes da mesma nacionalidade, até um determinado grau. Tal critério é mais comumente adotado por países mais antigos e tradicionais, como a Itália, a França e o Japão, os quais atualmente não têm interesse de incorporar ao povo de seu Estado os descendentes das recentes correntes imigratórias.

2.2. Aquisição Secundária ou Adquirida

A pessoa vem a adquirir a nacionalidade de outro país durante a sua vida. Tal forma de aquisição resulta de um ato de vontade da pessoa que opta pela nacionalidade de um outro país, o que pode ocorrer pela naturalização, pelo casamento ou por qualquer outro critério admitido pela legislação interna de cada país.

3. POLIPÁTRIDAS E APÁTRIDAS

Polipátridas são as pessoas que possuem diversas nacionalidades. Tal situação é possível em razão de que cabe a cada Estado fixar os seus critérios de aquisição da nacionalidade. Assim, por exemplo, o filho de um francês com uma italiana nascido no Brasil terá, ao nascer, três nacionalidades diferentes: francesa, italiana e brasileira. Isto porque tanto a França quanto a Itália adotam o critério da consanguinidade (*jus sanguinis*), o que determina a nacionalidade da pessoa em função da nacionalidade de seus ascendentes, independentemente de nascimento. Já a nacionalidade brasileira seria adquirida em razão de a pessoa ter nascido em território brasileiro, uma vez que o Brasil adota o critério da territorialidade (*jus soli*). Já os apátridas são as pessoas que não possuem pátria. Como exemplo podemos citar o caso do filho de um casal originário de um país que só admite o critério da territorialidade, nascido no estrangeiro, em um país que só reconhece o critério da consanguinidade. Assim, o filho do casal ao nascer não possuirá nem a nacionalidade dos genitores nem a do país em que nasceu.

4. FORMAS DE AQUISIÇÃO DA NACIONALIDADE PRIMÁRIA BRASILEIRA

A Constituição brasileira, em seu art. 12, inciso I, estabelece quem são os brasileiros natos, ou seja, as pessoas que, ao nascerem, já possuem nacionalidade brasileira. Pela norma constitucional, são três formas de aquisição da nacionalidade originária brasileira:

a) *Nascidos na República Federativa do Brasil, ainda que de pais estrangeiros, desde que estes não estejam a serviço de seu país* – Essa primeira alínea estabelece o critério territorial (*jus soli*) para aquisição da nacionalidade originária brasileira, ou seja, quem nasce em território brasileiro, em regra, é brasileiro, mesmo que de pais estrangeiros. Nesse sentido, não importa a razão pela qual os pais encontram-se no Brasil, se de forma definitiva ou transitória, legal ou ilegal. Assim, os filhos de imigrantes, turistas ou estrangeiros em situação irregular, nascidos no Brasil, são brasileiros natos. A única exceção, estabelecida pela Constituição é quando os pais forem estrangeiros e um deles, ao menos, estiver a serviço de seu país. Trata-se do caso de filhos de embaixadores, cônsules e outros funcionários da representação diplomática estrangeira.

b) *Os nascidos no estrangeiro, de pai brasileiro ou mãe brasileira, desde que qualquer deles esteja a serviço da República Federativa do Brasil* - Essa segunda hipótese de aquisição da nacionalidade originária brasileira consiste, excepcionalmente, na utilização do critério do *jus sanguinis*, ou critério da consanguinidade, acrescido de estar um dos pais a serviço do Estado brasileiro. Assim, se o brasileiro estiver fora do país, mas a serviço de qualquer Ente público brasileiro, seu filho nascido fora do território nacional será considerado brasileiro nato, independentemente do local de nascimento.

c) *os nascidos no estrangeiro, de pai brasileiro ou mãe brasileira, desde que sejam registrados em repartição brasileira competente ou venham a residir na República Federativa do Brasil e optem, em qualquer tempo, depois de atingida a maioridade, pela nacionalidade brasileira* - A terceira hipótese de aquisição da nacionalidade originária brasileira também é *jus sanguinis,* acrescido do registro em repartição brasileira competente ou da residência em território nacional cumulada com a opção pela nacionalidade brasileira, em qualquer tempo, depois de atingida a maioridade. A redação desse dispositivo foi determinada pela Emenda Constitucional n. 54, de 20.09.2007.

O texto anterior, determinado pela Emenda Constitucional de Revisão n. 3, de 1994, era o seguinte: *os nascidos no estrangeiro, de pai brasileiro ou mãe brasileira, desde que sejam registrados em repartição brasileira competente ou venham a residir na República Federativa do Brasil e optem, em qualquer tempo, depois de atingida a maioridade, pela nacionalidade brasileira.* Já o texto original exigia que a pessoa viesse a residir no território nacional antes da maioridade.

A atual redação, ditada pela Emenda Constitucional n. 54/2007, veio a resolver um hiato constitucional causado pela redação anterior. Pela redação anterior, os filhos de brasileiros nascidos no estrangeiro, cujos pais se encontrassem fora do país sem ser a serviço do Brasil, não possuiriam a nacionalidade brasileira, nem a do país em que se encontrassem, caso este adotasse exclusivamente o critério da consanguinidade para a aquisição de nacionalidade. Seriam apátridas, enquanto não viessem a residir em território nacional e optassem pela nacionalidade brasileira, não estando sujeitos à proteção de nenhum país.

Com a atual redação, os filhos de brasileiros nascidos no estrangeiro poderão ser registrados em repartição brasileira competente, não havendo a necessidade de virem a residir no País.

5. FORMAS DE AQUISIÇÃO DA NACIONALIDADE SECUNDÁRIA BRASILEIRA

A Constituição brasileira só admite uma forma de aquisição da nacionalidade secundária brasileira: a naturalização. Com efeito, no Brasil não há previsão de aquisição da nacionalidade secundária por critérios tradicionalmente adotados em outros países, como o casamento.

5.1. Naturalização

A naturalização é o ato pelo qual uma pessoa adquire voluntariamente a nacionalidade de outro país, observadas as regras previstas internamente em cada Estado.

5.1.1. Formas de Naturalização Previstas no Brasil

A Constituição brasileira, em seu art. 12, inciso II, estabelece quem são os brasileiros naturalizados, fixando, em consequência, as formas de naturalização que podem ser: ordinária ou extraordinária:

a) *os que, na forma da lei, adquiriram a nacionalidade brasileira, exigidas aos originários de países de língua portuguesa apenas residência por um ano ininterrupto e idoneidade moral* - Essa modalidade de naturalização é chamada de naturalização ordinária, que é concedida aos estrangeiros que, na forma da lei, optam e requerem a nacionalidade brasileira, sendo que aos originários dos países de língua portuguesa somente é exigida a residência por um ano ininterrupto e idoneidade moral.

A matéria relativa à naturalização está disciplinada pela Lei n. 6.815/80 (Estatuto dos estrangeiros), que, em seu art. 112, estabelece quais são as condições necessárias para a concessão. Na naturalização ordinária, mesmo preenchidos os requisitos legais, a concessão da nacionalidade depende de ato discricionário do chefe do Poder Executivo.

b) *os estrangeiros de qualquer nacionalidade residentes na República Federativa do Brasil há mais de quinze anos ininterruptos e sem condenação penal, desde que requeiram a nacionalidade brasileira.* Essa forma de naturalização é chamada de extraordinária e é concedida aos estrangeiros residentes no País a mais de quinze anos ininterruptos e sem condenação penal, desde que requeiram a nacionalidade brasileira, sendo que, por se tratar de previsão constitucional, a legislação ordinária não pode estabelecer outros requisitos para a concessão da naturalização extraordinária. Essa hipótese dispensa, inclusive, a aprovação do chefe do Poder Executivo, tratando-se de direito subjetivo do interessado, haja vista que a própria Constituição outorgou tal direito a quem preencher os requisitos mencionados.

6. BRASILEIROS NATOS E NATURALIZADOS

De início, cumpre enfatizar que somente a Constituição pode estabelecer distinção entre brasileiros natos e naturalizados, conforme prevê o art. 12, § 2º. Nesse sentido, a Constituição prevê as seguintes hipóteses de tratamento diferenciado, a saber:

a) O § 3º, do art. 12, prevê expressamente que determinados cargos no Brasil são privativos de brasileiros natos, quais sejam: Presidente e Vice-Presidente da República, Presidente da Câmara dos Deputados, Presidente do Senado Federal, Ministro do Supremo Tribunal Federal, carreira diplomática, oficial das Forças Armadas e Ministro de Estado da Defesa. Essa distinção se justifica em função da relevância desses cargos para a segurança e a representação do País, tendo o constituinte optado por restringi-los às pessoas que não possuem vínculo com estados estrangeiros.
b) No tocante à extradição, não se admite a extradição de brasileiro nato em nenhuma hipótese, sendo que, em relação ao brasileiro naturalizado, este pode ser extraditado por crime cometido antes da aquisição da nacionalidade brasileira ou por comprovado envolvimento com tráfico de entorpecentes (CF, art. 5º, LI).
c) Para a composição do Conselho da República, somente brasileiros natos podem ser indicados como representante dos cidadãos, nos termos do art. 89, VII, da Constituição Federal.
d) A propriedade de empresa jornalística e de radiodifusão sonora e de sons e imagens é privativa de brasileiros natos ou naturalizados há mais de dez anos (CF, art. 222, *caput*).

7. PORTUGUESES RESIDENTES NO BRASIL

A Constituição brasileira, no § 1º, do art. 12, assegura aos portugueses com residência permanente no País, se houver reciprocidade em favor de brasileiros, os mesmos direitos inerentes a estes, salvo os casos previstos na própria Constituição. Trata-se de um tratamento diferenciado, estabelecido em relação aos portugueses, que se justifica em razão dos vínculos históricos que ligam Brasil e Portugal.

Nesse sentido, caso a pessoa de nacionalidade portuguesa requeira a nacionalidade brasileira, a ela são assegurados todos os direitos do brasileiro naturalizado, como, por exemplo, o acesso a cargos, empregos e funções públicas (art. 37, I), com exceção dos cargos especialmente relevantes, reservados para os brasileiros natos (art. 12, § 3º).

Tendo em vista a extensão dos direitos concedidos aos portugueses, este instituto é denominado de *quase-nacionalidade*. Nada obstante, esse regime constitucional de igualdade está subordinado a uma exigência da própria Constituição, que é a existência de reciprocidade em favor de brasileiros que residam de forma permanente em Portugal. Por reciprocidade entende-se a concessão recíproca de direitos. A Convenção sobre Igualdade de Direitos e Deveres entre Brasileiros e Portugueses foi promulgada pelo Decreto n. 70.391/72, tendo sido o texto recepcionado pela nova Constituição. A Constituição portuguesa contém um dispositivo semelhante para favorecer os brasileiros com residência permanente em Portugal.

8. PERDA DA NACIONALIDADE BRASILEIRA

A Constituição brasileira, além de prever as formas de aquisição da nacionalidade, estabelece as hipóteses de perda, que podem ocorrer de maneira necessária ou voluntária.

Nesse sentido, o § 4º, do artigo 12, estabelece que será declarada a perda da nacionalidade do brasileiro que:

a) *tiver cancelada sua naturalização, por sentença judicial, em virtude de atividade nociva ao interesse nacional*. Para o cancelamento da naturalização, que somente se dará por sentença judicial transitada em julgado, deverá o brasileiro estar comprovadamente envolvido com atividade nociva ao interesse nacional. Como exemplo desse tipo de atividade podemos citar a traição ao país em razão de atividades de espionagem ou de comprovado envolvimento com o tráfico de entorpecentes. Trata-se de hipótese de perda necessária da nacionalidade brasileira.

b) *adquirir outra nacionalidade, salvo nos casos: a) de reconhecimento de nacionalidade originária pela lei estrangeira; b) de imposição de naturalização, pela norma estrangeira, ao brasileiro residente em Estado estrangeiro, como condição para permanência em seu território ou para o exercício de direitos civis*. Nesse caso, o brasileiro naturalizado perderá a nacionalidade brasileira, caso adquira voluntariamente outra nacionalidade. Trata-se, portanto, de hipótese de perda voluntária. Essa hipótese se justifica, na medida em que a pessoa adquirente da nacionalidade de outro país deixa clara a sua opção por outra nacionalidade e a fragilidade de seu vínculo com o Brasil, por desapreço com o Estado brasileiro ou por absoluta indiferença com a condição de brasileiro. Nesse caso, a perda da nacionalidade resulta de um processo administrativo, em que é assegurado o direito de ampla defesa, competindo a decisão ao Presidente da República.

Deve-se ter presente que existem duas exceções à hipótese de perda da nacionalidade pela aquisição de outra nacionalidade, conforme mencionado acima, ambas inseridas no Texto Constitucional pela Emenda Constitucional de Revisão n. 3, de 1994.

A primeira exceção contempla o reconhecimento de nacionalidade originária estrangeira, o que não configura opção do brasileiro por adquirir outra nacionalidade, mas tão-somente o direito de ter reconhecido um vínculo originário. Trata-se de casos de brasileiros portadores de dupla ou, até mesmo, múltiplas nacionalidades originárias, em razão de sua ascendência ou do local de nascimento.

A segunda exceção consiste na imposição de naturalização ao brasileiro residente no estrangeiro, para que ele possa permanecer no território daquele país ou para o exercício de direitos civis. Nesse caso, da mesma forma da hipótese anterior, não se trata de um ato voluntário de aquisição de outra nacionalidade por parte do brasileiro, mas sim de uma circunstância de imposição, em que a aquisição de outra nacionalidade é condição para que o brasileiro possa permanecer no território de outro país onde ele reside ou para que possa exercer os direitos civis, não havendo possibilidade de escolha.

9. REAQUISIÇÃO DA NACIONALIDADE BRASILEIRA

Considerando que a Constituição brasileira estabelece as hipóteses de perda da nacionalidade, a legislação ordinária fixa duas hipóteses para a sua reaquisição, ambas disciplinadas na Lei n. 818/49, que regula a aquisição, perda e reaquisição da nacionalidade e a perda dos direitos políticos.

Com efeito, para cada hipótese de perda, existe uma de reaquisição. Vale ressaltar que essas hipóteses de reaquisição, muito embora disciplinadas em norma infraconstitucional, constituem normas recepcionadas pela Constituição brasileira, por estarem em harmonia com seus princípios e regras.

A primeira hipótese de reaquisição da nacionalidade refere-se ao caso em que o brasileiro naturalizado perde a nacionalidade brasileira, por sentença transitada em julgado, em razão de atividade nociva ao interesse nacional. Nesta situação, poderá a pessoa readquirir a nacionalidade mediante ação rescisória que desconstitua os efeitos da decisão judicial anterior. Trata-se de hipótese consentânea com as regras processuais vigentes no País e albergadas pela própria Constituição.

A segunda forma seria o caso do brasileiro, nato ou naturalizado, que perdeu a nacionalidade brasileira por ter adquirido a de outro país. Neste caso, poderá a pessoa recuperar a nacionalidade por decreto presidencial. Esta hipótese suscita uma controvérsia acerca da condição em que a pessoa readquire a nacionalidade, ou seja, se o brasileiro nato readquire a nacionalidade nesta situação, ou se terá a condição de naturalizado. Parte da doutrina defende que ao readquirir a nacionalidade, esta retorna nas mesmas condições; já outra corrente defende que o brasileiro nato que perde a nacionalidade, caso venha a readquiri-la, será na condição de naturalizado, já que teria passado à condição de estrangeiro com a perda da nacionalidade.

Em face dessa controvérsia, o Supremo Tribunal Federal tem-se posicionado no sentido de que o brasileiro readquire a nacionalidade nas mesmas condições que possuía anteriormente. Tal circunstância possui grande relevância para os efeitos de extradição requerida por Estado estrangeiro, já que a Constituição não admite a extradição de brasileiro nato em nenhuma hipótese.

CAPÍTULO 14

Tutela Constitucional das Liberdades

1. NOÇÕES GERAIS

Os remédios constitucionais, como são conhecidas as tutelas constitucionais das liberdades, são previstos para utilização quando há violação de algum direito fundamental assegurado na Constituição. Esses remédios, quando visam a provocar a atividade jurisdicional do Estado, também são denominados "*ações constitucionais*".

2. REMÉDIOS CONSTITUCIONAIS EM ESPÉCIE

Os remédios constitucionais previstos no texto constitucional de 1988 são os seguintes:

1) o *habeas corpus* (art. 5º, LXVIII);
2) o *habeas data* (art. 5º, LXXII);
3) o mandado de segurança individual (art. 5º, LXIX);
4) o mandado de segurança coletivo (art. 5º, LXX);
5) o mandado de injunção (art. 5º, LXXI);
6) a ação popular (art. 5º, LXXIII);
7) a ação civil pública (art. 129, III);
8) o direito de petição (art. 5º, XXXIV, "a");
9) o direito de certidão (art. 5º, XXXIV, "b").

3. *HABEAS CORPUS*

O inciso LXVIII, do art. 5º, da Constituição Federal, estabelece que "*conceder-se-á habeas corpus sempre que alguém sofrer ou se achar ameaçado de sofrer violência ou coação em sua liberdade de locomoção, por ilegalidade ou abuso de poder*".

Pelo enunciado do dispositivo constitucional, pode-se dizer que o *habeas corpus* consiste no remédio, ou ação constitucional, destinado à tutela da liberdade de locomoção, a ser utilizada sempre que alguém estiver sofrendo, ou ameaçado de sofrer constrangimento ilegal em seu direito de ir e vir. Trata-se, sem dúvida, do instrumento jurídico mais eficaz para fazer cessar uma prisão ilegal. Pela própria dicção da norma constitucional, observa-se que a concessão do *habeas corpus*, nos casos que se enquadrem no enunciado da norma, é imperativa, não havendo margem de discricionariedade para o magistrado em sua decisão, que está vinculado, à concessão da ordem.

O *habeas corpus* constitui, neste tom, uma das maiores conquistas em se tratando de direitos e garantias individuais, uma vez que visa à tutela de um dos valores mais caros do cidadão, que é a liberdade.

O procedimento a ser adotado nas ações de *habeas corpus* encontra-se estabelecido no Código de Processo Penal, em seus artigos 647 a 667. Trata-se de um rito especial, em que são dispensadas maiores formalidades, sempre em favor da liberdade de locomoção do cidadão. Já existiram casos, inclusive, de admissão de *habeas corpus* apresentado por telefone.

Conforme art. 5º, inciso LXXVII, trata-se de ação de aplicabilidade gratuita.

3.1. Origem

O instituto do *habeas corpus* remonta à Inglaterra antiga, sendo que a própria Magna Carta de 1215 já trazia a previsão de sua utilização. Posteriormente, em 1679, veio a ser promulgado, na própria Inglaterra, o *Habeas Corpus Act* como uma ordem de apresentação da pessoa acusada de um crime em juízo para verificação da legalidade da prisão, havendo, ainda, a promulgação de um segundo *Habeas Corpus Act* em 1816, o qual foi estendido a qualquer constrangimento ilegal à liberdade de locomoção.

No Brasil, a Constituição do Império de 1824 não trouxe a previsão de *habeas corpus*, sendo que este instrumento somente foi introduzido em 1832, com o Código de Processo Penal do Império. Em 1891 foi elevado à condição de garantia constitucional. A primeira Constituição republicana admitia-o na hipótese de um indivíduo "*sofrer ou se achar em iminente perigo de sofrer violência, ou coação, por ilegalidade, ou abuso de poder*". Observe-se que não havia na norma constitucional nenhuma menção à liberdade de locomoção, razão pela qual, durante a vigência daquela Carta Constitucional, a doutrina brasileira admitia a utilização do *habeas corpus* para inúmeros casos que implicavam em abuso de autoridade, não se limitando à restrição à liberdade de locomoção.

Somente com a reforma constitucional de 1926, foi restringida a amplitude dessa ação constitucional para a tutela da liberdade de locomoção, e os demais casos de violação de direitos por abuso de autoridade passaram, a partir da Constituição de 1934, a ser objeto de mandado de segurança.

3.2. Natureza Jurídica

Muito embora o *habeas corpus* esteja incluso no Código de Processo Penal, no capítulo referente aos recursos, possui ele natureza jurídica de ação constitucional, uma vez que conta com previsão expressa no Texto Constitucional, além de invocar-se em sua utilização a tutela jurisdicional do Estado para a proteção da liberdade de locomoção, a qual constitui uma garantia constitucional.

Há que se ressaltar que o *habeas corpus*, em razão de ter por objeto a tutela do direito de locomoção, pode ser utilizado tanto em questões criminais como civis, desde que haja constrangimento ilegal efetivo ou potencial ao direito de ir e vir.

3.3. Restrições

A própria Constituição Federal, em seu art. 142, § 2º, estabelece que "não caberá *habeas corpus* em relação a punições disciplinares militares". Isto se dá em razão das peculiaridades da hierarquia e da disciplina militar, sendo estendida essa disposição aos membros das Polícias Militares e dos Corpos de Bombeiros Militares (CF, art. 42 e § 1º).

Cabe ressaltar que, mesmo na hipótese de punição militar, caberá concessão de *habeas corpus* se a sanção tiver sido aplicada de forma ilegal: a) por autoridade incompetente; b) em desacordo com as formalidades legais; ou c) além dos limites fixados em lei.

3.4. Competência para Julgamento

Em regra, a competência para julgamento da ação de *habeas corpus* é da autoridade judiciária detentora de jurisdição, sobre a pessoa ou autoridade responsável pelo constrangimento ilegal imposto ao cidadão. Nada obstante, a própria Constituição prevê hipóteses de competência originária de tribunais superiores, conforme o cargo ocupado pela autoridade apontada como coatora ou paciente.

Nesse sentido, o art. 102, I, *d*, da Constituição, prevê os casos de competência originária do Supremo Tribunal Federal no julgamento de *habeas corpus*. Por sua vez, as hipóteses de competência originária do Superior Tribunal de Justiça estão elencadas no art. 105, I, *c*. Já as hipóteses de competência originária dos tribunais regionais federais estão mencionadas no art. 108, I, *d*, do Texto Constitucional. As constituições estaduais estabelecem casos de competência originária perante os tribunais de justiça.

3.5. As Partes na Ação de *Habeas Corpus*

As partes na ação de *habeas corpus* são as seguintes:

Impetrante (legitimidade ativa). É a pessoa que ingressa com a ação de *habeas corpus*, podendo ser qualquer pessoa, física ou jurídica, não sendo exigida para a sua propositura capacidade postulatória. Dessa forma, dispensa-se a juntada de procuração na ação impetrada em nome próprio ou de terceiro.

Paciente. O paciente é a pessoa em favor de quem é impetrada a ordem de *habeas corpus*. Trata-se da pessoa que está sofrendo ou na iminência de sofrer constrangimento ilegal em seu direito de ir e vir, podendo a ação ser impetrada em próprio favor, situação em que paciente e impetrante serão a mesma pessoa.

Autoridade coatora (legitimidade passiva). Autoridade coatora é a pessoa em relação a quem é impetrada a ordem de *habeas corpus*, apontada como responsável pela coação ilegal.

Vale ressaltar que a jurisprudência tem admitido *habeas corpus* impetrados contra atos de particulares, como diretores de estabelecimentos psiquiátricos, clínicas de repouso e donos de fazenda, desde que esteja havendo violação ao direito de locomoção da pessoa, a partir de ilegalidade ou abuso de poder.

3.6. Espécies de *Habeas Corpus*

O *habeas corpus* pode ser dividido em três espécies: liberatório, preventivo e de ofício. O *habeas corpus* liberatório consiste na ordem para fazer cessar o constrangimento à liberdade de locomoção já existente.

O *habeas corpus* preventivo é previsto para as hipóteses de ameaça ao direito de locomoção, situação em que é expedido um salvo-conduto, que é um documento emitido pela autoridade competente, com a finalidade de impedir que a pessoa venha a sofrer restrição ao seu direito de ir e vir.

Já o *habeas corpus* de ofício é concedido pela autoridade judicial, sem pedido, quando verificar, no curso de um processo, que alguém está sofrendo ou na iminência de sofrer constrangimento ilegal em sua liberdade de locomoção (CPP, art. 654, § 2º).

4. *HABEAS DATA*

O *habeas data* é o remédio ou ação constitucional criada para a tutela do direito de informação e de intimidade do indivíduo, assegurando a este o conhecimento de informações relativas à sua pessoa, constantes de banco de dados de entidades governamentais ou abertas ao público, bem como o direito de retificação desses dados. É o que dispõe o inciso LXXII, do art. 5º, da Constituição Federal: "conceder-se-á *habeas data*: a) para assegurar o conhecimento de informações relativas à pessoa do impetrante, constantes de registros ou bancos de dados de entidades governamentais ou de caráter público; b) para a retificação de dados, quando não se prefira fazê-lo por processo sigiloso, judicial ou administrativo".

Observe-se que o *habeas data* pode ser utilizado tanto para o conhecimento de informações relativas à pessoa quanto para retificação dessas informações, sendo que qualquer pessoa, física ou jurídica, brasileira ou estrangeira, pode ingressar com ação de *habeas data*.

Por se tratar de ação de natureza personalíssima, somente podem ser solicitadas informações pessoais. Apenas a própria pessoa tem o direito de acesso a informações que lhe são particulares, em razão da necessidade de respeito ao direito de intimidade. Somente em situações excepcionais admitem-se que terceiros ingressem com esse tipo de ação, como no caso de herdeiro ou de cônjuge de pessoa falecida ou sem condições de manifestar sua vontade.

De outro lado, o manuseio do *habeas data* só é válido caso tenha havido recusa por parte da entidade governamental de prestar as informações solicitadas, ou hajam decorridos mais de dez dias sem decisão, ou, ainda, caso a autoridade tenha-se recusado a fazer a retificação, anotação da justificação ou do decurso de mais de quinze dias sem decisão (Lei n. 9.507/97, art. 8º, I e II). Assim, não existindo resistência, na fase administrativa prévia do procedimento, não se caracteriza a lide que justifica o ajuizamento da ação.

Por fim, vale ressaltar que a Lei n. 9.507/97, em seu art. 1º, caracteriza como de caráter público "*todo registro ou banco de dados contendo informações que sejam ou que possam ser transmitidas a terceiros ou que não sejam de uso privativo do órgão ou entidade produtora ou depositária da informação*". Assim, possuem legitimidade passiva, para essa ação, empresas de cadastramento, de proteção ao crédito, de divulgação de dados profissionais, como, por exemplo, o Serviço de Proteção ao Crédito - SPC, Telecheque e a Serasa.

4.1. Origem

Trata-se de nova forma de tutela jurídica, introduzida pela Constituição de 1988, tendo surgido devido aos anos de autoritarismo vividos pelo País, em que os bancos de dados governamentais contendo informações de cidadãos eram comuns, sem que fosse permitido o acesso das pessoas a essas informações, e tampouco a possibilidade de retificá-las quando incorretas. Tal situação propiciava todo tipo de perseguições em razão de convicções políticas, filosóficas, ideológicas e religiosas dos indivíduos. Foi diante desse cenário que o constituinte de 1988 resolveu criar, no Brasil, uma forma de garantia específica para a tutela do direito de informação, buscando preservar, de outro lado, a intimidade da pessoa, uma vez que determinadas informações, de caráter personalíssimo, como a convicção religiosa, política ou a orientação sexual, não devem fazer parte de banco de informações públicos.

4.2. Finalidade

Pelo próprio enunciado da norma constitucional (art. 5º, LXXII), pode-se observar que o *habeas data* possui dupla finalidade. A primeira é o conhecimento das informações pessoais, e a segunda, a possibilidade de retificação de informações errôneas que constem dos registros de dados. O *habeas data* encontra-se regulamentado pela Lei n. 9.507/97, que dispõe sobre o direito de acesso a informações e disciplina o rito processual dessa ação constitucional.

Referida norma admite, ainda, uma terceira hipótese de concessão nos casos de "anotação nos assentamentos do interessado, de contestação ou explicação sobre dado verdadeiro, mas justificável e que esteja sob pendência judicial ou amigável" (art. 7º, III).

4.3. Restrições

A própria Constituição, no art. 5º, inciso XXXIII, ao dispor sobre o direito à informação, ressalva expressamente aquelas informações "*cujo sigilo seja imprescindível à segurança da sociedade e do Estado*". Nesse sentido, deve-se entender que tal disposição configura uma restrição ao acesso à informação, não cabendo a concessão da ordem de *habeas data* relativamente às informações cujo sigilo seja imprescindível à segurança da sociedade e do próprio Estado.

Parte da doutrina entende que, em matéria de direito individual, não há como se utilizar interpretação restritiva, razão pela qual todas as informações relativas ao indivíduo deveriam ser abertas ao impetrante.

5. MANDADO DE SEGURANÇA

Mandado de segurança é o remédio ou ação constitucional prevista para a tutela de direitos individuais líquidos e certos, não amparados por *habeas corpus* ou *habeas data*, e quando o responsável pela ilegalidade ou pelo abuso de poder for autoridade pública ou agente de pessoa jurídica no exercício de atribuições do Poder Público. É o que dispõe o inciso LXIX, do art. 5º: "conceder-se-á mandado de segurança para proteger direito líquido e certo, não amparado por *habeas corpus* ou *habeas data*, quando o responsável pela ilegalidade ou abuso de poder for autoridade pública ou agente de pessoa jurídica no exercício de atribuições do Poder Público".

Trata-se de ação de natureza residual, tendo em vista que somente terá cabimento quando o direito lesado não for amparado por *habeas corpus* ou por *habeas data*.

O mandado de segurança é regulamentado pela pela Lei nº 12.016, de 07.08.2009

5.1. Origem

Pela Constituição de 1891, o *habeas corpus* era previsto para a hipótese de um indivíduo "sofrer ou se achar em iminente perigo de sofrer violência, ou coação, por ilegalidade, ou abuso de poder", não havendo na norma constitucional nenhuma menção à liberdade de locomoção, o que fazia com que o instituto fosse utilizado de forma ampla para a tutela de todo e qualquer tipo de direito individual, contra ilegalidade ou abuso de poder de autoridade, não se restringindo ao direito de livre locomoção.

Somente com a reforma constitucional de 1926 foi restringida a amplitude do *habeas corpus* para a tutela da liberdade de locomoção, emergindo a necessidade de criação de novo instituto hábil a tutelar os demais direitos individuais, o que somente aconteceu a partir da Constituição de 1934, quando se criou o mandado de segurança. Trata-se de uma criação constitucional brasileira.

Esta ação foi suprimida na Carta de 1937 e reintroduzida em nosso ordenamento jurídico pelo Texto Constitucional de 1946.

5.2. Objeto

O mandado de segurança, conforme provisão do art. 5º, LXIX, tem por objeto a tutela de todos os direitos líquidos e certos, não amparados por *habeas corpus* ou *habeas data*. Trata-se, pois, de ação de natureza residual.

O mandado de segurança é cabível contra o chamado "ato de autoridade", o qual é entendido como qualquer ação ou omissão do Poder Público, por meio de seus agentes, no desempenho de suas atribuições públicas. Assim, quando deste ato resultar lesão ou ameaça de lesão a direito líquido e certo, dá-se ao cidadão a prerrogativa de manusear o mandado de segurança.

5.2.1. Direito Líquido e Certo

Por direito líquido e certo entende-se aquele que pode ser prontamente comprovado por documentos, já no momento da impetração do mandado de segurança, não sendo necessária a produção de mais nenhum tipo de prova, mesmo porque não se admite no mandado de segurança a abertura de instrução probatória, devendo a prova ser toda pré-constituída.

Nesse sentido, todos os documentos comprobatórios do direito do impetrante devem acompanhar a petição inicial, a não ser que essa evidência se ache em repartição ou em poder de autoridade que se recuse a fornecê-lo por certidão (Lei nº 12.016/2009, art. 6º, § 1º). Nesse caso, o juiz ordenará, preliminarmente, por ofício, e exibição desse documento, no original ou por cópia autêntica, no prazo de 10 dias.

5.3. Espécies

O mandado de segurança pode ser *repressivo*, quando visa cessar um constrangimento ilegal já existente; ou *preventivo*, que tem por finalidade encerrar uma situação de ameaça ou de iminente constrangimento ilegal a direito líquido e certo.

5.4. Partes

As partes no mandado de segurança são as seguintes:

O *impetrante* é a pessoa, física ou jurídica, que ingressa em juízo com a ação e que esteja sofrendo ou na iminência de sofrer ilegalidade ou abuso de poder por parte de autoridade pública, em direito líquido e certo. É o titular do direito líquido e certo, violado ou ameaçado.

O *impetrado ou autoridade coatora* é a pessoa contra quem é proposto o mandado de segurança, ou seja, a autoridade ou agente de pessoa jurídica, no exercício de atribuições do Poder Público, responsável pela violação ou ameaça de violação de direito líquido e certo.

Deve-se realçar que, em regra, somente é admissível a impetração de mandado de segurança contra ato de autoridade pública, entendendo-se como tal qualquer pessoa que exerça alguma função pública com poder de decisão, ou de algum agente de pessoa jurídica, no exercício de atribuições do Poder Público, o que pode abranger qualquer pessoa com poder de decisão em autarquias, entidades paraestatais ou concessionários de serviços públicos quando em exercício de atribuições do Poder Público.

O STF tem admitido mandado de segurança impetrado contra pessoa jurídica de direito público.

5.5. Competência para Julgamento

A competência para o julgamento do mandado de segurança depende diretamente da autoridade indicada como coatora na ação. Em regra, será competente para processar e julgar o mandado de segurança o juiz do lugar onde foi praticado o ato lesivo, seja da Justiça Estadual (comum), seja da Justiça Federal, a depender da autoridade coatora, se sujeita à jurisdição estadual ou federal.

A Constituição criou algumas regras específicas de competência para o mandado de segurança, a saber:

- O art. 102 dispõe: "Compete ao Supremo Tribunal Federal (...) I – processar e julgar, originariamente: (...) d) (...) o mandado de segurança ... contra atos do Presidente da República, das Mesas da Câmara dos Deputados e do Senado Federal, do Tribunal de Contas da União, do Procurador-Geral da República e do próprio Supremo Tribunal Federal. (...) II – julgar, em recurso ordinário: (...) o mandado de segurança (...) decididos em única instância pelos Tribunais Superiores, se denegatória a decisão".
- O art. 105 dispõe que compete ao Superior Tribunal de Justiça, "I – processar e julgar, originariamente: (...) b) os mandados de segurança .... contra atos de Ministro de Estado, dos Comandantes da Marinha, do Exército e da Aeronáutica ou do próprio Tribunal". E julgar em recurso ordinário, "b) os mandados de segurança decididos em única instância pelos Tribunais Regionais Federais ou pelos tribunais dos Estados, do Distrito federal e Territórios, quando denegatória a decisão".
- O art. 108 estabelece que compete aos Tribunais Regionais Federais, "I – processar e julgar, originariamente: (...) c) os mandados de segurança ... contra ato do próprio Tribunal ou de juiz federal".
- O art. 109 estabelece que é de competência dos juízes federais processar e julgar, "VIII – os mandados de segurança ... contra ato de autoridade federal, excetuados os casos de competência dos tribunais federais".
- O art. 114 estabelece que compete à Justiça do Trabalho processar e julgar, "IV – os mandados de segurança (...), quando o ato questionado envolver matéria sujeita à sua jurisdição".

5.6. Prazo para Impetração

De acordo com o art. 23, da Lei nº 12.016/2009, o prazo para impetração do mandado de segurança é de cento e vinte dias, contados da ciência do ato que se pretende impugnar. Após esse prazo, ocorre a decadência do direito de impetrar essa ação.

Neste caso, o titular do direito violado não mais poderá lançar mão desse remédio constitucional, devendo buscar a satisfação de seu direito pelas vias ordinárias, uma vez que a decadência do direito de impetrar o mandado de segurança não implica na perda do direito material.

6. MANDADO DE SEGURANÇA COLETIVO

O mandado de segurança coletivo é o remédio ou ação constitucional prevista para a tutela de direitos coletivos líquidos e certos, não amparados por *habeas corpus* ou *habeas data*, quando o responsável pela ilegalidade for autoridade pública ou agente de pessoa jurídica no exercício de atribuições do Poder Público. Trata-se do mesmo conceito do mandado de segurança individual, com a diferença de que visa à tutela de direitos coletivos e não individuais. Essa ação encontra-se prevista no inciso LXX, do art. 5º, da Constituição Federal.

6.1. Objeto

O mandado de segurança coletivo, que constitui mais uma inovação do constituinte de 1988, tem por objeto a tutela de direitos coletivos líquidos e certos. E o que são direitos coletivos? Por direitos coletivos entendem-se todos aqueles previstos para a proteção de determinadas categorias, grupos ou classes de pessoas, coletivamente consideradas, como a de consumidores, por exemplo.

De acordo com o parágrafo único, do art. 21, da Lei nº 12.016/2009, os direitos protegidos pelo mandado de segurança coletivo pordem ser: I - coletivos, assim entendidos, para efeito desta Lei, os transindividuais, de natureza indivisível, de que seja titular grupo ou categoria de pessoas ligadas entre si ou com a parte contrária por uma relação jurídica básica; II - individuais homogêneos, assim entendidos, para efeito desta Lei, os decorrentes de origem comum e da atividade ou situação específica da totalidade ou de parte dos associados ou membros do impetrante

6.2. Características

O mandado de segurança coletivo possui duas características principais, que são as seguintes:

a) atribuição de legitimidade processual para órgãos coletivos, como sindicatos, entidades de classe etc., para a defesa dos interesses de seus membros, o que se dá mediante o instituto da substituição processual;
b) utilização desse remédio constitucional para a proteção de interesses coletivos.

6.3. Legitimidade Ativa

A Constituição Federal, no art. 5º, inciso LXX, dispõe que "o mandado de segurança coletivo pode ser impetrado por: a) partido político com representação no Congresso Nacional; b) organização sindical, entidade de classe ou associação legalmente constituída e em funcionamento há pelo menos um ano, em defesa do interesse de seus membros ou associados".

Em se tratando de legitimidade ativa no mandado de segurança coletivo, cabe destacar que o Supremo Tribunal Federal e o Superior Tribunal de Justiça têm adotado entendimento bastante restritivo em relação aos legitimados para essa impetração, sobretudo em relação aos partidos políticos, cuja legitimidade só tem sido admitida para a defesa de seus afiliados, no tocante aos direitos políticos e eleitorais, não sendo admitida a impetração dessa ação para a defesa de interesses coletivos da sociedade.

6.4. Efeitos da Decisão

A decisão no mandado de segurança coletivo produz efeito *erga omnes*, ou seja, contra todos, salvo se for julgada improcedente por falta de provas. Vale ressaltar que, conforme entendimento majoritário, aplicam-se em relação aos efeitos da decisão as mesmas regras aplicáveis à ação civil pública.

7. MANDADO DE INJUNÇÃO

O mandado de injunção, previsto no inciso LXXI, do art. 5º, da Constituição, consiste no remédio ou ação constitucional que se destina à tutela de direitos previstos, na Constituição, inerentes à nacionalidade, à soberania e à cidadania que não possam ser exercidos em razão da falta da norma reguladora.

Trata-se de ação que visa a suprir a omissão do legislador em relação à elaboração de normas que possibilitem o exercício dos direitos fundamentais inerentes à nacionalidade, à soberania e à cidadania.

7.1. Pressupostos

Para a concessão de mandado de injunção, há necessidade de preenchimento de dois pressupostos básicos, quais sejam:

a) a existência de um direito previsto na Constituição inerente à nacionalidade, soberania e cidadania não-autoaplicável;
b) ausência de norma infraconstitucional regulamentadora que inviabilize o exercício do direito previsto na Constituição.

7.2. Finalidade

O mandado de injunção tem por finalidade tornar efetivo um direito assegurado, na Constituição, não autoaplicável, inerente à nacionalidade, soberania e cidadania, caso haja omissão do legislativo na elaboração da norma regulamentadora. Pode ser manuseado para a tutela, tanto de direitos individuais como de direitos coletivos.

O Supremo Tribunal Federal já teve a oportunidade de deferir mandado de injunção coletivo, sendo que, de outro lado, a mesma Corte não admitiu mandado de injunção, impetrado por pessoa jurídica de direito público, por entender que essa ação tem por finalidade atender a situações que digam respeito a direitos fundamentais, como dignidade, liberdade e igualdade da pessoa humana, e não qualquer outro direito previsto na Constituição e que não tenha sido regulamentado pelo Estado.

7.3. Origem

O mandado de injunção constitui mais uma inovação introduzida pela Constituição brasileira de 1988. Referido instituto possui alguma semelhança com a ação de inconstitucionalidade por omissão, com a qual, todavia, não se confunde, conforme já tivemos oportunidade de expor no capítulo atinente ao controle de constitucionalidade.

Parte da doutrina defende que a origem dessa modalidade de ação estaria no direito inglês e no norte-americano, países que adotam o sistema da *common law*. O *writ of injunction*, dentro daquele sistema, consiste em uma ordem judicial que determina a alguém que se abstenha de fazer ou continuar a produzir algo, tendo em vista a potencial ocorrência de um dano irreparável. Há quem defenda que a sua origem próxima estaria na Constituição portuguesa.

A dificuldade encontrada para a efetivação do mandado de injunção no Brasil (até hoje não foi regulamentado) está justamente no sistema jurídico do País, que, diferentemente da *common law*, adota um sistema de origem romano-germânica (*civil law*), em que o direito é eminentemente positivado, o que faz com que uma decisão do Judiciário, em sede de mandado de injunção, possa implicar em interferência deste Poder no Poder Legislativo, contrariando o princípio da independência dos poderes.

7.4. Partes

O mandado de injunção possui as seguintes partes:

a) *no polo ativo (legitimação ativa)* – O mandado de injunção pode ser impetrado por qualquer pessoa, física ou jurídica, titular de direito previsto, na Constituição, inerente à nacionalidade, à soberania ou à cidadania, que não possa ser exercido por falta de norma infraconstitucional regulamentadora. Nesse sentido, tem legitimidade para propositura o titular do direito individual, ou o sindicato, ou associação que congregue interesses coletivos ou comuns;

b) *no polo passivo (legitimidade passiva)* – O mandado de injunção deve ser impetrado contra a pessoa ou órgão responsável pela omissão normativa, que inviabilize a concretização do direito previsto na Constituição. Tratando-se de inércia legislativa, a ação terá como réu o próprio Poder Legislativo da respectiva esfera da Federação. Tratando-se de projeto de que dependa de iniciativa reservada, seja do Presidente da República, seja de tribunal, a medida deverá ser oferecida contra autoridade ou órgão que deixar de cumprir obrigação constitucional. O Supremo Tribunal Federal não tem admitido a impetração de mandado de injunção contra particulares, não havendo sequer a possibilidade de litisconsórcio passivo, seja necessário, seja facultativo, entre particulares e autoridades públicas ou entes estatais.

7.5. Regulamentação

Muito embora ainda não tenha sido regulamentado o mandado de injunção no Brasil, o Supremo Tribunal Federal tem apreciado e concedido ação dessa natureza, independentemente da elaboração de uma lei específica que o regulamente, tendo em vista o instituto ser considerado um direito autoaplicável.

Assim, diante da ausência de lei regulamentadora, para o mandado de injunção tem-se adotado o procedimento previsto na Lei n. 1.533/51 (atual lei nº 12.016/2009), que é o procedimento do mandado de segurança, tendo em vista o disposto na Lei n. 8.038/90 que, em seu art. 24, parágrafo único, estabeleceu que, no mandado de injunção, serão observadas, no que couber, as normas do mandado de segurança, enquanto não editada lei específica.

7.6. Natureza Jurídica e Efeitos das Decisões

Considerando a ausência de lei específica que venha regulamentar a natureza e os efeitos da decisão proferida no mandado de injunção, tem ficado a cargo da doutrina e da jurisprudência do Supremo Tribunal Federal fixar o alcance da decisão proferida em relação a esse remédio constitucional. Nesse sentido, durante muito tempo o entendimento do Supremo Tribunal Federal era de que a decisão possuía um caráter restritivo, no sentido de que a ordem somente deveria ser concedida para o efeito de declarar o Congresso Nacional em mora, notificando-se aquela Casa acerca da omissão legislativa, para que o Poder Legislativo tomasse as providências cabíveis para suprir a omissão.

Esse posicionamento, contudo, veio evoluindo na Corte, e atualmente tem prevalecido o entendimento de que a ordem no mandado de injunção possui um caráter mandamental, tendo o Tribunal agido no sentido de buscar "soluções 'normativas' para a decisão judicial como alternativa legítima de tornar a proteção judicial efetiva".[21]

21 MI 670 / ES - ESPÍRITO SANTO - MANDADO DE INJUNÇÃO - Relator(a): Min. MAURÍCIO CORRÊA - Relator(a) p/ Acórdão: Min. GILMAR MENDES - Julgamento: 25/10/2007 - Órgão Julgador: Tribunal Pleno.

Assim, em caso de deferimento do mandado de injunção, além de se notificar a Casa Parlamentar da mora na regulamentação do direito, estabelecendo-se prazo para que a omissão seja suprida, estabelece-se a regulamentação a ser atribuída ao caso concreto para dotar de efetividade o exercício do direito que se busca regulamentar.

8. AÇÃO POPULAR

A ação popular consiste na ação constitucional colocada à disposição do cidadão para a tutela do patrimônio público ou de entidade de que o Estado participe, da moralidade administrativa, do meio ambiente e do patrimônio histórico e cultural, mediante a anulação do ato lesivo.

Nesse sentido, dispõe o inciso LXXIII que "qualquer cidadão é parte legítima para propor ação popular que vise a anular ato lesivo ao patrimônio público ou de entidade de que o Estado participe, à moralidade administrativa, ao meio ambiente e ao patrimônio histórico e cultural, ficando o autor, salvo comprovada má-fé, isento de custas judiciais e do ônus da sucumbência".

Trata-se de importante conquista da sociedade com a Constituição de 1988, tendo em vista possibilidade outorgada ao próprio cidadão de pleitear a tutela jurisdicional para a preservação de interesses coletivos. A ação popular encontra-se disciplinada pela Lei n. 4.717/65.

8.1. Finalidade

A ação popular tem como finalidade imediata a tutela do patrimônio público ou de entidade de que o Estado participe, da moralidade administrativa, do meio ambiente e do patrimônio histórico e cultural, a partir da anulação do ato lesivo por iniciativa do próprio cidadão.

Pode-se dizer que a ação popular, nesse sentido, tornou todo cidadão parte legítima para a fiscalização dos atos do Poder Público, podendo, para tanto, pleitear, inclusive, a anulação de atos lesivos aos interesses públicos, envolvendo qualquer das hipóteses previstas na norma.

8.2. Objeto

O objeto da ação popular consiste em qualquer ato, do Poder Público, ilegal e lesivo ao patrimônio público, à moralidade administrativa, ao meio ambiente e ao patrimônio histórico e cultural. A Constituição de 1988 ampliou o objeto da referida ação, incluindo as tutelas da moralidade administrativa e do meio ambiente.

8.3. Pressupostos

Para a propositura da ação popular, é necessário o preenchimento de três pressupostos básicos:

a) ostentar o autor a condição de eleitor. Vale dizer que a ação popular somente poderá ser proposta por quem detiver a condição de eleitor, ou seja, por pessoa que possua a nacionalidade brasileira e que esteja no gozo dos direitos políticos, sendo que a comprovação da condição de eleitor se dá pela apresentação do título de eleitor;
b) o ato impugnado pela ação popular, do qual se pleiteia a anulação, deve configurar ato contrário ao ordenamento jurídico;
c) o ato impugnado, além de ser ilegal, deve ser lesivo ao patrimônio público.

8.4. Moralidade Administrativa

A moralidade administrativa compreende um padrão de comportamento moral e ético do administrador público que vai além do respeito à lei em si, exigindo que todo administrador em sua atividade seja norteado por valores morais consagrados pelo ordenamento jurídico, seja de forma explícita, seja de forma implícita.

8.5. Partes

A ação popular possui as seguintes partes:

a) *no polo ativo (legitimação ativa)* – A ação pode ser ajuizada por qualquer cidadão que ostente a condição de eleitor, o que se comprova pela apresentação do título de eleitor. Conforme já decidido pelo Supremo Tribunal Federal, não possui a pessoa jurídica legitimidade para a propositura desse tipo de ação. Vale ressaltar que, havendo a desistência da ação por parte do cidadão, pode qualquer outro cidadão, ou o Ministério Público, prosseguir com a ação;
b) *no polo passivo (legitimidade passiva)* – Podem ser réus na ação popular as pessoas jurídicas de direito público e privado, em nome das quais foi praticado o ato; as autoridades públicas, funcionários e administradores que houverem concorrido para o ato ilegal impugnado; e os beneficiários do ato ilegal impugnado.

Cumpre ressaltar que o Ministério Público, nada obstante o objeto da ação popular, não possui legitimidade para a propositura dessa modalidade de ação, somente podendo participar do polo ativo caso o autor popular desista da ação, situação em que o Ministério Público poderá prosseguir com a ação. Ao Ministério Público compete, ainda, o acompanhamento da ação, manifestando-se, ao final, pela sua procedência ou não.

9. AÇÃO CIVIL PÚBLICA

A ação civil pública, prevista no art. 129, inciso III, da Constituição Federal, consiste no remédio ou ação constitucional que se destina à tutela do patrimônio público e social, do meio ambiente e de outros interesses difusos e coletivos. Trata-se de norma inserida na Constituição de 1988, entre as atribuições do Ministério Público, de forma não privativa.

9.1. Objeto

A ação civil pública tem por objeto a tutela dos interesses difusos e coletivos da sociedade, sendo que o Texto Constitucional tornou explícita a proteção do patrimônio público e social e do meio ambiente. A ação civil pública é disciplinada pela Lei n. 7.347/85, e após a sua edição e, em especial, após a promulgação da Constituição de 1988, várias outras leis foram elaboradas visando à proteção de interesses difusos e coletivos, chamados transindividuais, elastecendo sobremaneira o objeto da ação.

Assim, a ação civil pública atualmente, além da defesa dos direitos expressamente citados no texto da Lei n. 7.347/85, como o direito do consumidor, dos bens e direitos de valor artístico, estético, histórico, turístico, paisagístico, a ordem urbanística e a ordem econômica, abrange, ainda, de maneira não taxativa, outros interesses difusos e coletivos, como os de investidores no mercado de valores mobiliários (Lei n. 7.913/89), de crianças e adolescentes (Lei n. 8.069/90), de pessoas portadoras de deficiência (Lei n. 7.853/89), contra atos de improbidade administrativa (Lei n. 8.429/92), como também o próprio Código de Defesa do Consumidor (Lei n. 8.078/90). Ressalte-se que não se trata de rol taxativo, podendo outros direitos ser objeto de proteção via ação civil pública, como a proteção do idoso, dos direitos humanos, da saúde pública, entre outros.

O Código de Defesa do Consumidor, em seu art. 110, promoveu algumas alterações na lei da ação civil pública, incluindo o inciso IV ao artigo 1º da lei, estendendo a proteção a "*qualquer outro interesse difuso ou coletivo*". Além disso, foi incluída, pelo mesmo CDC, a proteção via ação civil pública de interesses individuais de caráter homogêneo.

Embora a ação civil pública possua objeto semelhante ao da ação popular, estas duas ações constitucionais não se confundem, mormente em razão da legitimidade para a propositura da demanda.

9.2. Partes

A ação civil pública possui as seguintes partes:

a) *no polo ativo (legitimação ativa)* - A ação civil pública pode ser proposta pelas seguintes pessoas: Ministérios Públicos federal e estaduais; pessoas jurídicas de direito público interno (União, Estados, Distrito Federal e Municípios) e por suas entidades paraestatais; e por associações, constituídas há mais de um ano, que tenham por finalidade a proteção de interesses difusos e coletivos;

b) *no polo passivo (legitimação passiva)* – Possuem legitimidade passiva para a ação civil pública tanto as pessoas e órgãos da Administração Pública como pessoas físicas e jurídicas particulares, desde que tenham praticado algum ato potencialmente lesivo a um interesse difuso ou coletivo, passivo de tutela via ação civil pública.

Vale ressaltar que o Ministério Público deverá intervir obrigatoriamente em todas as ações civis públicas, seja como parte, seja como fiscal da lei (*custos legis*).

10. DIREITO DE PETIÇÃO

O direito de petição encontra-se previsto no inciso XXXIV, "a", do art. 5º, da Constituição Federal, o qual prevê: "São a todos assegurados, independentemente do pagamento de taxas: a) o direito de petição aos Poderes Públicos em defesa de direitos ou contra ilegalidade ou abuso de poder;..."

Pode-se dizer que tal direito consiste na possibilidade de qualquer pessoa peticionar aos órgãos do Poder Público, formulando pedidos em defesa de direitos, bem como reclamações contra atos abusivos ou ilegais cometidos por agentes ou órgãos do Estado.

Trata-se de um instrumento mais imediato, e por vezes mais célere, de solução de pendências com a Administração Pública, sem a necessidade de provocação do Poder Judiciário. Tal direito decorre do princípio de que o Estado, como servidor do cidadão, não pode postar-se de forma alheia às suas reivindicações ou reclamações, tendo o dever de prestar todas as informações solicitadas.

10.1. Legitimidade Ativa

O direito de petição, por representar uma garantia individual, prevista no artigo 5º, da Constituição, pode ser exercido por qualquer pessoa atingida por alguma ilegalidade ou abuso de poder cometido por agentes do Estado, seja física, seja jurídica, seja nacional, seja estrangeiro, tendo o órgão do Estado o dever de prestar os esclarecimentos solicitados.

10.2. Exercício

Em geral, não há uma forma preestabelecida para que possa ser exercido o direito de petição, havendo apenas a exigência de requisitos mínimos, como a apresentação do pedido de forma escrita; que seja dirigido à autoridade responsável pela prestação da informação, e que contenha a identificação do peticionário. Vale ressaltar que não se admite a apresentação de denúncias ou representações perante o Poder Público de forma anônima, sendo que a própria Constituição resguarda a liberdade de manifestação, mas veda o anonimato.

11. DIREITO DE CERTIDÃO

O direito de certidão encontra previsão no inciso XXXIV, "b", do art. 5º, da Constituição Federal, e consiste no direito à "obtenção de certidões em repartições públicas, para a defesa de direitos e esclarecimento de situações de interesse pessoal".

Assim, com base no direito de certidão, a todo cidadão é dado obter do Estado todas as informações que lhe são necessárias à defesa de um direito ou ao esclarecimento de uma situação pessoal, o que se dá por meio de um documento expedido pela repartição estatal competente. Pode dizer que se trata de uma decorrência do direito de petição e do direito de informação igualmente assegurados pela Constituição.

11.1. Pressupostos

A doutrina menciona alguns pressupostos ao exercício do direito de certidão, que são:

a) a existência de um interesse legítimo, sendo que somente se admite a expedição de certidões relativas a situações de interesse do próprio requerente;
b) a ausência de sigilo em relação às informações que se pleiteia. Isto porque o pedido deve ser compatibilizado com a norma constitucional que trata do sigilo das informações consideradas imprescindíveis à segurança da sociedade e do Estado;
c) a informação deve ser passível de certificação pelo órgão estatal, sendo que somente os atos administrativos e judiciais, em regra, podem ser objeto da certidão, assim como a Administração somente poderá certificar as informações constantes de seus registros;
d) deve haver a indicação da finalidade do pedido, ou seja, devem ser esclarecidas, no pedido de informações, as razões da pessoa para a solicitação da certidão, conforme estabelece o art. 2º, da Lei n. 9.051/95, que dispõe sobre a expedição de certidão para a defesa de direitos e esclarecimento de situações.

11.2. Prazo

De acordo com o artigo 1º, da Lei n. 9.051/95, os órgãos da administração têm o prazo improrrogável de quinze dias para a expedição da certidão, contados do registro do pedido no órgão expedidor. Vencido este prazo, restaria caracterizada a violação de direito líquido e certo do cidadão, pela omissão do Poder Público, podendo a pessoa valer-se do mandado de segurança ou do *habeas data*, conforme a natureza do pedido formalizado.

CAPÍTULO 15

Ordem Econômica e Financeira

1. NOÇÕES GERAIS

A Ordem econômica e financeira representa o conjunto de normas constitucionais que visam à regulamentação das relações econômicas e financeiras no âmbito da sociedade, regulando tanto a relação entre particulares quanto destes com o Estado.

Segundo Uadi Lammêgo Bulos, o objetivo desse conjunto de normas "é organizar os elementos ligados à distribuição efetiva de bens, serviços, circulação de riquezas e uso da propriedade".

2. FUNDAMENTOS DA ORDEM ECONÔMICA NO BRASIL

A ordem econômica no Brasil, conforme preceitua o art. 170 da Constituição, funda-se na valorização do trabalho humano e na livre iniciativa, e tem por fim assegurar a todos uma existência digna, de acordo com os ditames da justiça social.

Como regra geral, estabelece a Constituição o livre exercício da atividade econômica no País pelo particular, independentemente de autorização governamental e desde que observados os princípios gerais previstos na própria Constituição. Vale dizer que a Constituição consagra a chamada economia de mercado, de natureza capitalista, uma vez que o sistema capitalista tem na livre iniciativa o seu pressuposto básico.

De outro lado, paralelamente à vertente capitalista, a Constituição consagra a valorização do trabalho humano como um dos fundamentos da ordem econômica, o que significa que a valorização do trabalho humano está acima de qualquer outro valor decorrente da economia de mercado, devendo haver um equilíbrio entre esses dois valores.

Convém ressaltar que os fundamentos da ordem econômica, que são a valorização do trabalho humano e a livre iniciativa, se encontram consagrados no art. 1º da Constituição, como fundamentos do próprio Estado brasileiro.

2.1. Valorização do Trabalho Humano e Livre Iniciativa

Tanto a livre iniciativa quanto o trabalhador foram identificados na Constituição como fundamentos da ordem econômica, ambos considerados, lado a lado, indispensáveis ao desenvolvimento do Estado brasileiro.

Pela valorização da livre iniciativa como fundamento da ordem econômica e do próprio Estado brasileiro, o constituinte revela sua opção pela adoção do modelo capitalista de economia, ou da economia de mercado, acentuando que os meios de produção devem estar concentrados, de forma prioritária, nas mãos da iniciativa privada e não nas mãos do Estado. Ao Estado cabe a intervenção no domínio econômico nas estritas hipóteses previstas na Constituição.

Em paralelo, buscando evitar o retorno à espoliação do trabalho pelo capital, vivenciada em épocas de predomínio do modelo liberal de Estado e de economia, consagrou o constituinte, no mesmo patamar da livre iniciativa, a valorização do trabalho humano como fundamento da ordem econômica, buscando uma harmonização entre capital e trabalho.

3. PRINCÍPIOS GERAIS DA ATIVIDADE ECONÔMICA

Os princípios gerais da atividade econômica estão expressos no art. 170 da Constituição. São eles:

I - soberania nacional;

II - propriedade privada;

III - função social da propriedade;

IV - livre concorrência;

V - defesa do consumidor;

VI - defesa do meio ambiente;

VII - redução das desigualdades regionais e sociais;

VIII - busca do pleno emprego;

IX - tratamento favorecido para as empresas de pequeno porte constituídas sob as leis brasileiras e que tenham sua sede e administração no País.

3.1. Soberania Nacional

Buscou o Constituinte estabelecer condições para o estabelecimento de um capitalismo nacional autônomo, livre de ingerências externas (CF, art. 170, I).

3.2. Propriedade Privada

Este princípio demonstra a essência que permeia o sistema econômico nacional, fundado na iniciativa privada, sendo a intervenção estatal exceção (CF, art. 170, II).

3.3. Função Social da Propriedade

Conforme visto no capítulo 12, a função social da propriedade deve ser entendida como a utilização de qualquer bem em conformidade com os interesses da sociedade e não exclusivamente em função dos interesses pessoais do proprietário.

Assim, a atividade econômica deve ser desenvolvida em sintonia com os preceitos do art. 5º, XXIII, e do art. 186, da Constituição Federal.

3.4. Livre Concorrência

O princípio da livre concorrência, alçado à condição de princípio constitucional da Ordem econômica, está inserido na própria essência de uma economia de mercado, aberta à livre iniciativa e que vise a estabelecer condições igualitárias para exploração dos diversos segmentos econômicos.

A liberdade de concorrência, nesse sentido, antagoniza-se com o abuso do poder econômico. Vale ressaltar que o exercício do poder econômico não é vedado pela Constituição. O que a norma máxima objetiva é o combate ao abuso, ao uso desmesurado em contrário aos interesses sociais, o que enseja a intervenção do Estado.

Assim, práticas abusivas e anticoncorrenciais, como a formação de cartéis, de monopólios e oligopólios, contrariam a livre concorrência e, portanto, não encontram respaldo constitucional (CF, art. 170, IV).

3.5. Defesa do Consumidor

A inserção da defesa do consumidor como princípio da atividade econômica teve como objetivo evitar que o livre exercício da atividade empresarial pelo particular pudesse repercutir em prejuízo para o lado mais frágil da relação, que é o consumidor.

Assim, o Constituinte, de forma bastante oportuna e acertada, inseriu, ao lado da livre iniciativa e da livre concorrência, a proteção do consumidor, buscando a geração do necessário equilíbrio nas relações econômicas de mercado (CF, art. 170, V).

3.6. Defesa do Meio Ambiente

A defesa do meio ambiente constitui um claro limite imposto pelo constituinte ao exercício da livre iniciativa e da livre concorrência. Assim, qualquer atividade empresarial deverá observar as normas de proteção ao meio ambiente, sob pena de ter negada ou até mesmo cassada sua licença de funcionamento, além das penalidades administrativas e criminais cabíveis (CF, art. 170, VI – redação dada pela EC n. 42/2003).

3.7. Redução das Desigualdades Regionais e Sociais

A redução das desigualdades constitui, antes de qualquer coisa, um dos objetivos da República Federativa do Brasil, insculpido no art. 3º, inciso III. Assim, como a atividade econômica representa um dos grandes fomentadores do desenvolvimento nacional, com a geração de riquezas e empregos, decidiu o constituinte incluir a redução das desigualdades como um dos primados da atividade econômica.

Nesse sentido, o Estado pode, inclusive, valer-se de mecanismos de política fiscal e tributária para a implementação desse princípio, como a adoção de isenções, a redução de tributos em determinadas regiões etc. (CF, art. 170, VII).

3.8. Busca do Pleno Emprego

Trata-se de matéria controvertida no plano constitucional, pois o pleno emprego para os especialistas, além de ser inexistente no Brasil, é inatingível, sendo que nem sequer nos países mais desenvolvidos alcança-se o pleno emprego. Trata-se, pois, de uma utopia irrealizável.

Nada obstante, deve-se interpretar tal dispositivo como uma norma prospectiva que visa a vincular a atividade econômica à geração de emprego, na medida em que o único fator realmente gerador de emprego é o crescimento econômico (CF, art. 170, VIII).

3.9. Tratamento Favorecido para as Empresas de Pequeno Porte

Para merecer a proteção constitucional e o tratamento favorecido, referidas empresas devem ser sediadas no Brasil e constituídas sob as leis brasileiras.

Vale destacar que a EC n. 6/95, que revogou o art. 171 da Constituição, alterou, inclusive, o conceito de empresa nacional.

A origem do capital passou a ser irrelevante para a caracterização da empresa nacional, muito menos a nacionalidade dos sócios, já que referida emenda, ao revogar o art. 171, extinguiu o conceito de empresa brasileira de capital nacional. Tal medida teve como objetivo criar condições para o incremento de investimentos estrangeiros no Brasil.

Nada obstante, as empresas de pequeno porte receberam tratamento favorecido. O inciso IX, do art. 170, exigiu apenas que essas empresas se constituíssem sob as leis brasileiras e tivessem sua sede e administração no Brasil.

O art. 179 da CF previu dois tipos de empresas de pequeno porte: as microempresas (empresas com receita bruta anual igual ou inferior a R$ 244.000,00) e empresas de pequeno porte (receita bruta anual superior a R$ 244.000,00 e igual ou inferior a R$1.200.000,00) (CF. art. 170, IX - redação dada pela EC n. 6/95).

4. INTERVENÇÃO DO ESTADO NO DOMÍNIO ECONÔMICO

De acordo com os princípios da livre iniciativa e da livre concorrência, a exploração da atividade econômica no País, como regra geral, será conferida ao particular, o qual possui plena liberdade de empreender, independentemente da autorização do Estado.

Nada obstante, há casos em que a intervenção do Estado no domínio econômico mostra-se necessária para o regular desenvolvimento da atividade econômica no País, no sentido de se criar normas que visem à regulação dos mercados e da atividade econômica, sempre com o intuito de se preservar os princípios constitucionais que regem a matéria. Pode-se dizer que ao Estado cabe o papel de agente normativo e regulador da atividade econômica.

Além disso, pode o Estado optar pela exploração direta de determinada atividade econômica, nos casos excepcionalmente previstos na Constituição.

4.1. Exploração Direta de Atividade Econômica pelo Estado

O art. 173 da Constituição Federal estabelece que, ressalvados os casos previstos na própria Constituição, a exploração direta de atividade econômica pelo Estado só será permitida quando necessária aos imperativos da segurança nacional ou a relevante interesse coletivo, conforme definidos em lei.

4.2. Formas de Exploração Direta de Atividade Econômica pelo Estado

O Estado explora diretamente a atividade econômica sempre por meio das chamadas empresas estatais, que são as empresas públicas e as sociedades de economia mista. A Constituição Federal, em seu art. 173, § 1º, prevê que a lei estabelecerá o estatuto jurídico da empresa pública, da sociedade de economia mista e de suas subsidiárias que explorem atividade econômica de produção ou comercialização de bens ou de prestação de serviços e que disporá, entre outras coisas: de sua função social e formas de fiscalização pelo Estado e pela sociedade; a sujeição destas ao regime jurídico próprio das empresas privadas, inclusive quanto aos direitos e obrigações civis, comerciais, trabalhistas e tributários; licitação e contratação de obras, serviços, compras e alienações.

De se ressaltar que esse estatuto jurídico ainda não foi elaborado pelo Poder Público.

4.3. Empresas Estatais

Muito embora o estatuto jurídico das empresas estatais ainda não tenha sido implementado, é certo que essas empresas sujeitam-se ao regime jurídico próprio das empresas privadas, não podendo gozar de nenhum benefício ou de privilégios fiscais não extensivos às empresas do setor privado (CF, art. 173, § 2º).

5. PRESTAÇÃO DE SERVIÇOS PÚBLICOS

De acordo com o art. 175, incumbe ao Poder Público, na forma da lei, diretamente ou sob o regime de concessão ou permissão, sempre por meio de licitação, a prestação de serviços públicos. Assim, pode-se dizer que a competência para a prestação desses serviços é do Estado, que poderá fazê-lo diretamente, por meio de suas empresas, ou por concessão ou permissão à iniciativa privada.

6. MONOPÓLIO DA UNIÃO

De acordo com o art. 177 da Constituição, constituem monopólio da União:

I – a pesquisa e a lavra das jazidas de petróleo e gás natural e outros hidrocarbonetos fluidos;

II – a refinação do petróleo nacional ou estrangeiro;

III – a importação e exportação dos produtos e derivados básicos resultantes das atividades previstas nos itens anteriores;

IV – o transporte marítimo do petróleo bruto de origem nacional ou de derivados básicos de petróleo produzidos no País, bem assim o transporte, por meio de conduto, de petróleo bruto, seus derivados e gás natural de qualquer origem;

V – a pesquisa, a lavra, o enriquecimento, o reprocessamento, a industrialização e o comércio de minérios e minerais nucleares e seus derivados, com exceção dos radioisótopos, conforme estabelecido na Constituição.

7. SISTEMA FINANCEIRO NACIONAL

O sistema financeiro nacional, previsto no art. 192, da Constituição Federal, representa o conjunto de instituições e instrumentos financeiros que têm como finalidade básica a intermediação de recursos entre os agentes econômicos e os diversos setores produtivos nacionais, propiciando os investimentos necessários ao desenvolvimento equilibrado do País.

O sistema financeiro encontra-se disciplinado pela Lei n. 4.595/64, além de outras leis esparsas, sendo que grande parte das normas constitucionais que visavam à sua regulamentação foram revogadas pela Emenda Constitucional n. 40/2003, inclusive o dispositivo que limitava os juros a 12% a.a.

CAPÍTULO 16

Ordem Social

1. NOÇÕES GERAIS

A ordem social surge como matéria constitucional basicamente a partir da criação do chamado estado social, momento em que questões relativas ao bem-estar do cidadão e à justiça social, antes ausentes dos textos constitucionais, ganham grande relevo dentro dos Estados, sobretudo a partir da primeira grande guerra.

Nesse sentido, no campo destinado à ordem social, o constituinte brasileiro tratou de inúmeras questões, como a seguridade social (art. 194 a 204), a educação, cultura e desporto (arts. 250 a 217), a ciência e tecnologia (arts. 218 e 219), a comunicação social (arts. 220 a 224), o meio ambiente (art. 225), a família, criança, adolescente e idoso (arts. 226 a 230), e os índios (arts. 231 e 231).

2. SEGURIDADE SOCIAL

A seguridade social, conforme preceitua o art. 194 da Constituição, "compreende um conjunto integrado de ações de iniciativa dos Poderes Públicos e da sociedade, destinadas a assegurar os direitos relativos à saúde, à previdência e à assistência social".

A seguridade social, nesse sentido, divide-se em três pilares: saúde, previdência social e assistência social.

3. SAÚDE

A saúde constitui direito da sociedade e dever do Estado, sendo garantido por meio de políticas sociais e econômicas que permitam a redução do risco de doenças e o acesso igualitário às suas ações e serviços para sua promoção, proteção e recuperação (CF, art. 196).

As ações e serviços públicos de saúde integram uma rede regionalizada e hierarquizada e constituem um sistema único, sendo regido pelas seguintes diretrizes:

I – descentralização, com direção única em cada esfera de governo;

II – atendimento integral, com prioridade para as atividades preventivas, sem prejuízo dos serviços assistenciais;

III – participação da comunidade (CF, art. 198).

A assistência à saúde é livre à iniciativa privada, observadas as disposições do art. 199.

3.1. Recursos da Saúde

O § 2º, do art. 198, determina que a União, os Estados, o Distrito Federal e os Municípios deverão aplicar, anualmente, em ações e serviços públicos de saúde, recursos mínimos derivados da aplicação de percentuais calculados sobre impostos de sua competência.

No caso da União, a forma é definida em lei complementar, que deve ser reavaliada a cada cinco anos, e que entre outras coisas, disporá sobre as normas de cálculo do montante a ser aplicado pela União (CF, art. 198, § 2º, I).

No caso dos Estados e do Distrito Federal, deverão ser aplicados na saúde percentuais sobre o produto da arrecadação dos impostos a que se refere o art. 155 (ITCD, ICMS, IPVA), além dos recursos repassados pela União na forma dos arts. 157 e 159, I, 'a' e inciso II, deduzidas as parcelas que forem transferidas aos respectivos Municípios (CF, art. 198, § 2º, II).

No caso dos Municípios e do Distrito Federal, percentual sobre o produto da arrecadação dos impostos a que se refere o art. 156 (IPTU, ITBI e ISS), além dos recursos repassados pela União e Estados.

Os percentuais dos repasses são estabelecidos em lei complementar, a qual deve ser reavaliada a cada cinco anos (CF, art. 198, § 3º, I).

4. PREVIDÊNCIA SOCIAL

De acordo com o art. 201 da Constituição, com a redação dada pelas Emendas Constitucionais n. 20/1998 e n. 47/2005, a previdência social será organizada sob a forma de regime geral, de caráter contributivo e de filiação obrigatória, observados critérios que preservem o equilíbrio financeiro e atuarial.

O regime da previdência será de caráter contributivo e de filiação obrigatória, constituindo um regime de participação universal. A Constituição garante, ainda, que todos os salários de contribuição considerados para o cálculo dos benefícios serão devidamente atualizados, na forma da lei, e assegura o reajuste dos benefícios com o objetivo de preservar o seu valor real.

A EC n. 20/98 assegurou que nenhum benefício que substitua o salário de contribuição ou o rendimento do trabalho segurado terá valor mensal inferior ao salário mínimo (CF, art. 201, § 2º), e que a gratificação natalina dos aposentados e pensionistas terá por base o valor dos proventos do mês de dezembro de cada ano (CF, art. 201, § 6º).

A previdência tem como função essencial o pagamento de aposentadoria no regime geral de previdência social aos seus filiados, desde que atendidas as condições estabelecidas na Constituição.

Além disso, a previdência social atenderá, nos termos da lei (CF, art. 201):

I - cobertura dos eventos de doença, invalidez, morte e idade avançada;
II - proteção à maternidade, especialmente à gestante;
III - proteção ao trabalhador em situação de desemprego involuntário;
IV - salário-família e auxílio-reclusão para os dependentes dos segurados de baixa renda;
V - pensão por morte do segurado, homem ou mulher, ao cônjuge ou companheiro e dependentes.

4.1. Aposentadoria

A Constituição em seu art. 201, § 7º, assegura aposentadoria ao trabalhador no regime geral de previdência, desde que atendidas as seguintes condições:

I - 35 (trinta e cinco) anos de contribuição, se homem, e 30 (trinta) anos de contribuição, se mulher;

II - 65 (sessenta e cinco) anos de idade, se homem, e 60 (sessenta) anos de idade, se mulher, reduzido em 5 (cinco) anos o limite para os trabalhadores rurais de ambos os sexos e para os que exerçam suas atividades em regime de economia familiar, nestes incluídos o produtor rural, o garimpeiro e o pescador artesanal.

O tempo de contribuição será reduzido em 5 (cinco) anos, para o professor que comprove, exclusivamente, tempo de efetivo exercício nas funções de magistério na educação infantil e no ensino fundamental e médio.

4.2. Previdência Privada

A Constituição brasileira, em seu art. 202, admitiu a previdência social privada de caráter complementar e facultativa em relação ao regime geral de previdência.

A partir da norma constitucional, podemos apontar as seguintes características do regime de previdência privada:

- caráter complementar;
- organização autônoma em relação ao regime geral de previdência social;
- independência financeira em relação ao Poder Público;
- facultatividade;
- regulamentação por lei complementar;
- publicidade de gestão.

Segundo Alexandre de Moraes, "nos termos do art. 202, § 2º, com a redação dada pela EC n. 20/98, as contribuições do empregado, os benefícios e as condições contratuais previstas nos estatutos, regulamentos e benefícios das entidades de previdência privada não integram o contrato de trabalho dos participantes, assim como, à exceção dos benefícios concedidos, não integram a remuneração dos participantes, nos termos da lei".

5. ASSISTÊNCIA SOCIAL

A assistência social consiste na prestação de assistência pelo Estado a quem dela necessitar, independentemente de contribuição à seguridade social (CF, art. 203).

São objetivos da assistência social:

I - a proteção à família, à maternidade, à infância, à adolescência e à velhice;

II - o amparo às crianças e adolescentes carentes;

III - a promoção da integração ao mercado de trabalho;

IV - a habilitação e reabilitação das pessoas portadoras de deficiência e a promoção de sua integração à vida comunitária;

V - a garantia de um salário mínimo de benefício mensal à pessoa portadora de deficiência e ao idoso que comprove não possuir meios de prover à própria manutenção ou de tê-la provida por sua família, conforme dispuser a lei.

6. EDUCAÇÃO

A educação, direito de todos e dever do Estado e da família, será promovida e incentivada com a colaboração da sociedade, visando ao pleno desenvolvimento da pessoa, seu preparo para o exercício da cidadania e sua qualificação para o trabalho (CF, art. 205).

O dever do Estado com a educação, de acordo com o art. 208, será efetivado mediante a garantia de:

I - ensino fundamental obrigatório e gratuito, assegurada, inclusive, sua oferta gratuita para todos os que a ele não tiveram acesso na idade própria;

II - progressiva universalização do ensino médio gratuito;

III - atendimento educacional especializado aos portadores de deficiência, preferencialmente na rede regular de ensino;

IV - educação infantil, em creche e pré-escola, às crianças até 5 (cinco) anos de idade;

V - acesso aos níveis mais elevados do ensino, da pesquisa e da criação artística, segundo a capacidade de cada um;

VI - oferta de ensino noturno regular, adequado às condições do educando;

VII - atendimento ao educando, no ensino fundamental, através de programas suplementares de material didático-escolar, transporte, alimentação e assistência à saúde.

O não-oferecimento do ensino obrigatório pelo Poder Público, ou sua oferta irregular, importará responsabilidade da autoridade competente (CF, art. 208, § 2º).

Segundo previsão constitucional, os Municípios atuarão prioritariamente no ensino fundamental e na educação infantil. Já os Estados e o Distrito Federal atuarão prioritariamente no ensino fundamental e médio.

6.1. Autonomia Universitária

A Constituição brasileira, em seu artigo 207, trouxe expresso o princípio da autonomia universitária, refletindo um dos principais aspectos concernentes ao ensino superior no Brasil.

De acordo com o artigo 207, "As universidades gozam de autonomia didático-científica, administrativa e de gestão financeira e patrimonial, e obedecerão ao princípio da indissociabilidade entre ensino pesquisa e extensão".

Esse preceito mostra-se em sintonia com pressupostos da liberdade de aprendizagem, ensino, arte, saber, pesquisa e divulgação do pensamento, independentemente de censura ou licença prévia (CF, arts. 5º, IX, e 206, II).

A autonomia universitária, nesse sentido, busca a eliminação de qualquer interferência estatal no ensino superior. Não se admite a existência de monitoramento ideológico do Estado sobre o ensino superior, sob quaisquer fundamentos, devendo ser preservada a liberdade das Universidades para ensinar, pesquisar e difundir o conhecimento.

6.2. Recursos da Educação

De acordo com o art. 212, a União aplicará, anualmente, nunca menos de dezoito, e os Estados, o Distrito Federal e os Municípios vinte e cinco por cento, no mínimo, da receita resultante de impostos, compreendida a proveniente de transferências, na manutenção e desenvolvimento do ensino.

7. MEIO AMBIENTE

O meio ambiente recebeu especial atenção do constituinte de 1988, na medida em que o tema passou a contar com um capítulo específico no Título dedicado à Ordem Social.

Nesse sentido, o art. 225 da CF, estabelece, de início, que "todos têm direito ao meio ambiente ecologicamente equilibrado, bem de uso comum do povo e essencial à sadia qualidade de vida, impondo-se ao Poder Público e à coletividade o dever de defendê-lo e preservá-lo para as presentes e futuras gerações".

Para assegurar a efetividade desse direito, a Constituição estabelece algumas obrigações ao Poder Público (CF, art. 225, § 1º), quais sejam:

I – preservar e restaurar os processos ecológicos essenciais e prover o manejo ecológico das espécies e ecossistemas;

II – preservar na diversidade e a integridade do patrimônio genético do País e fiscalizar as entidades dedicadas à pesquisa e manipulação de material genético;

III – definir em todas as unidades da Federação, espaços territoriais e seus componentes a serem especialmente protegidos, sendo a alteração e a supressão permitidas somente através de lei, vedada qualquer utilização que comprometa a integridade dos atributos que justifiquem sua proteção;

IV - exigir, na forma da lei, para instalação de obra ou atividade potencialmente causadora de significativa degradação do meio ambiente, estudo prévio de impacto ambiental, a que se dará publicidade;

V - controlar a produção, a comercialização e o emprego de técnicas, métodos e substâncias que comportem risco para a vida, a qualidade de vida e o meio ambiente;

VI - promover a educação ambiental em todos os níveis de ensino e a conscientização pública para a preservação do meio ambiente;

VII - proteger a fauna e a flora, vedadas, na forma da lei, as práticas que coloquem em risco a sua função ecológica, provoquem a extinção de espécies ou submetam os animais a crueldade.

Além dessas obrigações criadas para o Poder Público, a Constituição estabelece, ainda, que a Floresta Amazônica, a Mata Atlântica, a Serra do Mar, o Pantanal Mato-Grossense e a Zona Costeira são patrimônio nacional, sendo que a sua utilização deverá ser feita dentro de condições que assegurem a preservação do meio ambiente, inclusive quanto aos recursos naturais (CF, art. 225, § 4º).

8. FAMÍLIA, CRIANÇA, ADOLESCENTE E IDOSO

A Constituição brasileira prevê especial proteção do Estado à família (CF, art. 226), dispondo sobre algumas regras que regem as relações familiares, dentre elas:

- o casamento é civil e gratuita a sua celebração (art. 226, § 1º);
- o casamento religioso tem efeito civil, nos termos da lei (§ 2º);
- é reconhecida a união estável entre homem e mulher como entidade familiar, devendo a lei facilitara a sua conversão em casamento (§ 3º);
- a comunidade formada por qualquer dos pais e seus descendentes entende-se como entidade familiar (§ 4º);
- os direitos e deveres referentes à entidade conjugal são exercidos igualmente pelo homem e pela mulher (§ 5º);
- o casamento civil pode ser dissolvido pelo divórcio, após prévia separação judicial por mais de um ano nos casos expressos em lei, ou comprovada separação de fato por mais de dois anos;
- o direito do casal de optar pelo planejamento familiar, observados os princípios da dignidade da pessoa humana e da paternidade responsável.

8.1. Tutela Constitucional da Criança e do Adolescente

O artigo 227 da Constituição Federal estabelece que é dever da família, da sociedade e do Estado assegurar à criança e ao adolescente, com absoluta prioridade, o direito à vida, à saúde, à alimentação, à educação, ao lazer, à profissionalização, à cultura, à dignidade, ao respeito, à liberdade e à convivência familiar e comunitária, além de colocá-los a salvo de toda forma de negligência, discriminação, exploração, violência, crueldade e opressão.

Além disso, a Constituição prevê outros direitos à proteção especial.

O direito a proteção especial da criança e do adolescente abrange os seguintes aspectos (CF, art. 227, § 3º):

I - idade mínima de quatorze anos para a admissão ao trabalho, observado o disposto no art. 7º, XXXIII;

II - garantia de direitos previdenciários e trabalhistas;

III - garantia de acesso de trabalhador adolescente à escola;

IV - garantia de pleno e formal conhecimento da atribuição de ato infracional, igualdade na relação processual e defesa técnica por profissional habilitado, segundo dispuser a legislação tutelar específica;

V - obediência aos princípios de brevidade, excepcionalidade e respeito à condição peculiar de pessoa em desenvolvimento, quando da aplicação de qualquer medida privativa da liberdade;

VI - estímulo do Poder Público, através de assistência jurídica, incentivos fiscais e subsídios, nos termos da lei, ao acolhimento, sob a forma de guarda, de criança ou adolescente órfão ou abandonado;

VII - programas de prevenção e atendimento especializado à criança e ao adolescente dependente de entorpecentes e drogas afins.

Além dessas questões, a Constituição estabelece, ainda, a igualdade total entre os filhos havidos ou não da relação de casamento e os adotivos, estabelecendo que todos terão os mesmo direitos e qualificações, proibidas quaisquer designações discriminatórias relativas à filiação (CF, art. 227, § 6º).

Também estabelece a Constituição, no art. 228, que os menores de dezoito anos são penalmente inimputáveis.

O art. 229, por sua vez, estabelece que os pais têm o dever de assistir, criar e educar os filhos menores, e os filhos maiores têm o dever de ajudar e amparar os pais na velhice, carência e enfermidade.

8.2. Tutela Constitucional Do Idoso

Ao lado da família, da criança e do adolescente, também o idoso ganhou tratamento especial na Constituição brasileira, estando estabelecido no art. 230, que "A família, a sociedade e o Estado têm o dever de amparar as pessoas idosas, assegurando sua participação na comunidade, defendendo a sua dignidade e bem-estar e garantindo-lhes o direito à vida".

Afora essa garantia genérica estabelecida no *caput* do art. 230, a Constituição determina, ainda, que os programas de amparo aos idosos sejam executados preferencialmente em seus lares (§ 1º), o que busca evitar a adoção de políticas e práticas que incentivem qualquer forma de isolamento dos idosos em asilos ou abrigos especiais.

Também foi garantido constitucionalmente aos idosos, maiores de sessenta e cinco anos, a gratuidade dos transportes coletivos urbanos (§ 2º), tratando-se de norma de eficácia plena, de imediata aplicação.

Além dessas garantias, por força do comando constitucional constante do *caput* do art. 230, que constitui norma programática, foi editado o chamado Estatuto do Idoso, Lei nº 10.741/2003, que veio regulamentar diversos direitos e criar outros, de modo a tornar efetiva a proteção constitucional.

9. ÍNDIO

Os índios também mereceram destaque na Constituição brasileira de 1988, sendo que a eles foi reconhecida não somente a sua organização social, costumes, línguas, crenças e tradições, mas também, de forma expressa, os direitos originários sobre as terras que tradicionalmente ocuparam, competindo à União a sua demarcação e proteção, além de fazer respeitar todos os seus bens (CF, art. 231).

Nesse sentido, buscou a Constituição uma solução para um problema historicamente enfrentado pelas populações indígenas, relativo à demarcação de suas terras e sua proteção contra invasões provenientes da exploração econômica, tanto extrativista como agropecuária. Assim, para uma maior proteção às terras indígenas, declara o § 6º, do art. 231 que são nulos e extintos, não produzindo efeitos jurídicos, os atos que tenham por objeto a ocupação, o domínio e a posse das terras indígenas, ou a exploração das riquezas naturais do solo, dos rios e dos lagos nelas existentes.

Para se ter uma idéia, segundo dados do Ministério das Relações Exteriores (www.mre.gov.br) as terras indígenas no Brasil cobrem no total uma extensão de 946.452 quilômetros quadrados, correspondendo a cerca de 11,12% do território nacional. Em termos de comparação, numa extensão contínua, correspondem aos territórios da França e da Inglaterra tomados conjuntamente, ou a mais de duas vezes a extensão do estado da Califórnia. As 554 áreas indígenas reconhecidas pela FUNAI abrigam uma população indígena estimada em cerca de 330 mil pessoas.

Das 554 áreas indígenas conhecidas no país, um total de 220 encontram-se demarcadas, homologadas e registradas, cobrindo uma extensão de 436.400 quilômetros quadrados, ou seja, 47,24% do total das terras. Há 275 áreas já demarcadas. Restam por demarcar um total de 279 áreas. Dentre essas áreas por demarcar, 133 já estão identificadas ou em processo de identificação.

De acordo com a Constituição, são terras tradicionalmente ocupadas pelos índios as por eles habitadas em caráter permanente, as utilizadas para suas atividades produtivas, as imprescindíveis à preservação dos recursos ambientais necessários a seu bem-estar e as necessárias a sua reprodução física e cultural, segundo seus usos, costumes e tradições (CF, art. 231, § 1º).

Bibliografia

ALKMIM, Marcelo. *Teoria da Constituição*. 2ª ed. Belo Horizonte: Del Rey, 2009.

ALKMIM, Marcelo. *Curso de Direito Constitucional*. Florianópolis: Conceito Editorial, 2009.

BARROSO, Luís Roberto. *O Direito Constitucional e a Efetividade de suas Normas: Limites e Possibilidades da Constituição Brasileira*. 4ª ed. São Paulo: Renovar, 2000.

BARROSO, Luís Roberto. *Interpretação e Aplicação da Constituição*. 6ª ed. São Paulo: Saraiva, 2006.

BARROSO, Luís Roberto. *O Controle de Constitucionalidade no Direito Brasileiro*. 2ª ed. São Paulo: Saraiva, 2006.

BARROSO, Luís Roberto. *Curso de Direito Constitucional Contemporâneo*. São Paulo: Saraiva, 2009.

BASTOS, Celso Ribeiro; BRITTO, Carlos Ayres. *Interpretação e aplicabilidade das normas constitucionais*. São Paulo: Saraiva, 1982.

BOBBIO, Norberto. *A Era dos Direitos*. Rio de Janeiro: Campus, 1992.

BOBBIO, Norberto. *Teoria do Ordenamento Jurídico*. 5ª ed. Brasília: UNB, 1994.

BONAVIDES, Paulo. *Curso de Direito Constitucional*. 15ª ed. São Paulo: Malheiros, 2004.

BULOS, Uadi Lammêgo. *Curso de Direito Constitucional*. São Paulo: Saraiva, 2007.

BULOS, Uadi Lammêgo. *Mutação Constitucional*. São Paulo: Saraiva, 1997.

BULOS, Uadi Lammêgo. *Manual de Interpretação Constitucional*. São Paulo: Saraiva, 1997.

BULOS, Uadi Lammêgo. *Constituição Federal Anotada*. 7ª ed. São Paulo: Saraiva, 2008.

CANOTILHO, José Joaquim Gomes. *Direito Constitucional.* 6ª ed. Coimbra: Almedina, 1993.

CARVALHO, Kildare Gonçalves. *Direito Constitucional: Teoria do Estado e da Constituição. Direito Constitucional Positivo.* 12ª ed. Belo Horizonte: Del Rey.

CASTRO, Flávia de Almeida Viveiros de. *Interpretação Constitucional e Prestação Jurisdicional.* 2ª ed. Rio de Janeiro: Lumen Juris, 2004.

COELHO, Inocêncio Mártires. *Interpretação Constitucional.* Porto Alegre: Sérgio Antonio Fabris, 1997.

CRETELLA JR. José. *Comentários à Constituição de 1988.* Rio de Janeiro: Forense Universitária,1989. vol. I.

DI PIETRO, Maria Sylvia Zanella. *Discricionariedade Administrativa na Constituição de 1988.* São Paulo: Atlas, 1991.

DI PIETRO, Maria Sylvia Zanella. *Direito Administrativo.* 20ª ed. São Paulo: Atlas, 2007.

FERREIRA FILHO, Manoel Gonçalves. *Curso de Direito Constitucional.* 31ª ed. São Paulo: Saraiva, 2005.

FERREIRA FILHO, Manoel Gonçalves. *A Aplicabilidade das Normas Constitucionais. In: Direito Constitucional Econômico.* 1ª ed. São Paulo: Saraiva, 1990.

FERREIRA FILHO, Manoel Gonçalves. *O Poder Constituinte.* São Paulo: Saraiva, 1995.

FRANCO, Afonso Arinos de Melo. *Curso de Direito Constitucional Brasileiro.* 1ª ed., vol I. Rio de Janeiro: Forense, 1958.

FRIEDE, Reis. *Curso de Direito Constitucional e de Teoria Geral do Estado.* 2ª ed. Rio de Janeiro: Forense, 2000.

GRINOVER, Ada Pelegrini; CINTRA, Antônio Carlos de Araújo; DINAMARCO, Cândido Rangel. *Teoria Geral do Processo.* 21ª ed. São Paulo: Malheiros, 2005.

GROPPALI, Alexandre. *Doutrina do Estado.* Trad. Paulo Edmur de Souza Queiroz. São Paulo: Saraiva, 1953.

HÄBERLE, Peter. *Hermenêutica Constitucional.* Trad. Gilmar Ferreira Mendes. Porto Alegre: Sérgio Antonio Fabris, 1997.

HESSE, Konrad. *A Força Normativa da Constituição.* Porto Alegre: Sérgio Antonio Fabris, 1991.

HORTA, Raul Machado. *Direito Constitucional.* 2ª ed. Belo Horizonte: Del Rey, 1999.

KELSEN, Hans. *Teoria Geral das Normas,* tradução e revisão de José Florentino Duarte. Porto Alegre: Sérgio Antonio Fabris, 1986.

LASSALLE, Ferdinand. *A Essência da Constituição*. 4ª ed. Rio de Janeiro: Lumen Juris, 1998.

LENZA, Pedro. *Direito Constitucional Esquematizado*.12ª ed. São Paulo: Saraiva, 2008.

MAXIMILIANO, Carlos. *Hermenêutica e Aplicação do Direito*. 19ª ed. Rio de Janeiro: Forense, 2006.

MEDAUAR, Odete. *Direito Administrativo Moderno*. 6ª ed. São Paulo: RT, 2002.

MENDES, Gilmar Ferreira. *Direitos Fundamentais e Controle de Constitucionalidade*. 3ª ed. São Paulo: Saraiva, 2004.

MENDES, Gilmar Ferreira. COELHO, Inocêncio Mártires. BRANCO, Paulo Gustavo Gonet. *Curso de Direito Constitucional*. 2ª ed. São Paulo: Saraiva, 2008.

MIRANDA, Jorge. *Manual de Direito Constitucional*. 4ª ed. Coimbra: Coimbra, 1990.

MIRANDA, Jorge. *Teoria do Estado e da Constituição*. Rio de Janeiro: Forense, 2005.

MORAES, Alexandre de. *Direito Constitucional*. 11ª ed. São Paulo: Atlas, 2002.

MORAES, Alexandre. *Direitos Humanos Fundamentais*. 8ª ed. São Paulo: Atlas, 2007.

MORAES, Guilherme Peña. *Direito Constitucional - Teoria dos Direitos Fundamentais*. Rio de Janeiro: Lumen Juris, 2008.

MORAES. Guilherme Peña de. *Direito Constitucional - Teoria da Constituição*. 2ª ed. Rio de Janeiro: Lumen Juris, 2004.

PIMENTA, Marcelo Vicente de Alkmim. *Direito Constitucional em Perguntas e Respostas*. Belo Horizonte: Del Rey, 2007.

PINHO, Rodrigo César Rebello. *Teoria Geral da Constituição e Direitos Fundamentais*. 4ª ed. São Paulo: Saraiva, 2003.

PINTO FERREIRA. Luis. *Comentários à Constituição Brasileira*. São Paulo: Saraiva, 1989, vol. 1.

RÁO, Vicente. *O Direito e a Vida dos Direitos*. 5ª ed. São Paulo: Revista dos Tribunais, 1999.

REALE, Miguel. *Teoria do Direito e do Estado*. 5ª ed. São Paulo: Saraiva, 2005.

ROCHA, Carmen Lúcia Antunes. *Constituição e Constitucionalidade*. Belo Horizonte: Lê, 1991.

SAMPAIO, José Adércio Leite. *A Constituição Reinventada pela Jurisdição Constitucional*. Belo Horizonte: Del Rey, 2002.

SILVA. José Afonso da. *Curso de Direito Constitucional Positivo.* 21ª ed. São Paulo: Malheiros, 2002.

SILVA. José Afonso da. *Aplicabilidade das Normas Constitucionais.* 3ª ed. São Paulo: Malheiros, 1998.

TAVARES, André Ramos. *Curso de Direito Constitucional.* 4ª ed. São Paulo: Saraiva, 2006.

TEMER, Michel. *Elementos de Direito Constitucional.* 10ª ed. São Paulo: Malheiros, 1993.

SITES DA *INTERNET* CONSULTADOS:

www.stf.jus.br

www.stj.jus.br

www.tst.jus.br

www.mre.gov.br

www.presidenciadarepublica.gov.br

www.senado.gov.br

www.camara.gov.br